让成语带孩子疯狂学历史

黄志有◎著　云图小小岛◎绘

（夏商周卷）

北京理工大学出版社
BEIJING INSTITUTE OF TECHNOLOGY PRESS

图书在版编目（CIP）数据

让成语带孩子疯狂学历史.夏商周卷／黄志有著；

云图小小岛绘. -- 北京：北京理工大学出版社，2025.3.

ISBN 978-7-5763-5100-2

Ⅰ.K209；H136.31-49

中国国家版本馆CIP数据核字第2025G0M223号

责任编辑： 王晓莉　　　　**文案编辑：** 王晓莉
责任校对： 刘亚男　　　　**责任印制：** 李志强

出版发行 ／ 北京理工大学出版社有限责任公司

社　　址 ／ 北京市丰台区四合庄路 6 号

邮　　编 ／ 100070

电　　话 ／（010）68944451（大众售后服务热线）

　　　　　　（010）68912824（大众售后服务热线）

网　　址 ／ http://www.bitpress.com.cn

版印次 ／ 2025 年 3 月第 1 版第 1 次印刷

印　　刷 ／ 天津睿和印艺科技有限公司

开　　本 ／ 710 mm × 1000 mm　1/16

印　　张 ／ 7

字　　数 ／ 76 千字

定　　价 ／ 149.00 元（全6册）

前言

　　读者朋友们，成语是中国历史文化的瑰宝，它以极其简洁的形式，凝聚了中华民族几千年的历史智慧和生活经验。我们日常接触的很多喜闻乐见的成语，都蕴含着一个或多个历史故事，这些故事为我们讲述了历史变迁、文化传承、政权更迭、英雄事迹、百姓生活等诸多方面。

　　例如，在"退避三舍"这一成语背后，是晋文公的言而有信，是争霸之战的上兵伐谋，更是周王室统治权威的衰落；在"望梅止渴"这一成语背后，是分裂动荡的三国时期，是一代枭雄曹操的治军智慧，也是成王败寇的命运抉择。这些成语已经深深地镶嵌在我们的语言和文化中。由此可见，学习和理解这些成语，就是在学习和理解我们祖国伟大的历史和文化。

　　历史并不是一本尘封的旧书，而是活生生的故事，是一堂堂丰富的人生课程。本套图书将以生动、有趣的方式，通过一个个成语将上下五千年的中华历史串联起来。通过这种方式，我们可以更轻松地接触到历史，感受历史的趣味性和魅力。

本套图书共有 6 卷，每卷包括 20 个主线成语，通过阅读这些成语背后的故事，读者朋友将了解特定时期的重要历史。为了让读者朋友更好地了解成语背后的故事，本套图书还针对每一个主线成语绘制了精美的四格漫画，以幽默风趣的语言，对成语故事进行介绍。此外，本套图书还加入了拓展延伸的内容，围绕主线成语拓展了一些其他成语，并以"以史为镜""以人为镜""成语快问快答"等板块，对主线成语进行进一步延伸，最大限度地丰富了图书的内容。

　　我们希望通过这套图书，让读者朋友在学习成语的同时，也能感受到历史的生动性和趣味性。这样，历史便不再是一堆枯燥无味的事实和日期，而是一个个鲜活的故事、一幅幅生动的画面。

　　愿每一个读者朋友在阅读这套图书的过程中，都能感受那些智慧的闪光，从而在学习和生活中都能"疯狂"而又充满热情。最后，愿这套图书能帮助孩子们建立对历史的深刻理解和对成语的真挚热爱。

　　让我们一起，以成语为载体，揭开历史的神秘面纱，开启一场精彩的历史之旅吧！

目 录

先秦

kāi tiān pì dì
开天辟地

成语释义：比喻前所未有的，有史以来第一次发生的。

来，跟我学这个成语。

天地混沌如鸡子，盘古生在其中，万八千岁，天地开辟，阳清为天，阴浊为地，盘古在其中。

——出自《三五历纪》

①相传，盘古出生于混沌之中，是一个体型健壮、生有头发与胡须的男子。

②从混沌中醒来的盘古打算活动一下手脚，结果便将"鸡蛋"一样的混沌撑开了。

③从此，盘古用自己的身体支撑着天地，很多年以后，他就变得和天地一样高了。

④后来，盘古耗尽力气倒下，他的气息、声音以及躯干四肢都化作了世间万物。

盘古开天辟地
万物获得生机

话说在遥远的传说时代,整个世界就像一个巨大的"鸡蛋",没有天,也没有地,到处都是一派混沌。在这个巨大的"鸡蛋"中,没有任何生物,只有一个名为盘古的巨人,正在一天天成长。

灭除黑暗,迎接光明……

盘 古

神话人物,传说中的中华古代蒙昧时期的创世神。

大约经过了一万八千年,盘古长成了一个力大无比的巨人。一天,盘古打算站起身来活动一下手脚,可当他刚直起身子时,巨大的"鸡蛋"突然裂开了,一些轻盈、透明的物体在盘古的头顶汇聚,变成了天;另外一些浑浊、沉重的物体在盘古脚下沉淀,变成了地。

在不知不觉间,盘古完成了开天辟地的创举。不过,当时的天与地离得很近，一不注意就有合并在一起的风险。没办法，盘古只能用自己的头顶着天，脚踩着地，他的身体每天长高一丈，天与地的距离也每天增加一丈。

不知过了多长时间，天与地之间的距离已经变得足够远了，盘古的身体也终于支撑不住了。耗尽了精力的盘古像大山一样倒在了地上，他决定为这个刚刚开辟的世界作出最后一些贡献。

盘古呼出的气变成了春风、云雾，喊出的声音变成了惊雷，他的左眼变成了耀眼的太阳，右眼变成了皎洁的月亮，须发变成了满天星辰，四肢与身躯变成了四极与名山，血液变成了江河，筋脉变成了道路，肌肉变成了沃土，汗毛变成了草木，牙齿与骨骼变成了玉石金属，汗水与泪水变成了雨露甘霖。

伟大的盘古不仅完成了开天辟地的创举，还为我们创造了美丽的世界，他的美名与功绩值得每一个人传颂。

成语有意思

近义成语

亘古未有： 亘古，自古以来。形容自古到今从来没有。

史无前例： 历史上从来没有过的事例。

反义成语

习以为常： 习，习惯。常，规律。习惯了，就觉得成常规了。

司空见惯： 司空，古代官名。司空经常看到，不足为奇。指某事常常见到，不足为奇。

成语造句

这些开天辟地的英雄，用自己勤劳的双手，在茫茫戈壁上架起了一条条铁路。

成语延伸

顶天立地

释义： 头顶着苍天，脚踏着大地。形容形象伟大，气概豪迈。

讲解： 盘古开辟天地时，便是一种顶天立地的姿态，形象高大伟岸。

出处： 汝等诸人，个个顶天立地。——宋·释普济《五灯会元·道场无庵法全禅师》

孔老师，为什么形容盘古要用"开天辟地"而不用"开天劈地"？

因为辟字不仅能形容天地分开，也能形容开启、发展一个新事件。

 比如电脑的出现，就是开天辟地的大事件。

没错，你理解得很透彻。

🎤 ＋ [　　　　　　　　　　　　　　] 发送

以人为镜

　　开天辟地这个成语一直被我们用来形容具有开创性的重大举措或行动，我们在学习和生活中也应该学习盘古的开拓精神，遇到困难不要退缩，要迎难而上。同时也要学习盘古的奉献精神，把个人努力的目标建立在为社会造福的基础上。

以史为镜

　　我国古代流传着大量有关人类起源和古代先民事迹的神话与传说，如"盘古开天""女娲补天"等，这些传说体现着人们对蒙昧时期历史的追思和构想，具有很强的浪漫色彩。

发生年代：远古时代

历史事件：燧人氏钻木取火

相关人物：燧人氏

来，跟我学这个成语。

茹毛饮血
rú máo yǐn xuè

成语释义：指原始人类还不知熟食，连毛带血生吃鸟兽等。

未有火化，食草木之食，鸟兽之肉，饮其血，茹其毛，未有麻丝，衣其羽皮。

——出自《礼记·礼运》

①开天辟地后，原始人类开始寻找生存所必需的食物。

②在经过无数次尝试后，人们终于掌握了捕猎动物的方法，并以这些猎物为食。

③不过，原始人类不会使用火，只能将动物的血肉连带着皮毛一起生吃。

④燧人氏将钻木取火的方法教给人类，人类自此吃上了烤熟的食物。

茹毛饮血蛮荒岁月
钻木取火带来光明

在盘古开辟天地、创造了美丽的世界后，女娲又用黄土创造了人类，整个世界顿时热闹起来。在女娲的教导下，最初的人类学会了生存技巧，也知道了如何繁衍后代，人类就这样世世代代地延续下来。

文能创世造人，
武能补天填海。

女 娲

神话人物，传说中的创世女神，功绩是炼石补天和用泥巴造人。

对于原始人类来说，想要生存下去，不仅要躲避野兽的侵扰，还要学会在自然中获取食物。在进行了诸多尝试、体验了无数次失败后，原始人类终于掌握了捕捉各类猎物的方法：他们用长长的树枝叉鱼，用粗大的木棍敲击野兽，用大小适中的石头投击飞鸟。凭借勇气与智慧，原始人类战胜了可怕的野兽，同时也获得了可以充饥的食物。

不过，上古时代的原始人类还不会使用火，所以他们只能连毛带血地生吃那些猎物。这种原始的饮食方法，能让他们吃饱，也容易让他们沾染疾病。

原始人类也并不是一直都吃不到熟的食物。在一些发生过野火的地方，会有一些被大火烤熟的动物，原始人类如果足够幸运，便可以吃到这些"美味佳肴"。不过在大多数时间里，他们只能过着茹毛饮血的生活。

燧人氏是上古时代的一位部落首领，他在生产生活中认识了火，了解了火的作用，并在进行了诸多艰难尝试后，掌握了钻木取火的方法。他将这种方法传授给其他人，让人类掌握了火的用法，吃到了烤熟的食物，从而带领人类走出了茹毛饮血的时代。

成语有意思

近义成语

生吞活剥：比喻对现成的经验、理论、方法等生硬地接受，机械地照搬。

刀耕火种：把草木烧成灰烬作肥料，用刀就地挖坑播种。这是一种原
　　　　　　始的耕种方法。

反义成语

安居乐业：指生活安定，工作愉快。

丰衣足食：指吃穿都很丰富充足。

成语造句

如果没有燧人氏的伟大贡献，原始人类便过着茹毛饮血的生活。

成语延伸

女娲补天

释义：用来形容改造天地的雄伟气魄和勇敢无畏的斗争精神。

讲解：世间天塌地陷，女娲熔炼五彩石以补苍天，斩鳌足以立四极。

出处：于是女娲炼五色石以补苍天。——西汉·刘安《淮南子·览冥训》

成语快问快答

 孔老师，茹毛饮血的"茹"我之前查过，是柔软的意思。

 柔软只是"茹"的一个含义，在这里，它用的是"吃"的意思。

 是说原始人会吃动物皮毛吗？

 是的，原始人会将猎物连毛带血一起吃掉，因为那时候的人类还未开化。

🎤 ＋ [   ] 发送

以人为镜

我们要像燧人氏一样以人为本、自力更生。他为人类带来食物和温暖，这是对他人的关爱；他凭借双手，在自然中获得自己想要的东西，这又是强大的自力更生的精神。

以史为镜

原始时期是人类从蒙昧到文明的探索时期，这一时期，人类从使用石器到学会用火，进而诞生了原始的农业。农业为古代文明社会的形成奠定了重要的物质基础，与此同时，在一些传说中的首领带领下，早期的部落逐渐形成了。

yán huáng zǐ sūn
炎黄子孙

成语释义：泛指中华民族或中华民族的成员。

来，跟我学这个成语。

皇天嘉之，祚以天下，赐姓曰"姒"、氏曰"有夏"，谓其能以嘉祉殷富生物也……夫亡者岂繄无宠？皆黄、炎之后也。

——出自《国语·周语下》

①黄帝是华夏原始部落的一位首领。

②为了统一华夏，黄帝部落与炎帝部落之间经常发生战争。

③黄帝联合其他部落向炎帝部落发起进攻，最终击败了炎帝。

④战争结束后，黄帝和炎帝两个部落结盟合并，最终发展成了华夏民族。

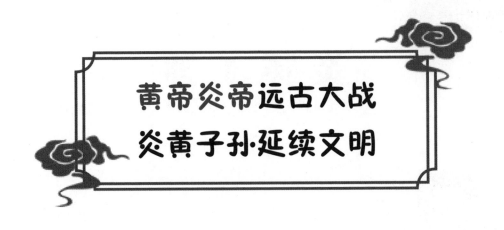

黄帝炎帝远古大战
炎黄子孙·延续文明

在度过了漫长的茹毛饮血时代后，人类在一些部落首领的带领下，摆脱了野蛮的生活方式，过上了安乐的生活。燧人氏教人们使用火种，有巢氏教人们搭建房屋，炎帝神农氏尝百草教人们耕种粮食和治疗疾病，黄帝有熊氏统一中华创立文明制度，这些部落首领不仅为当时的人类带去了美好生活，更为后世留下了宝贵的文化财富。

打不过就加入！

炎 帝

传说人物，上古时期姜姓部落的首领尊称，与黄帝并称为"中华民族人文初祖"。

炎帝与黄帝是两个部落的首领，两个部落都想成为华夏地区的共主，于是，黄帝部落与炎帝部落决定通过战争来一决高下，胜者将成为华夏的主宰。

当时，黄帝召集了很多部落与自己联合，共同向炎帝部落及其同盟部落发起进攻。在数次交战中，炎帝部落虽攻势猛烈，却始终无法取得胜利，反而是黄帝部落以精妙的战法与战术，成功偷袭炎帝营地，取得了战争胜利。

黄帝部落吞并炎帝部落后，两个部落中的人们便开始一同生活，分享彼此的文化与技术。炎帝部落能制耒耜，善于耕种五谷；黄帝部落能制衣冠，创制音律、文字。就这样，两个部落不断融合、发展，最终形成了华夏民族。

由于后世的很多生存技能都是从炎帝与黄帝这两个部落传承而来的，传说时代的一些帝王也都是黄帝的后裔，几乎所有后代姓氏的远祖都可以追溯到炎帝、黄帝和他们的臣子，因此很多人认为"中国人都是炎黄子孙"。

成语有意思

近义成语

四海一家：四海之内好像一家人，形容天下统一。

反义成语

神州陆沉：神州代指中国，陆沉表示土地下沉，比喻国土沦丧。

成语造句

中国大陆人民和中国台湾人民都是炎黄子孙，海峡两岸同胞血脉相连，打断骨头还连着筋。

成语延伸

赤县神州

释义：中国的别称

讲解：炎黄二帝是中华民族的始祖，从他们开始，中华的概念诞生了。

出处：中国名曰赤县神州，赤县神州内自有九州。——西汉·司马迁《史记·孟子荀卿列传》

成语快问快答

孔老师，炎黄子孙的意思，是说我们都是黄种人吗？

炎黄指炎帝和黄帝，而不是黄种人。

也就是说，我们都是炎帝和黄帝的后裔。

大多数人都是这么认为的！

🎤 ＋ [　　　　　　　　　　　　　　　　] 发送

以人为镜

　　我们要继承和发扬黄帝热爱人民的博爱精神，心系民族、心系祖国，为国家的统一和民族的团结而努力奋斗。在中华民族伟大复兴的当下，我们要意识到中华民族是一个命运共同体，每一个中国人都肩负着让民族更加荣耀的历史使命。

以史为镜

　　五六千年前，中国进入部落联盟时期。相传，当时黄河流域活跃着几个较大的部落，如炎帝、黄帝、蚩尤等部落，部落之间展开攻伐，不断合并，进而结成部落联盟，其中炎帝和黄帝部落经过战争最终合并，并逐渐形成为华夏民族。

yáo qū shùn bù
尧趋舜步

成语释义：比喻政局稳定而清明。

来，跟我学这个成语。

皇帝降席，流云四开；尧趋舜步，下蹑天阶。

——出自《宋史·乐志十三》

①尧是一位德行高尚、广施仁政的部落首领。

②尧将松散的部落联合在一起，建立了最早的国家雏形。

③晚年的时候，尧将自己的首领位置禅让给了贤能的舜。

④舜继承了尧的优良品质，后来，他又将自己的位置传给了禹。

尽心统治利在当下
尧趋舜步功在千秋

在炎帝与黄帝之后，我国古代还出现过许多优秀的部落联盟首领，尧与舜便是其中的佼佼者。尧是帝喾之子，姓祁名放勋，因被封于唐，人们又称呼他陶唐氏。在部落纷争不断的上古时代，尧在成为华夏部落联盟首领后，为了让百姓更好地耕种粮食，他命羲叔等人制定历法，派鲧治理洪水。他还团结各方亲族，征讨四夷，统一了华夏各族。

尧

传说人物，上古时期部落联盟首领，华夏文明的重要奠基人。

在尧执政初期，各部落还只是松散地联合在一起，彼此各行其是。尧在积累一定的执政经验后，便开始尝试建立统一的国家管理制度，比如任命处理各种事务的专门官员。正是从这一时期开始，中国历史上最初的国家雏形出现。

在尧晚年时，他经过一番考察，将部落联盟首领之位禅让给舜。舜不仅承继了尧的首领之位，也继承了尧宽厚仁德的品质。

舜姓姚名重华，号有虞氏。他家境贫寒，从小便从事各种体力劳动，能耕耘种植，会狩猎捕鱼，还懂得制作陶器的方法。在从事每一份工作时，舜都用自己的德行去感染别人，这也使得他顺利通过了尧的考验，成为部落联盟的新首领。

掌握了权力的舜，在尧的基础上，再次改革部落管理制度，任命了一批有才能的人为官员，为百姓作出了许多贡献。在这些人之中，当属禹的成就最大，他也因此获得了舜的青睐，成为新一任部落联盟的首领。

尧与舜的言行举止不仅影响着当时的人们，还成为后世贤者做人做事的准则，成为中华民族的重要精神财富。

成语有意思

近义成语

河清海晏： 比喻国家政治清明，社会安定。

太平盛世： 社会安定、兴盛的治世。

反义成语

民不聊生： 统治者残暴，社会动荡不安，人民没法生活下去。

四海鼎沸： 各地都不安定，形容天下大乱。

成语造句

　　汉文帝休养生息，让经济得到了发展，汉景帝尧趋舜步，坚持文帝的轻徭薄赋政策，两人一起开创了文景之治。

成语延伸

舜日尧年

释义： 原用以称颂帝王的盛德，后也用来比喻天下太平的时候。

讲解： 尧、舜治理有方，使得天下太平，百姓纷纷以舜日尧年来赞誉尧、舜的功德。

出处： 佩服瑶草驻容色，舜日尧年欢无极。——梁·沈约《四时白纻歌·春白纻》

孔老师，尧趋舜步的"步"，是"步骤"的意思吗？

尧趋舜步并不指代具体步骤，而是说尧跟随舜的步伐。

也就是说，尧跟舜一样贤明。

是的，你很懂得举一反三。

发送

以人为镜

我们要学习尧大公无私、不任人唯亲的高贵品质，不贪恋虚名，能够发现他人身上的优点，谦恭退让，一切以人民的利益为出发点。在班集体里，我们要团结同学，既要学习同学身上的优点，又要和他们一起改正缺点。

以史为镜

相传在黄帝之后，黄河流域出现了许多部落，为了增强实力，陶唐氏、有虞氏和夏后氏三个部落结成联盟，尧、舜、禹依次成为联盟首领，当时实行禅让制，即将联盟首领的位子传给贤德之人。

guò mén bù rù
过门不入

成语释义：经过了家门口也不回家，形容忠于职守，公而忘私。

来，跟我学这个成语。

禹伤先人父鲧功之不成受诛，乃劳身焦思，居外十三年，过家门不敢入。

——出自《史记·夏本纪》

①禹是鲧的儿子，他对于治理洪水颇有心得。

②舜统治时期发生了大洪灾，在众大臣的推荐下，舜便派禹去治理洪水。

③禹一心一意治理洪水，在治水期间，多次经过家门却一次也没有回过家。

④禹决定用挖掘水道的方式来疏通洪水，最终成功治理了水患。

大禹治水过门不入
心系天下终获成功

在帝舜统治时期，滔天的洪水泛滥成灾，无数的庄稼被淹没，许多百姓都失去了自己的家园。为了能够有效治理洪水，帝舜要大臣们推荐有能之人。大臣们都推荐禹，认为他有德行、有能力，可以成功治住洪水。

> 治水如治国，
> 宜疏不宜堵。

禹

传说人物，上古时期部落联盟首领，夏朝的开国君主。

禹是鲧的儿子，鲧是尧帝手下的大臣，曾奉尧之命治理洪水，但他所用的筑堤堵水之法并没有成功治住水患，最终被帝舜流放到羽山，并死在了那里。现在禹与父亲一样接下了治水的重任，他既想为百姓解除水患，也想完成父亲的夙愿。为此，禹毅然告别新婚的妻子，踏上了治水的征程。

　　此后，禹将全部的精力都放在了治理洪水上，带着助手跋山涉水，风餐露宿，他们不辞劳苦地去各地了解水情，为了测量水势不惜以身犯险。禹立誓不解决水患绝不罢休，甚至几次路过自己家门口时都没有进去看一看家人。皇天不负苦心人，经过几年的努力，禹终于找到了解决水患的方法，那就是疏导洪水。

　　在禹及整个部落的共同努力下，咆哮的洪水被成功治住，往日的一片汪洋变成了平地山陵，百姓们重新拥有了房屋与农田，从此过上了幸福的生活。禹也因为治水的功绩，受到百姓的敬仰，并从舜那里接过了部落首领的位子，在后来开创了夏朝的基业。

成语有意思

近义成语

公而忘私：为了公家的事情而忘了个人的私事，形容不考虑个人利益。

大公无私：一心为公，没有私心。

反义成语

徇私舞弊：屈从私情，弄虚作假，干违法乱纪的坏事。

假公济私：假借公家的名义。使自己得到私利。

成语造句

领导干部要像焦裕禄同志一样，做到过门不入，将全部精力投入到为人民服务的事业当中去。

成语延伸

呕心沥血

释义：比喻为做某项工作费尽心思，用尽全力。

讲解：禹为了治水呕心沥血，最终取得了成功。

出处：是儿要当呕出心乃已尔。——唐·李商隐《李长吉小传》。

孔老师，使用过门不入这个成语需要注意什么？

 过门不入，强调的是公和私的对比，一般要用在个人对公共、集体的奉献场景中。

 也就是说，个人为集体牺牲时可以用过门不入，但个人为自己的事情付出时，比如为了创业而几天不回家休息，就不能用过门不入了对吗？

 你说得没错！

发送

以人为镜

我们要像禹一样，拥有心怀天下苍生的悲悯，有敢于奉献的忘我精神，更要有在关键时刻舍小家为大家的牺牲精神。要意识到社会利益、国家利益的重要性，在集体利益面前，个人有价值的牺牲是值得的，当每个人都肯为集体牺牲时，集体就会让每个人都受益。

以史为镜

约公元前2070年，禹建立了夏朝，这是中国历史上的第一个王朝。禹在位时治理洪水、征伐三苗，积累了巨大的声望。禹的儿子启凭借着强大的势力，在禹死后继承了他的位置。从此，世袭制代替禅让制，中国历史进入了"家天下"王朝时代。

jié ào bù xùn
桀骜不驯

成语释义：比喻傲慢，不驯顺；驯：顺从。凶暴倔强，不肯顺服。

来，跟我学这个成语。

其桀骜尚如斯，安肯以爱子而为质乎？

——出自《汉书·匈奴传赞》

①桀是夏朝的君主，他统治下的夏朝早已危机四伏。

②他是夏朝的第十七任君主，继承了父亲发的君主之位。

③夏桀不仅性格暴虐，而且还十分傲慢，经常对大臣使用暴力。

④昏庸的夏桀从不听从大臣们的劝谏，最终导致了夏朝的灭亡。

夏末君王桀骜不驯
残暴不仁最终灭亡

在禹死之后，部落首领之位由他的儿子启继承，自尧舜以来的"禅让制"不复存在。在夏启之后，部落首领之位一直由禹的后代所掌握，到了夏桀时，依然如此。

公天下，家天下，全部都是我的天下！

夏 桀

传说人物，夏朝的末代君主，是中国历史上暴君的代表。

夏桀勇武过人，能够与豺狼搏斗，与快马追逐，这些才能却让夏桀傲慢不已，不将任何人放在眼中。作为禹的后代，夏桀并没有像禹一样与其他部落和睦相处，而是看谁不顺眼就去攻打谁。那些不顺从夏桀的部落，经常会遭到讨伐。

夏桀不断地四处征伐让天下苦不堪言，很多部落因此不再来夏王室朝贺，但夏桀不以为意，他不顾内政，不管外患，只知道自己享乐。荒淫无道的夏桀建造宫室，还从各地搜寻美女，充实自己的后宫。

朝中大臣看到夏桀如此昏庸，纷纷上书劝谏，但夏桀始终不听劝告。心情好时，将劝谏的大臣骂走；心情不好时，便下令将劝谏的大臣杀掉。慢慢地，朝中的大臣都不再劝谏，很多大臣还逃离了王宫。

一次，有大臣引荐伊尹给夏桀，伊尹想用尧、舜施行仁政的故事劝说夏桀要体恤百姓，要有仁德之心。夏桀却不以为意，他自比太阳，认为自己的江山会永远稳固。伊尹见夏桀不听劝告，只得离开夏王室，投奔商部落的首领成汤。

众叛亲离的夏桀并未有所收敛，他的行为反而更加无度。据说，夏桀曾建造了一个能航船的大池，供他与宠臣享乐。正是夏桀所做的这些荒淫无度的行为，将夏王朝推向了毁灭。

成语有意思

近义成语

无法无天： 指不顾天理国法，形容毫无顾忌，胡作非为。

横行霸道： 形容依靠权势，胡作非为，蛮不讲理。

反义成语

俯首帖耳： 形容非常驯服恭顺。

百依百顺： 形容事事都顺从，毫不违背。

成语造句

　　骁骁是个十足的问题少年，他桀骜不驯，对自己犯下的错误不知道悔改，谁的话都不听，让父母和老师非常头痛。

成语延伸

助桀为虐

释义： 比喻帮助恶人做坏事，也作"助纣为虐"。

讲解： 夏桀身边有一群奸臣，专门帮他干暴虐的事。

出处： 今始入秦，即安其乐，此所谓"助桀为虐"。——西汉·司马迁《史记·留侯世家》

成语快问快答

> 孔老师，桀骜不驯的"骜"是一种动物吗？

> 是的，它可以用来指骏马，但放在桀骜不驯这个成语里，指代的是"马不驯顺"。

> 意思就是夏桀像不驯顺的马一样傲慢。

> 可以这样解释。

🎤 ＋ [   ] 发送

以人为镜

　　我们要避免像夏桀一样残暴不仁，认为自己是一切的主宰而对他人肆意地伤害，更不能以他人的痛苦来获取快乐。在校园里我们不可以将霸凌他人视为一种乐事，要在同学遭受痛苦时挺身而出，懂得与人为善的道理，如此才能获得同学们的拥戴。

以史为镜

　　夏朝历经400多年，到夏王桀在位时，国力衰弱。桀非但不励精图治，反而不修德行，统治残暴，用武力伤害百姓，引起民众的反抗，最终让夏朝走向了末日。

发生年代：成汤统治时期

历史事件：商汤灭夏

相关人物：成汤

wǎng kāi sān miàn
网开三面

成语释义：把捕禽的网撤去了三面，留下逃生的出路。比喻用宽大的态度来处理罪犯或敌方。

来，跟我学这个成语。

汤出，见野张网四面，祝曰："自天下四方，皆入吾网！"汤曰："嘻，尽之矣！"乃去其三面，祝曰："欲左，左；欲右，右。不用命，乃入吾网。"

——出自《史记·殷本纪》

①成汤是商部落首领，品行高尚，深受百姓爱戴。

②成汤在一次游猎时，看到一个人在四方都布下了网。

③成汤担心郊外的野兽会被他捉光，于是就让人撤走三面网，只留下一面。

④其他部落的人听说了这件事，都赞扬成汤是个仁德的人，并决定追随他。

成汤仁德网开三面
诸侯拥护终建商朝

成汤是归附夏朝的商部落的首领，他为人正直、和善，深受部落内外人们的信任和尊敬。在众多部落的支持和能臣伊尹的辅佐下，成汤推翻夏朝，建立了商朝。

汤

（生卒年不详）商朝的建立者，与夏桀大战于鸣条，最终灭夏。

在建立商朝之前，有一次成汤外出游猎，发现郊野的四面都拉开了罗网，成汤不知何故，便向布网的人询问原因。布网的人对成汤说："我希望从天上来的，地下来的，四方来的（野兽），都能钻进我的罗网之中。"成汤听了布网人的话，心中很是不安，他认为如果这样做的话，会把郊野中的飞禽走兽全部抓光，不仅其他人没法再狩猎，布网人自己以后也捕捉不到猎物了。

为了防止这种事情发生，成汤让人将罗网撤去三面，只留下一面。同时，他还祈祷说："想往左边走的，就往左边走；想向右边逃的，就向右边逃；不听从命令的，就进入我的罗网吧！"

成汤撤去罗网的事，很快便传到了其他部落首领的耳朵里。很多人都因此赞赏成汤，认为他是个仁德之人，连禽兽都不忍伤害，这样的人才是值得追随的首领。人们之所以这么想，是因为当时夏朝的君主桀荒淫无道，经常施行暴政，希望有人能够举起反抗的大旗，推翻夏桀的统治。

后来，成汤不忍百姓生活于水深火热之中，便在伊尹的辅佐下，联合各方诸侯举兵讨伐夏桀。经历一番苦战之后，成汤获得了胜利，建立了商朝。

成语有意思

近义成语

宽宏大量：形容人的度量大，心胸开阔，能够容人、容事。
宽大为怀：指对别人抱有宽大的胸怀。

反义成语

小肚鸡肠：比喻人的器量狭小，心胸狭窄。
睚眦必报：瞪一眼的小怨恨都一定要报复，形容人心胸狭窄、气量小。

成语造句

　　鉴于小明的认错态度良好，班主任决定对他网开三面，宽大处理。

成语延伸

勠力同心
释义：勠力，指合力。形容齐心合力，团结一致。
讲解：商汤和伊尹君臣同心合力，终于推翻了夏桀的残暴统治。
出处：昔逮我献公及穆公相好，勠力同心，申之以盟誓，重之以昏
　　姻。——春秋·左丘明《左传·成公十三年》

孔老师，网开一面和网开三面有什么区别吗？

它们在表意上没太大区别，都是形容采取宽大态度给人留生路的意思，但在具体解释上却稍有不同。

哦？哪里有不同呢？

网开一面是把捕捉鸟兽的网打开一面，让鸟兽可以逃走；网开三面是把捕捉鸟兽的网撤去三面，让鸟兽逃走。

🎤 ＋ [   ] 发送

以人为镜

我们要像成汤一样善良仁德，也要学习成汤尊重自然，尤其是在现代社会，对自然资源的过度攫取已经成了严重的问题，我们要想到几千年前的古人，就已经有了保护自然的意识。

以史为镜

夏朝后期，分布于今河南、河北一带的商部落逐渐强大，商的首领汤联络周围部落，起兵攻伐夏王桀，桀大败，夏朝灭亡。约公元前 1600 年，汤建立了商朝，他任用贤才，发展农业、手工业和商业，使商朝很快强大起来。

zhù zhòu wéi nüè

助纣为虐

成语释义：比喻帮助坏人干坏事。

来，跟我学这个成语。

"昔武王伐纣，归倾宫之女，不可助纣为虐。"

——出自《晋书·武帝纪论》

①纣王是商朝最后一位君主，他沉迷酒色，大兴土木，致使朝政荒废。

②纣王把酒放进池里，把肉挂在树上，每天沉浸在享乐之中。

③大臣费仲和恶来不但没有劝阻纣王，反而帮他施行暴政。

④在纣王残暴的统治下，百姓和诸侯都归顺了周部落，商王朝最终被推翻。

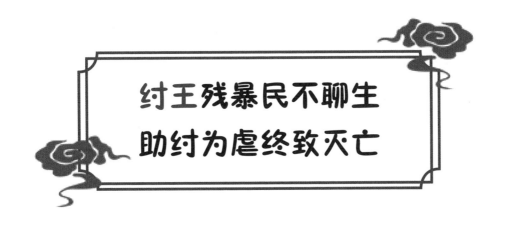

纣王残暴民不聊生
助纣为虐终致灭亡

商王朝在经历了成汤及几代商王后出现了衰落迹象,盘庚迁都到殷的举动让商朝得到了复兴。但到了商纣王时代,商朝的统治已经岌岌可危。之所以商王朝会走向末路,与商纣王帝辛有很大关系。

纣 王

(生卒年不详)商朝末代君王,是与夏桀齐名的暴君。

商纣王帝辛与夏王桀一样,都是末代首领,也都是古代历史上有名的暴君。商纣王帝辛在位时,商朝内忧外患不断,百姓生活在水深火热之中,但他不思进取,过着骄奢淫逸的生活。

为了敛取钱财、控制百姓,商纣王加重赋税,推行严刑峻法,实施残暴统治。他的钱财堆满了鹿台钱库,粮食装满了钜桥粮仓,新奇玩物填满了皇宫，但他依然不满足，还建造了园林楼台，豢养各种飞禽走兽，用酒当池水，把肉悬挂起来作树林，让男男女女在其间追逐嬉闹，饮酒作乐。

面对如此荒淫暴虐的商纣王，百姓都怨恨他，但有一些大臣仍然愿意为商纣王效力，甚至还帮助商纣王施行暴政。费仲贪图享乐，善于阿谀奉承，专为商纣王管理国家政事；恶来勇武过人，善于进奉谗言，专为商纣王行杀伐之事。他们都是帮助商纣王作恶的人，也是将商王朝推向毁灭的重要参与者。

最终，暴虐的商纣王引发众怒，许多诸侯都背叛了他。西伯侯姬昌在封地修行德政，吸引了许多诸侯归附。在西伯侯死后，其子姬发率军东征，讨伐商纣王。双方在牧野展开决战，商王朝主力被歼灭殆尽，商纣王也身死鹿台。

成语有意思

近义成语

率兽食人：实施暴政，使百姓受到伤害。

为虎作伥：比喻充当他人做坏事的帮凶。

反义成语

除暴安良：铲除残暴的坏人，安抚善良的百姓。

大义灭亲：为了正义不徇私情，使犯罪的亲属受到应有的惩罚。

成语造句

　　面对进行电信诈骗犯罪的初中同学的求助，高明选择向公安机关举报他，而不是助纣为虐，帮助他逃脱法网。

成语延伸

酒池肉林

释义：原指荒淫腐化、极端奢侈的生活，后也形容酒肉极多。

讲解：殷纣以酒为池，以肉为林，在酒池肉林中醉生梦死。

出处：行赏赐，酒池肉林。——东汉·班固《汉书·张骞传》

成语快问快答

孔老师，助纣为虐与助桀为虐表达的意思是一样的吗？

这两个成语表达的意思是完全一样的，都在说帮助坏人干坏事。

那为什么会有这两个成语呢？

其实，助纣为虐是从助桀为虐衍生出来的成语。纣与桀都是古代有名的暴君，帮助他们做坏事，就是在"为虎作伥"。

发送

以人为镜

我们也不能像纣王一样刚愎自用，认为自己是最聪明的，要知道，刚愎自用的人往往是最容易被欺骗的。我们要能听得进老师和同学的不同意见，尤其是对于批评的话语，不要产生抵触情绪，要牢记忠言逆耳利于行的道理。

以史为镜

商朝末期，社会矛盾日趋尖锐，奴隶主贵族更加腐朽。商纣王对外征伐，耗费国力，同时修筑豪华宫殿，还施用酷刑残害人民，终于让商朝走到了穷途末路。

发生年代：约公元前1046年

历史事件：周国的建立

相关人物：古公亶父

gē gōng sòng dé
歌功颂德

成语释义：颂扬功绩和德行。

来，跟我学这个成语。

于是古公乃贬戎狄之俗，而营筑城郭室屋，而
邑别居之。作五官有司。民皆歌乐之，颂其德。
——出自《史记·周本纪》

①古公亶父是周王朝的奠基人，他为躲避戎狄侵扰，率族人迁都于岐。

②古公亶父迁都于岐后，大家听说他十分仁义，于是纷纷前来归附于周。

③后来，古公亶父的孙子周文王继承了王位，并渐渐赢得了人心。

④周文王的儿子周武王姬发开创了周朝盛世，人们谱写了很多赞扬他们的歌谣。

周天子奋进创盛世
众百姓谱歌赞功德

纣王无道，加速了商朝的灭亡。而地处岐山的周国却蓬勃发展，呈现出一片祥和景象。其实，周国最初并不在岐山，因为戎狄前来侵扰古公亶父的部落，古公亶父不忍心看到民众受到侵害，才率领民众逃往岐山，并建立了周国。

粮食堆满粮仓，国家才能富强。

古公亶父

（生卒年不详）周文王姬昌的祖父，为周王朝的建立奠定了基础。

建立周国后，古公亶父带领人民发展农桑，邻国人听说了古公亶父的仁义，都心甘情愿地前来归附他。人们为了歌颂古公亶父的功德，还专门谱歌作乐，希望古公亶父的功德能随着歌声千古传颂。

古公亶父去世后，他的儿子季历即位。季历有一位德才兼备的儿子西伯，就是后来的周文王。

人民爱戴古公亶父，爱屋及乌，也爱戴他的后人，而他的后人也没有背弃古公亶父的仁德，都能够和百姓同甘共苦。到周文王时，周国已经积攒了很强的实力，此时正值商纣王时期，人民对商纣王的残暴统治已经无法忍耐了。

周文王也不满商纣王的暴虐，于是开始积蓄力量与商朝作对。周文王为人善良，礼贤下士，很多名士都慕名前来归顺。

后来，周文王去世，儿子姬发即位，就是周武王。周武王决定完成伐纣大业，于是率领大军与纣王在牧野展开决战。最终，周武王击败纣王，开创了周朝盛世。战争结束后，武王专门把马匹放养在华山南面，还解散了军队，向天下表明了不再用兵的决心。

人们为了歌颂古公亶父、季历、周文王和周武王的功德，专门谱写了歌曲并流传后世，这些歌曲表达了人们对周天子的感激与敬仰。

成语有意思

近义成语

有口皆碑：所有人的嘴都是记功碑，形容人们普遍称颂。
交口称赞：大家齐声赞美。

反义成语

天怒人怨：形容作恶太多，引起公愤。
怨声载道：指怨恨的声音充满道路。形容人民强烈的不满和怨恨。

成语造句

　　有些单位把年终总结写成了歌功颂德的"功德榜"，这是很不合适的。

成语延伸

文武之道
释义：本指周文王、周武王治国修身的方略。后泛指治理国家要宽严相济。
讲解：周文王与周武王都是古人所推崇的贤君。
出处：文武之道未坠于地，在人，贤者识其大者，不贤者识其小者，莫不有文武之道焉。——先秦·孔子《论语·子张》

成语快问快答

 孔老师，歌功颂德和树碑立传是不是都可以表达颂扬别人的意思？

你说得没错，但这两个成语在表意上也有一些不同。

 哦？不同在哪里呢？

歌功颂德偏重于颂扬他人的功绩和德行，是一种讨好行为；而树碑立传则是为树立某个人威望或提高某个人声誉而进行的吹捧行为。

🎤 ＋ ⬜ 发送

以人为镜

我们要学习古公亶父、季历、周文王和周武王的贤明。只有真诚对人才能团结他人，而只有团结了更多的人，才能真的获得人们的帮助。就像在班级里的竞选，只有获得同学们的真心拥戴，才能够选上班干部、当好班干部。

以史为镜

商朝晚期，分布于陕西渭水流域周原的周部落迅速强大起来。经过几代人励精图治，在周武王时，周部落联合各地势力，组成庞大的政治联盟，与商军在牧野决战，商军倒戈，周军占领商都，商朝灭亡。周武王建立了周朝，史称西周。

道路以目

dào lù yǐ mù

成语释义：百姓惧怕暴政，路上相遇不敢交谈，只能用眼睛互相示意。形容反对统治极端暴虐无道。

来，跟我学这个成语。

三十四年，王益严，国人莫敢言，道路以目。

——出自《国语·周本纪》

①周厉王姬胡，为人残暴，贪图享乐，是一个不折不扣的昏君、暴君。

②他在奸臣荣夷公的唆使下，残酷剥削百姓，弄得民不聊生。

③为了不让百姓说自己坏话，周厉王派人监视百姓，说错话的人会被抓起来。

④因不满周厉王的暴政，诸侯纷纷生出了争夺天下的野心，春秋时代就此开启。

厉王昏庸设下巫师
百姓受苦道路以目

时光流转，周王朝建立几百年后也开始走下坡路。天子之位传到周厉王时，周朝已经是满目疮痍、国力衰微了。这时，奸臣荣夷公唆使周厉王改变了周朝原有的制度，把百姓们赖以生存的行业归为王室所有。周厉王横征暴敛，弄得民怨沸腾。辅佐周天子的召公看不下去了，便劝周厉王说："百姓已经受不了了，您不能再这么逼迫百姓了。"可是，周厉王根本不听劝告，反而变本加厉。

我自专心对百姓，奈何百姓不懂我。

周厉王

（？—公元前828年）西周第十位君主，在位时发生国人暴动。

周厉王为了消除民怨，专门从卫国请来一批巫师，在镐京的各个街巷偷听人们谈话。凡是有反叛或妄议朝政的人，立刻将他们抓起来下狱处决。这样一来，周朝百姓再也不敢发表自己的意见了。后来，百姓们更不敢互相谈话，在路上遇到也只能用眼神相互示意。大家都怕自己因为说错话而被抓起来。

周厉王听说这件事后很高兴，召公却十分痛心地说道："百姓敢怒不敢言，这不仅不能解决问题，反而会埋下祸患啊。"但是，召公的话并没有引起周厉王的重视。

在周厉王的暴政下，周朝就像暴风雨中的茅草屋一样摇摇欲坠。那些曾经发誓效忠周天子的诸侯，看到满目疮痍的周朝后纷纷生出野心。在各位诸侯野心的膨胀下，一个百家争鸣的时代——春秋开启了。

成语有意思

近义成语

三缄其口：缄，封。指嘴上贴了三次封条。形容说话非常谨慎，或不开口说话。

噤若寒蝉：一声不响，像冷天的蝉。比喻不敢说话。

反义成语

畅所欲言：指把心里要说的话全都痛快地讲述出来。

颂声载道：赞颂的声音充满道路。形容政府或官员的工作得到人民的普遍赞扬。

成语造句

当年，在侵略者的残暴统治下，百姓们只能道路以目，敢怒而不敢言，把对侵略者的刻骨仇恨埋藏在心里。

成语延伸

暴戾恣睢（bào lì zì suī）

释义：形容凶恶残暴，任意胡为。

讲解：周厉王残暴凶狠，诸侯们都很怨恨他。

出处：盗跖日杀不辜，肝人之肉，暴戾恣睢，聚党数千人，横行天下，竟以寿终，是遵何德哉？——西汉·司马迁《史记·伯夷列传》

· 49 ·

成语快问快答

 孔老师，道路以目的"目"，是"数目"的"目"吗？

 不是的，这里的"目"指的是"用目光示意"。

 类似于今天的使眼色。

 你真聪明！

🎤 ＋ [   ] 发送

我们要学会信任他人，不能像周厉王一样对人疑神疑鬼，也要懂得忠言逆耳、兼听则明的道理，不能对批评声充耳不闻，更不能因为别人的批评就怀恨在心。在校园里面对老师的批评，我们要首先反思自己是否有错误，如何改正自己的错误。

以史为镜

公元前841年，周厉王与民争利，终于引起"国人暴动"，厉王逃亡。到周幽王时，朝政腐败，社会矛盾激化，公元前771年，西周终于被犬戎族所灭。后来周平王东迁洛邑，历史的车轮进入东周时期。

guǎn bào zhī jiāo
管鲍之交

成语释义：比喻深厚的交谊。

来，跟我学这个成语。

"生我者父母，知我者鲍叔也！"此世称管鲍善交者，小白善用能者。

——出自《列子·力命》

①鲍叔牙和管仲是好友，但在齐国储君人选上，两人却有不同的看法。

②鲍叔牙与管仲决定一人辅佐公子纠，另一人辅佐公子小白。

③齐襄公去世后，公子小白率先回到齐国，成为新任国君，世称齐桓公。

④鲍叔牙向齐桓公推荐管仲，在管仲的辅佐下，齐桓公成为春秋时期第一个霸主。

两位好友共襄齐主
管鲍之交千古流传

周朝末期，周天子的势力变得一天不如一天。周王朝就像一盆摇摇晃晃的"汤羹"，野心勃勃的诸侯们都想分走一杯。大诸侯国吞并小诸侯国，很快，周朝初期分封的几百个诸侯国就剩下一百多个了。其中，比较大的诸侯国有齐国、晋国、楚国、秦国、吴国和越国等。这些国家谁也不服谁，于是，争夺霸主的战争打响了。

在家靠自己，
出门靠朋友。

管 仲

（？—前645年）中国古代政治家、军事家，春秋时期法家代表人物。

最先称霸的是齐桓公，他靠着大政治家管仲的辅佐，成功站到了霸主舞台的中心。不过，齐桓公刚即位时，他跟管仲之间的关系并不好。这是为什么呢？

原来，当时的齐国国君齐襄公没有儿子，只有两个同父异母的兄弟，一个是公子纠，另一个是公子小白。管仲与好友鲍叔牙每人辅佐一位公子，鲍叔牙辅佐的是公子小白，管仲辅佐的则是公子纠。

公元前685年，齐襄公去世，公子纠和公子小白谁先赶回齐国，谁就能成为齐国国君。为了让公子纠顺利继位，管仲带人去拦截公子小白，甚至用箭射中了公子小白。谁知，公子小白并没有被射死，反而赶在公子纠之前回到了齐国。于是，众人便拥戴公子小白当了国君，他便是齐桓公。

齐桓公即位之后决定重用鲍叔牙。可是，鲍叔牙却再三推脱，同时极力推举了好友管仲。虽然管仲是齐桓公的仇人，但齐桓公还是采纳了鲍叔牙的建议。

令人没想到的是，齐桓公向管仲请教了富国强兵、成就霸业的方法后，对管仲佩服得五体投地，他决定立刻拜管仲为相。在管仲的治理下，齐国成为春秋时期第一个称霸的诸侯国。而管仲与鲍叔牙之间的友情也成为佳话，一直流传至今。

成语有意思

近义成语

深情厚谊：形容深厚的感情和友谊。

情同手足：手足，比喻兄弟。情谊深厚，如同兄弟。

反义成语

泛泛之交：泛泛，平常。形容交情不深的朋友。

成语造句

　　小张和小王从大学时就是好朋友，他们在生活上互相关心，在事业上互相帮助，他们的友情真可谓管鲍之交。

成语延伸

莫逆之交

释义：指心意相通、情投意合的朋友。

讲解：鲍叔牙和管仲脾性相同，成了莫逆之交。

出处：四人相视而笑，莫逆于心，遂相与为友。——战国《庄子·大宗师》

孔老师，管鲍之交与君子之交一样吗？

相似，管鲍之交相比君子之交，更多了一层知己之交。

我明白了，管仲和鲍叔牙，就像伯牙与子期一样。

你说得很对。

🎤 ＋ [   ] 发送

以人为镜

　　我们要像鲍叔牙与管仲一样珍惜友谊，与好友互相帮助、互相提携。年少时的朋友，很多会成为一生的朋友。我们更要学习齐桓公不记旧仇，哪怕之前与人产生过矛盾，也要抱着宽大的胸怀去接纳他。敌人都变成了朋友，人生道路就会一片坦途。

以史为镜

　　周平王东迁后，周王室的统治力大减，虽然还是名义上的天下"共主"，但已经无力控制诸侯。诸侯国势力崛起，各自为政，一些强大的诸侯为了取得优势，以"尊王攘夷"的名义进行征战，争夺霸主的地位，齐桓公则是第一个霸主。

退避三舍

tuì bì sān shè

来，跟我学这个成语。

成语释义：原指与敌方作战时军队后撤一定距离。后比喻对人让步，避免冲突或比喻自己不敢跟人相比。

若以君之灵，得反晋国，晋楚治兵，遇于中原，其辟君三舍。

——出自《左传·僖公二十三年》

①晋文公重耳曾经在外流亡十九年，后来回国成为晋国国君。

②重耳在逃亡途中，楚成王热情款待了他，这让重耳十分感动。

③为了感谢楚成王，重耳向他许下两军交战主动退避的承诺。

④晋楚两军交战时，重耳信守承诺，主动后撤，不过晋国最后还是取得了胜利。

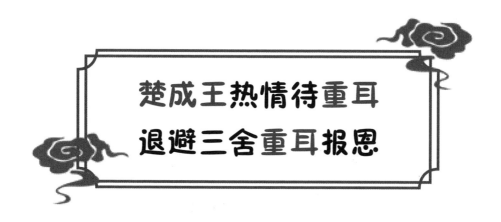

楚成王热情待重耳
退避三舍重耳报恩

齐桓公称霸中原时，南方的楚国也在不断扩充势力。齐桓公去世后，齐国内部发生争斗，国力开始衰微，当时齐国的盟国也纷纷倒向楚国。在楚国图霸中原时，晋国也悄悄强大起来。公元前697年，晋献公和狐姬的儿子重耳出生了。重耳年少便善于结交贤能志士，他后来受到晋献公宠爱的骊姬迫害，不得已开启了漫长的流亡生涯。

敌进我退，敌驻我扰，敌疲我打，敌退我追。

晋文公

（？—前628年）春秋时期晋国第二十二位君主，带领晋国称霸诸侯。

流亡途中，重耳游走各个国家，这些国家有的十分轻视重耳，有的却很重视他。来到郑国时，郑文公认为重耳没有价值，对他态度十分轻慢，于是重耳转而投奔楚国。

楚国国君楚成王十分热情地款待了重耳，并给重耳提供了很多物质上的支持，这让重耳很是感动。

在一场宴会上，楚成王笑着问重耳，如果有一天他回到晋国，当上了晋国的国君，会如何感谢自己。重耳认真地说道："我回到晋国一定要与楚国交好，而万一不幸，晋国必须与楚国开战，我也一定退避三舍，来回报您今日的恩情。"楚成王哈哈大笑，却并不以为然。

后来，重耳果然回到晋国成了国君。公元前 633 年，楚国派兵攻打晋国，史称城濮之战。

此时的重耳为了实现自己的诺言，居然真的下令让军队后撤了九十里。楚军见晋军后撤，以为晋军害怕了，于是马上追了上去。结果，这其实是晋军的计谋，晋军早就设下埋伏，集中兵力大破楚军，从而取得了城濮之战的胜利。

成语有意思

近义成语

委曲求全：指勉强将就，以求得保全。也形容为大局而作出退让。
避实就虚：避开敌人的主力所在，攻击其防御薄弱之处。

反义成语

针锋相对：指针尖对针尖。形容双方的意见、行动等尖锐对立。
寸土必争：极小的土地也都要争夺。

成语造句

　　在当今社会，我们的安全有警察保护，所以在与人发生冲突时，我们要学会退避三舍，避免激化矛盾，然后在适当的时机报警解决。

成语延伸

行将就木
释义：指寿命已经不长，临近死亡。
讲解：季隗（wěi）（重耳妻子）在重耳流亡时愿意等着重耳，一直等到自己行将就木，实在让人感动。
出处：我二十五年矣，又如是而嫁，则就木焉。请待子。——春秋·左丘明《左传·僖公二十三年》

孔老师，退避三舍的"舍"指的是房舍吗？

并不是，这里的"舍"指的是古时行军的距离。

古时行军的距离？

没错，古时行军一舍为三十里，三舍就是九十里。

🎤 ＋ ⬚ 发送

以人为镜

我们要学习楚成王对他人施以援手的仁德，也要学习晋文公重耳信守承诺。但也要明白施恩不图报的道理。例如我们曾帮助过某个人，但他事后却忘记了我们的恩情。对这种人，我们不要记恨，只要以后少与他打交道就可以了。

以史为镜

在齐桓公之后，晋文公成了春秋时期的第二个霸主。在晋文公争夺晋国国君之位的过程中，他得到了其他诸侯国的帮助，而在争霸的过程中，他又与之前帮助过他的诸侯国为敌，说明了春秋时期诸侯之间错综复杂的政治关系。

发生年代：约公元前636年

历史事件：骊姬之乱

相关人物：秦穆公、晋文公

qín jìn zhī hǎo
秦晋之好

成语释义：春秋时，秦、晋两国的国军好几代都是互相婚嫁。旧时泛称两姓联姻为"秦晋之好"。

来，跟我学这个成语。

秦伯纳女五人，怀嬴与焉。奉匜沃盥（fèng yí wò guàn），既而挥之。怒曰："秦、晋匹也，何以卑我？"公子惧，降服而囚。

——出自《左传·僖公二十三年》

①秦穆公为人宽厚仁慈，他非常爱惜人才，也非常重视同邻国的关系。

②晋国发生内乱，秦穆公帮助公子夷吾夺回国君之位。

③晋国遭遇饥荒，秦穆公为晋国送去大量粮食，帮晋国渡过难关。

④重耳流亡到秦国，秦穆公把女儿嫁给了他，还帮他夺回了国君之位。

晋惠公赖账格局小·
晋文公图报建邦交

重耳流亡时辗转来到秦国，秦穆公见重耳一表人才，便决定帮助重耳成为晋国的国君。秦穆公为了表示诚意，还将自己最喜欢的女儿怀嬴及四位宗室女嫁给重耳。秦穆公的举动引来了很多大臣的不满。原来秦国和晋国之前曾经发生过一些不愉快的往事。

晋国和秦国是两个相邻的大国。为了维持邻国的友好关系，晋献公曾将自己的女儿嫁给秦穆公，秦人称为穆姬，两国也因此交好。

统一是历史大势，分裂是历史逆流……

秦穆公

（？—前621年）秦国第九位国君，善用人才，励精图治，增强了秦国的国力。

后来晋国内乱，公子夷吾与公子重耳被迫出逃。夷吾为了顺利回晋国即位，允诺以五座城池为回报，请秦穆公派兵送自己回国。夷吾

（晋惠公）即位后却没有兑现诺言，而是赖掉了这五座城池。

后来，晋国发生饥荒，晋惠公无奈向秦国求救。秦穆公不计前嫌，决定帮助晋国。谁知，晋国渡过难关后，却没有丝毫报答秦国的意思。第二年，秦国也遇到饥荒，秦穆公派人向晋惠公求助，晋惠公不但没支援秦国粮食，反而趁秦国虚弱，派兵攻打秦国。

秦穆公十分生气，但穆姬苦苦劝说秦穆公，秦穆公只好继续与晋国保持友好往来。

公元前637年，晋惠公去世，他的儿子晋怀公继位。晋怀公生性刻薄，晋国上下人人自危。此时，恰好晋国公子重耳来到秦国，于是发生了秦穆公嫁女的事件。

虽然大臣们纷纷反对，但秦穆公本人一向重视对外交往，后来仍然将女儿嫁给了重耳，不仅如此，他还决定帮重耳夺回国君之位。最终在秦国军队的护送下，重耳顺利回到晋国，而重耳就是后来的晋文公。

成语有意思

近义成语

朱陈之好：指两姓喜结姻亲。

反义成语

反目成仇：朋友翻脸变成仇敌，指双方从和睦的关系转变成仇视敌对的状态。

成语造句

经过吐蕃一再地请求，唐太宗决定将文成公主嫁给松赞干布，文成公主入藏后，唐朝与吐蕃建立了秦晋之好。

成语延伸

乘龙快婿

释义：快：快意。指令岳父母称心满意的女婿。

讲解：秦穆公的女儿弄玉公主嫁给了萧史，当时的人们把萧史称为乘龙快婿。

出处：时人谓桓叔元两女俱乘龙；言得婚如龙也。——晋·张方《楚国先贤传》

成语快问快答

 孔老师，秦晋之好的"好"，是"喜好"的"好"吗？

不是的，这个"好"是"好事成双"的"好"。

 是秦国和晋国联姻的意思吗？

你说得对，秦穆公不但与晋国联姻，还经常援助晋国，双方保持友好往来。

🎤 ＋ [_____] 发送

以人为镜

　　我们要向秦穆公学习，他审时度势、胸怀宽广，在认定晋国对秦国有帮助的前提下，即便晋国人屡次失信，他也能克制愤怒，与晋国建立邦交。就如今天我国在国际关系中的外交策略，不能因为一时的愤怒就轻易与其他国家撕破脸皮，要保持大的格局。

以史为镜

　　秦穆公在晋文公之后成为春秋时期的第三个霸主。秦国本是周王朝西部的小诸侯国，一方面与周边的戎狄斗争，一方面吸收中原的华夏文化，国力因此逐渐强大起来。秦穆公的称霸体现了春秋时期大规模的民族融合。

问鼎中原

wèn dǐng zhōng yuán

成语释义：比喻争夺天下，夺取国家政权。

来，跟我学这个成语。

楚子伐陆浑之戎，遂至于雒（luò），观兵于周疆。定王使王孙满劳楚子，楚子问鼎之大小轻重焉。

——出自《左传·宣公三年》

①楚庄王年轻时志向远大，一直在默默积蓄力量。

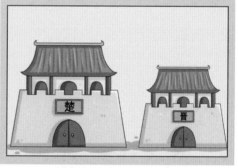

②在楚庄王的领导下，楚国国力不断增强，成为诸侯争霸中的强国。

③楚庄王想与周天子比一比，便询问周天子的鼎有多大，王孙满却以道德之说回应了他。

④遗憾的是，楚庄王还没有实现自己的霸业，便身患重病，最终带着遗憾离开了人世。

楚国强盛展露野心·
庄王图霸问鼎中原

晋文公重耳去世后，晋国国力开始衰微。此时，楚国发生内乱，与晋文公约定"退避三舍"的楚成王被儿子商臣逼死，商臣继位，是为楚穆王。

鼎之轻重，未可问也！

王孙满

（生卒年不详）春秋时期周大夫，学识渊博，拥有较高的政治才能和谋略。

楚穆王即位后，力图改变城濮之战后楚国的劣势地位。可是，楚穆王的图霸之梦还没完成便去世了。公元前614年，不满二十岁的楚庄王熊侣继位。楚庄王平定内乱，发展经济，充实国力。很快，楚国的声威重振，楚庄王拥有了图霸中原的实力。

公元前606年，楚庄王率领大军来到洛阳南郊，并在这里举行了盛大的阅兵仪式。洛阳是东周的首都，楚庄王在周天子首都附近阅兵，可见其野心勃勃。

此时，周天子是刚即位不久的周定王，他害怕楚庄王攻打都城，便派遣能言善辩的王孙满前去慰问楚军。楚庄王见了王孙满，意味深长地问起了周天子的鼎有多大、有多重。在当时，鼎是王室的象征，楚庄王询问鼎的大小和重量，明显是要与周天子较量一番。

王孙满听见这个问题，很委婉地告诉楚庄王，一个国家的兴衰不在于鼎的重量和大小，而在于有没有德行和道义。楚庄王听了王孙满的解释，于是打消了与周天子一较高下的念头。

周天子的危机就这样被王孙满解除了，然而从楚国问鼎这件事看，天下诸侯已经不太拿周天子当回事了。而周天子在面对诸侯国时的弱势，也说明周王朝已经走到末路了。

成语有意思

近义成语

逐鹿中原： 鹿，指代天下，中原，相对边疆而言，代指统治权。比喻
群雄并起，争夺政权。

反义成语

北面称臣： 指臣服于人。古代君主面南而坐，臣子拜见君主则面北。

成语造句

在起义军的攻伐下，秦朝最终灭亡，起义军中最大的两股势力刘
邦和项羽问鼎中原，都显露出一统天下的野心。

成语延伸

一鸣惊人

释义： 比喻平时没有突出的表现，现在突然取得惊人的成绩。

讲解： 楚庄王不理朝政，三年后忽然开始励精图治，震惊朝野。

出处： 三年不翅，将以长羽翼；不飞不鸣，将以观民则。虽无飞，飞
必冲天；虽无鸣，鸣必惊人。——战国·韩非《韩非子·喻老》

孔老师，"鼎"不是古代煮东西的器物吗？

你说得没错。

 那楚庄王为何要问周天子的"锅"有多大？

这是因为夏商周三代都以九鼎为传国重器，得天下者据九鼎，它也是权力的象征。

发送

以人为镜

　　我们要学习楚庄王韬光养晦的态度，但不要学他的野心。例如在学习中，我们日常刻苦的学习才能换来考试中的好成绩，但不能因为有了好成就沾沾自喜，看不起其他人，轻视继续学习的重要性，否则下一次落后的很可能就是我们了。

以史为镜

　　楚庄王是春秋的第四个霸主。楚国地处汉水一带，远离当时的政治中心，因此出现了僭越称王的现象，别的诸侯国都称公、侯、伯，只有楚国国君自称王，与周天子并称。

发生年代：约公元前512年

历史事件：孙武见吴王

相关人物：吴王阖闾、孙武

sān lìng wǔ shēn
三令五申

成语释义：再三地命令、告诫。

来，跟我学这个成语。

出宫中美女，得百八十人。孙子分为二队，以王之宠姬二人各为队长，皆令持戟。……约束既布，乃设铁钺，即三令五申之。

——出自《史记·孙子吴起列传》

孙武

①孙武是春秋末期中国著名军事家，著有《孙子兵法》一书。

②孙武将自己所写的兵法献给吴王阖闾，受到了吴王阖闾的赏识。

③孙武受命训练宫女，多次发布命令却依然有人不服从，于是他斩杀了两名宫女，震慑住了其他人。

④在孙武的教导下，吴国军队的战斗力越来越强，最终在春秋争霸之中，吴国成为一方霸主。

吴王阖闾聘用孙武
三令五申军纪严明

在晋国与楚国争霸中原时，长江下游崛起了吴、越两个国家。晋国为了对付楚国，与吴国结成了同盟。公元前 506 年，吴国举兵伐楚，一直打到楚国都城。从此，楚国的国力逐渐衰弱。

吴国军事强盛，离不开一位叫孙武的军事家。孙武是齐国人，当时齐国内乱，孙武为了躲避灾祸而逃到了吴国。在吴国，孙武把自己撰写的兵法献给了吴王阖闾。吴王看过兵法后，问孙武说："你的兵法适用于吴国军队吗？"孙武说适用。吴王又问："妇女也适用吗？"孙武再次表示肯定。

剑不磨不锋利，兵不练不精锐。

阖　闾

（？—前 496 年）春秋末期吴国国君，在位时重用伍子胥、孙武等人，让国力获得了提升。

于是，吴王召集了一百多名宫姬，请孙武进行训练。孙武将宫姬们分成两队，并且由吴王宠爱的两个宫姬当队长。队伍站好后，孙武问道："你们知道向前、向后、向左、向右转吗？"大家嘻嘻哈哈地表示知道。于是，孙武对宫姬们下令，让她们按照口令操练。

宫姬们聚在一起，像看笑话一样看着孙武，根本没人听孙武的话。孙武并不气恼，他说道："解释不明，交代不清，这是将官的过错。"于是，孙武又再三进行解释。可是，无论孙武解释多少次，宫姬们仍然不听孙武的命令。

终于，孙武严肃地说道："我已经三令五申地交代清楚了，可是却没有人愿意听令，看来这是队长的过错。"于是，他立刻让人将两个当队长的宫姬推出去斩首。

吴王见孙武要杀他心爱的两个宫姬，连忙向孙武求情。谁知，孙武却以军令在身、不受君命为由，坚持杀掉了这两个宫姬，随后又任命了另外两个宫姬为队长，大家纷纷听从孙武号令，再也不敢儿戏了。

在孙武的带领下，吴国军力日渐强盛，最终有了称霸中原的实力。

成语有意思

近义成语

发号施令：指发布命令，下达指示。
千叮万嘱：指反复叮嘱，再三吩咐。

反义成语

敷衍了事：敷衍，马虎、应付；了（liǎo），完。指做事不认真，缺乏责任心，应付办事。
不教而诛：事先不进行教育，犯了错误就惩罚或诛杀。

成语造句

　　在昨天的课上，老师三令五申要同学们带好笔记本，但还是有学生忘带了。

成语延伸

同舟共济
释义：同坐一条船过河。比喻在困难的环境中同心协力，战胜困难。
讲解：孙武用同舟共济来比喻吴国与越国的关系。
出处：夫吴人与越人相恶也，当其同舟而济，遇风，其相救也如左右手。——春秋·孙武《孙子兵法·九地》

孔老师，三令五申和谆谆告诫是不是可以表达相同的意思？

没错，这两个成语都有"劝告、告诫"的意思，但在具体用法上却有所不同。

在用法上有哪些不同呢？

三令五申多用于上级或长辈对下级或晚辈的告诫，具有一定的强制性；谆谆告诫常用于平辈之间的告诫，态度比较温和。

🎤 ＋ [   ] 发送

以人为镜

我们要像孙武一样，对待自己的工作有精益求精的精神，有对工作绝对负责到底的态度，为了完成使命，无畏刁难，认认真真履行自己的责任。我们也要意识到规章制度的严肃，在学校严格遵守各项规章制度，在社会则要严格遵守各种法律法规。

以史为镜

春秋时期由于战争持续不断，军事理论有了很大的发展，研究军事的人才和著作不断涌现。除了兵家，各诸侯国为了扩充实力不断吸纳人才，各种人才和思想互相影响，取长补短，社会上出现了一个思想文化繁荣的景象，历史上称为"百家争鸣"。

wò xīn cháng dǎn
卧薪尝胆

成语释义：卧，睡；薪，柴草。比喻刻苦自励，发愤图强。

来，跟我学这个成语。

越王勾践反国，乃苦身焦思，置胆于坐，坐卧即仰胆，饮食亦尝胆也。

——出自《史记·越王勾践世家》

①春秋时期，越国在夫椒之战中败于吴国，越王勾践成了俘虏。

②成为俘虏的勾践装作顺从的样子，回到越国后却开始卧薪尝胆，准备复仇。

③勾践励精图治，终于使得越国国力强盛。

④勾践带兵击败了吴国军队，吴王夫差无奈拔剑自刎。

兵败夫差勾践被俘
忍辱负重卧薪尝胆

在孙武的努力下，吴国国力越来越强盛。越国不愿看到吴国强大，于是支援楚国，与吴国展开了战争。在吴、越争斗时，吴王阖闾战死，他的儿子夫差立誓要为父亲报仇。当时，吴国军事力量强盛，夫差率大军击败越国，成功俘虏了越王勾践。

勾践战败，以俘虏的身份来到吴国。表面上，他装出一副恭顺的样子，与妻子和大夫范蠡一起放牛牧羊，取悦吴王。私下里，勾践却从未放弃复仇的念头。

勾 践

（？—前 464 年），春秋时越国国君，消灭吴国后成为春秋时期最后一位霸主。

三年后，吴王夫差终于放松了对勾践的警惕，决定将他放回越国。

回到越国后，勾践为了提醒自己不忘国仇，每晚睡到柴草之上，早上舔尝苦胆，时时警醒自己。他重用范蠡与文种，还到田地里跟百姓一起干活。经过十年奋斗，越国变得兵精粮足，国力也日渐强盛。

公元前482年，夫差为了争夺霸主地位，亲自率军北上。勾践趁吴国空虚，率兵攻杀过去。夫差听说此事，连忙带兵匆匆回国，并派人向勾践求和，勾践欣然同意。公元前473年，勾践再次率兵攻打吴国。此时，吴国经历多年战争，根本抵挡不住越国的强势猛攻。最后，夫差敌不过勾践，无奈拔剑自刎了。

就这样，越王勾践成了春秋时期的最后一位霸主。此时，各个诸侯国互相接触、摩擦，数百个小国逐渐变成七个大国和十几个小国。中国历史车轮滚滚向前，来到了一个更加混乱的时代——战国。

成语有意思

近义成语

忍辱负重：为了完成艰巨的任务，忍受屈辱，承担重任。

含垢忍辱：垢，耻辱。指忍受耻辱。

反义成语

乐不思蜀：蜀，三国时的蜀汉。快乐得不想回国。比喻乐而忘返或乐而忘本。

一蹶不振：比喻一遭到失败、挫折，就再也不能振作起来。

成语造句

2010年南非世界杯失利之后，德国队卧薪尝胆，终于在四年之后捧起了大力神杯。

成语延伸

宵衣旰（gàn）食

释义：形容勤于政务。

讲解：越王勾践天不亮就穿衣起来处理政务，天黑了才吃饭。

出处：乃是陛下握发吐哺之日，宵衣旰食之辰。——唐·陆贽《兴元论解姜公辅状》

孔老师，卧薪尝胆和发愤图强是不是都有决心奋斗的意思？

没错，这两个成语都有下定决心谋求富强的意思。

那这两个成语的意思完全相同吗？

并不完全相同，卧薪尝胆有刻苦自励的意思，表意更为丰富，而发愤图强则是直接表意奋发努力。

以人为镜

我们要学习勾践忍辱负重、卧薪尝胆的优秀品质。在遭遇困难之后，不自弃，不沉沦，勇于在困难中分析自己的不足，进而用踏实的行动去弥补不足，再一次向成功发起挑战。

以史为镜

春秋末期，位于长江中下游的吴国和越国先后北上参与争霸。尤其是越国，在与东南地区少数民族百越融合的同时又吸收了中原文化，这体现了中原范畴的扩大和长江中下游的开发。

发生年代：约公元前354年

历史事件：齐魏桂陵之战

相关人物：孙膑、庞涓

wéi wèi jiù zhào
围魏救赵

来，跟我学这个成语。

成语释义：魏、赵都是战国时的诸侯国。后用"围魏救赵"指袭击敌人后方，迫使进攻之敌撤回的战术。

夫解杂乱纠纷者不控拳，救斗者，不搏击，批亢捣虚，形格势禁，则自为解耳。

——出自《史记·孙子吴起列传》

①孙膑是齐国人，早年曾和庞涓一起学习兵法，后来被庞涓陷害，因而逃往齐国。

②魏国围攻赵国，齐威王派田忌和孙膑救援赵王。

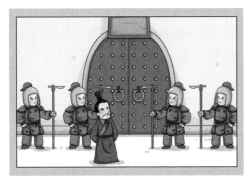

③田忌采用孙膑的策略，用一支部队突袭佯攻魏国都城。

④庞涓中计，丢下军用物资让军队轻装回防，却被由孙膑带领的埋伏在半路上的齐国主力军队击败。

孙膑设计围魏救赵
庞涓轻敌桂陵中伏

战国是继春秋之后的又一大变革时期，这一时期诸侯国数量大幅减少，只剩下齐国、楚国、燕国、赵国、韩国、魏国、秦国七个比较强的大国，史称"战国七雄"，其他一些小的诸侯国只是作为它们的附庸存在着。战国早期，魏国是众多诸侯国中力量比较强大的一个。

兵之道，在谋不在勇。

孙 膑

（生卒年不详）相传是孙武的后代，著有《孙膑兵法》一书，是战国时期兵家代表人物之一。

公元前354年，魏惠王派大将庞涓攻打赵国的附庸中山国，庞涓认为中山国只是弹丸之地，攻打中山国不如直接突袭赵国都城邯郸。魏惠王听从庞涓的建议，派兵包围了赵国都城邯郸。赵王自知无力与魏国对抗，又不想投降，只能派人去齐国求救。

齐威王接到赵王的求救信，决定派田忌与谋士孙膑领兵救援。孙膑是齐国人，早年曾经与魏国统帅庞涓一起学习兵法，但遭到庞涓陷害，因此流落到了齐国，成了田忌的门客。

主将田忌本打算直接与围攻邯郸的魏国军队对抗，孙膑却认为魏军包围邯郸，精锐尽出，魏国都城必定空虚，不如采取声东击西的战术，率军进攻魏国都城大梁，便能迫使包围邯郸的魏军回撤。

田忌采用了孙膑的策略，先率兵进攻魏国的平陵，以迷惑魏军。而后又派一队士兵突袭魏国都城大梁，迫使庞涓率军回援。与此同时，田忌还派出一队士兵，佯装与庞涓部队作战，让对方大意轻敌，匆忙赶回大梁。

庞涓果然中计，他丢掉辎重，让兵士轻装回救大梁。但没想到，孙膑竟然率领主力部队在庞涓回大梁的路上设伏，一举击溃庞涓所率部队，解除了赵国的危机，也在中原再次树立了齐国的威名。

成语有意思

近义成语

调虎离山：设法是老虎离开所在的山头。比喻用计使对方离开原来的有利地势，以便乘机行事。

反义成语

围城打援：指围住城镇不进攻，从而诱使敌人派兵救援后，以主力部队消灭敌方援军。

成语造句

在战争期间，我军经常采用围魏救赵的战术，攻击敌方必须救援的地点，从而屡屡缓解主战场的危机。

成语延伸

声东击西

释义：做出姿态或口头宣称要攻打东边，实际上却攻打西边。是军事上使敌人产生错觉的一种战术。

讲解：声东击西和围魏救赵都是中国古代兵法中常用的战术，在使用上有异曲同工之妙。

出处：将欲西而示之以东。——西汉·刘安《淮南子·兵略篇》

成语快问快答

孔老师，围魏救赵和声东击西这两个成语表达的意思一样吗？

它们意思相近，都是军事战略，但具体意思却并不相同。

它们的不同主要表现在哪里呢？

围魏救赵更注重迫使敌方回援，而声东击西更注重迷惑敌人。

🎤 ＋ ［　　　　　　　　　　　　　　　　　　　　］ 发送

以人为镜

　　我们要学习孙膑的隐忍与机智，在遭遇挫折时学会韬光养晦，更要避免像庞涓一样嫉贤妒能，也要学习田忌尊重人才，对于身边人的意见要积极听取。嫉妒别人是愚蠢的做法，聪明的做法是与别人团结起来，取长补短，团结在一起才能拥有更大的力量。

以史为镜

　　经过春秋近三百年的纷争，大部分小诸侯国被兼并，几个大诸侯国左右着天下局势，其中实力较强的有齐、楚、燕、韩、赵、魏、秦，史称"战国七雄"。它们已经不再打着"尊王攘夷"的旗号，而是为了各自的利益互相征伐，历史车轮从而进入"战国时代"。

发生年代：约公元前350年

历史事件：商鞅变法

相关人物：商鞅、秦孝公

zuò fǎ zì bì
作法自毙

成语释义：自己立法自己受害。比喻自作自受。

来，跟我学这个成语。

　　商君亡至关下，欲舍客舍，客人不知其是商君也，曰："商君之法，舍人无验者，坐之。"商君喟然叹曰："嗟乎！为法之敝一至此哉！"
　　　　　　　　　——出自《史记·商君列传》

①商鞅是卫国人，当时卫国是魏国的附庸国，商鞅在魏国不受重用，因而转投秦国。

②商鞅来到秦国后进行了一系列改革，他废除了世卿世禄，奖励有功的军士。

③商鞅变法触犯了很多贵族的利益，他们对商鞅感到不满，商量着要对付他。

④秦孝公死后，贵族们联合起来诬陷商鞅谋反，最终商鞅死于自己制定的刑罚之下。

孝公求贤渴望立法
悲情商鞅作法自毙

战国初期，强大的魏国四处攻城略地，无法与其抗衡的诸侯国只能割地求和。秦孝公的父亲秦献公，也曾经通过割地的方式与魏国保持和平。后来秦献公想要收回失地，因而发动对魏国的战争，但战争进展不顺利，秦献公始终未能如愿。

理不辩不明，法不变不行。

商　鞅

（约公元前 390 年—公元前 338 年）本名公孙鞅，战国时期法家代表人物。

秦孝公继承了父亲遗志，以恢复秦国的光荣为己任。他在国内发布求贤令，招募贤能之人进献富国强兵之策。

听说秦孝公求贤若渴，在魏国没有被任用的商鞅转投秦国，多次与秦孝公商谈富国强兵的方法。终于在公元前 359 年，秦孝公任用商鞅进行变法。

在变法过程中，商鞅推行了许多先进举措，比如废除世卿世禄制度、奖励军功、允许土地私有及买卖、废除井田制、统一度量衡等。经过变法，秦国旧有的制度被废除，经济得到发展，实力也迅速增强，在群雄争霸中逐渐成为实力最强的一个国家。

商鞅因为变法有功，深得秦孝公赏识，但在秦孝公病逝后，商鞅遭到了秦国旧贵族的迫害。原来，商鞅推行的许多变法举措虽然使秦国变得越来越富有，却触及了这些旧贵族的利益。秦孝公活着时，他们不敢对付商鞅，等秦孝公死后，这些人便联合起来，对商鞅罗织罪名。

此时商鞅想要逃离秦国，在逃亡路上他想要住店，店家却因为商鞅所制定的严格的管理制度而不能收留没有带自己身份证明的客人。商鞅于是感慨说："真是被自己制定的法律限制了啊！"最终，商鞅被旧贵族们杀死了。

商鞅一生，可谓因变法而扬名，也因变法而殒命。虽然商鞅被杀害，但他所推行的新法并未被废除，秦国也因此变得越来越强大。

成语有意思

近义成语

作茧自缚：蚕吐丝作茧，把自己包在里面。比喻自己束缚了自己，或使自己陷入困境。

自食其果：指自己吃自己种下的坏果子。形容做了坏事，自己受害。

反义成语

责无旁贷：责任不能往别人身上推卸，表示自己应该把责任负担起来。

引咎自责：指主动承担错误并责备自己。

成语造句

　　他想陷害别人，没想到却害了自己，这种行为真是作法自毙，搬起石头砸自己的脚。

成语延伸

咎由自取

释义：指灾祸或罪过是自己招来的，泛指自作自受。

讲解：商鞅用严刑酷法治理秦国，自己却死在了严刑酷法上，他这是为自己招来了灾祸。

出处：览其举措，迹其规矩，招祸取咎，无不自己也。——西晋·陈寿《三国志·刘封等传评》

孔老师，作法自毙的"法"是什么法？

这里的"法"指的是商君之法。

商君之法？

没错，就是指商鞅在秦国变法革新时颁布的一系列法令，正是这些法令让商鞅丢掉了性命。

发送

以人为镜

我们应当像商鞅那样，敢于为了国家富强向利益集团发起挑战。但也要学会居安思危，避免像他一样让自己陷入危险的境地。要学会和不如自己的人换位思考，今天我们怎么对待弱者，明天当我们成为弱者时，别人就可能怎么对待我们。

以史为镜

公元前356年，在秦孝公的支持下商鞅开始实行变法。商鞅推行一系列改革措施，使秦国的国力大为增强，一跃成为诸侯国中的佼佼者，为日后秦国统一中国奠定了基础。

bào xīn jiù huǒ

抱薪救火

成语释义：比喻用错误的方法去消除祸害，反而使祸害扩大。

来，跟我学这个成语。

且夫以地事秦，譬犹抱薪救火，薪不尽，火不灭。

——出自《史记·魏世家》

①战国时期，有很多文人在各国充当谋士，苏代就是其中之一。

②公元前273年，魏国遭到秦国的攻击，有的大臣劝说魏王割地求和。

③苏代却认为魏国割地求和就像往火堆中扔柴草一样，达不到灭火效果。

④胆小的魏王只顾眼前太平，选择割地给秦国。最终，魏国越来越弱，完全丧失了独立生存的能力。

苏代妙语反割地
魏王胆小惨亡国

战国末期，秦国向魏国接连发动大规模的进攻，魏国无力抵抗，大片土地都被秦军占领。到了公元前273年，秦国又一次向魏国出兵，攻势空前猛烈。这个时候魏国是安釐王当政，他把大臣们召来，愁眉苦脸地问大家有没有使秦国退兵的办法。

割地求和，早晚亡国。

苏 代

（生卒年不详）战国时期纵横家，周游列国，相传是苏秦的族兄。

由于经历多年的战乱，魏国大臣们一提起打仗就吓得哆嗦，谁也不敢谈"对秦抵抗"。在这大兵压境的危急时刻，多数大臣都劝安釐王以黄河以北和太行山以南的大片土地为代价，向秦王求和。

然而对于这些大臣苟且偷安的建议，谋士苏代却嗤之以鼻。他忙

上前对安釐王说："大王，他们是因为自己胆小怕死，才让您去卖国求和，根本不为国家着想。把大片土地割让给秦国，虽然暂时满足了秦王的野心，但秦国的欲望是无止境的，只要魏国的土地没割完，秦军就不会停止进攻我们。"

说到这里，苏代还用一个故事来作比喻。他说："从前有一个人，他的房子起火了，别人劝他快用水去浇灭大火，但他不听，偏抱起一捆柴草去救火，这是因为他不懂得柴草不但不能灭火，反而会助长火势的道理。大王若同意拿着魏国土地去求和，不就等于抱着柴草去救火吗？"

尽管苏代讲得头头是道，但是胆小的魏王只顾眼前的太平，还是依大臣们的意见把魏国大片土地割让给秦国。获得了土地的秦国果然退兵，但就像苏代所说的那样，秦国的目的是占领整个魏国，因此魏国的妥协退让，反而更给了秦国侵犯魏国的信心。

此后，秦国变本加厉地威胁魏国，每一次都能获得魏国的妥协退让。终于在几十年后，魏国迎来了秦国最后的吞并战争，而此时的魏国因为一贯的妥协退让，已经完全丧失了与秦国抗衡的能力，最终的结局就只能是被秦国灭掉。

成语有意思

近义成语

饮鸩止渴： 用喝毒酒的方式来解渴，指用错误办法解决眼前的困难，不顾严重后果。

反义成语

釜底抽薪： 从锅底下抽掉柴火。比喻从根本上解决问题。

成语造句

解决困难只有讲究方法，才能毕其功于一役。抱薪救火，非但解决不了问题，反而会造成更大的麻烦。

成语延伸

南辕北辙

释义： 本想往南方走，却驾着车往北走。比喻行动和目的正好相反。

讲解： 魏惠王攻打邯郸的想法，与他取信天下的志向，可谓南辕北辙，不应如此行事。

出处： 以广地尊名，王之动愈数，而离王愈远耳。犹至楚而北行。

——西汉·刘向《战国策·魏策》

成语快问快答

 孔老师，抱薪救火的"薪"是指薪水吗？

 并不是这样的，这里的"薪"指的是柴火。

 那"薪水"和"柴火"之间是不是有什么关系啊？

 没错，古代的"薪水"最早指的就是打柴汲水，后来才有日常生活开支、工资的意思。

发送

以人为镜

我们要学习苏代机敏的反应，以及说话的艺术，也要吸取魏王的教训，不要在困难面前退缩，不要因为正确的意见难以接受就拒绝采纳，要敢于用正确的态度去面对困难、解决困难。

以史为镜

战国时期的连年战争，影响了经济发展和社会稳定，各诸侯国人民希望尽早结束战乱。在这个背景下，秦国的对外兼并虽然是出于扩张的目的，但也在客观上顺应了历史的潮流。

嫁祸于人
jià huò yú rén

成语释义：把自己的祸患推到别人身上。

来，跟我学这个成语。

韩氏所以不入于秦者，欲嫁其祸于赵也。

——出自《史记·赵世家》

①赵豹是赵国贵族，常为赵王出谋划策，在赵国说话很有分量。

②韩国将领冯亭想将上党的土地献给赵国，赵孝成王得知消息后很开心。

③赵豹不赞同接受上党土地，赵孝成王因此对他很不满意。

④赵孝成王接受上党土地，殊不知他已经惹火上身，替他人背了"锅"。

赵王白得上党
岂料引火烧身

战国时期，各诸侯国之间为了争夺土地常常发生战争。有一天，韩国上党的守将冯亭派使者来到赵国。使者非常恳切地对赵国的国君孝成王说："贤明的赵王，我们韩国就快要守不住上党了。可恶的秦国想把它吞并，可是那里的百姓却非常想让大王您去统治那里。"

万里江山万里尘，一朝天子一朝臣！

赵孝成王

（？—前245年）战国时期赵国第八代君主，他在位时爆发了秦赵长平之战。

原来，上党此时已经被秦军围困。韩国人自知守不住上党，才想将上党送给赵国，从而让赵国和秦国陷入争斗中。

孝成王却没有意识到这是韩国嫁祸于他的计谋，反而非常高兴赵国可以凭空获得一大片领土。

高兴之余，孝成王请来平阳君赵豹，想听听他对此事的意见。没想到，赵豹一上来就给孝成王泼了一盆冷水，他说："无缘无故地得到好处，圣人常将这看作是大祸害。"

　　孝成王有点儿不高兴，他反问了一句："上党的人民感念我的仁德，你怎么说是无缘无故呢？"

　　赵豹解释说："上党虽然是一块好地方，但秦国蓄谋已久，并且费了好大的劲儿去攻打它，到如今还没有得到。韩国之前从没想过放弃上党，如今守不住了，才想到要将上党转送给赵国，实际上是想把同秦国进行战争的祸害转嫁给赵国。赵国白白得到秦国费尽周折都没有得到的上党，怎能不说是无缘无故得利呢？大王一定不要接受呀！"

　　可惜孝成王没有听赵豹的话，他完全不顾秦国的反对，接受了上党的土地。秦国不甘心自己垂涎的上党被赵国占有，于是转过头来，将战争的矛头对准赵国，秦赵之间爆发了一场战争。最终秦国将赵国击败，不但让赵国丧失了国力，还奠定了统一天下的基础。

成语有意思

近义成语

以邻为壑：指把邻国当作排泄洪水的深沟。形容只顾自己利益，把灾
难转嫁给别人。

敷衍塞责：做事马虎，搪塞责任。

反义成语

招灾揽祸：自己招来灾害，引来祸端。

引火烧身：比喻自讨苦吃，自找麻烦。现也比喻主动向群众揭露自己
的缺点错误，争取批评帮助。

成语造句

　　经检察院批准，公安机关依法逮捕了这个曾在纵火盗窃后嫁祸于
人的犯罪分子。

成语延伸

利令智昏

释义：形容贪图私利使人头脑发昏，丧失理智。

讲解：赵孝成王被眼前的利益蒙蔽，只看到获得上党的好处，却没有
看到之后可能到来的战火，实在是利令智昏。

出处：鄙语曰：利令智昏。——西汉·司马迁《史记·平原君虞卿列
传赞》

孔老师，嫁祸于人和栽赃陷害是不是一个意思？

并不是哦！嫁祸与栽赃虽然都是在坑害别人，但实际意义有所不同。

 哦？哪里不同呢？

嫁祸是将祸事引向他人，而栽赃是将赃物违禁品暗置在别人那里，进而诬陷其违法。此外，栽赃陷害可不是成语哟！

🎤 ＋ ［　　　　　　　　　　　　　　　　　　　　］ 发送

以人为镜

　　我们要像赵豹一样，拥有敏锐的洞察力和判断力，不被眼前的利益蒙骗，意识到利益背后的陷阱，从而在利益诱惑面前端正态度。社会上的诱惑很多，对于学生的各种陷阱层出不穷，对此我们更要提高警惕，不要被欲望麻痹了双眼。

以史为镜

　　公元前262年的上党事件和之后的秦赵长平之战，是战国历史和中国历史的大转折点，原本能够与秦国抗衡的赵国经过此两次战役元气大伤。秦国打败了一个重要的对手，从而加快了兼并诸侯国的步伐，并加速了六国统一的进程。

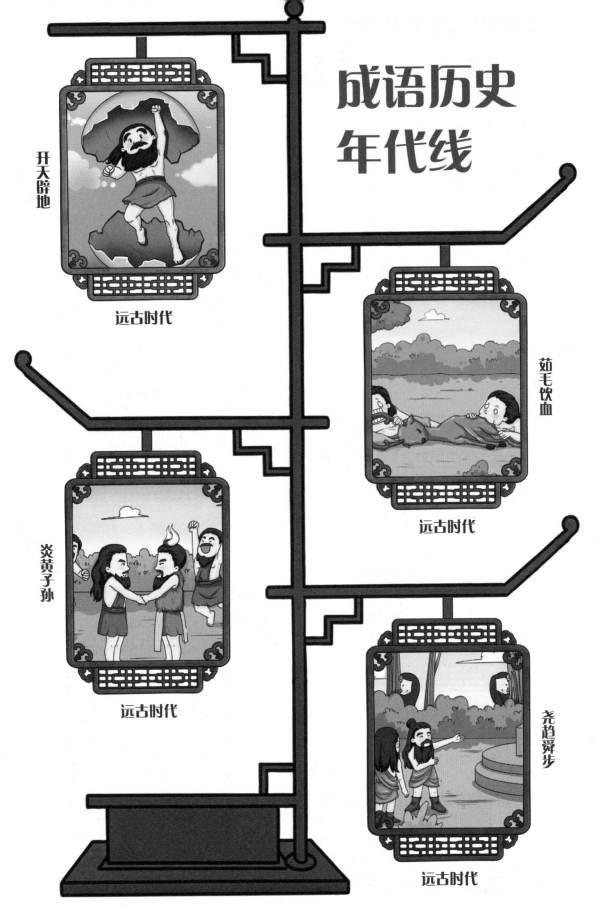

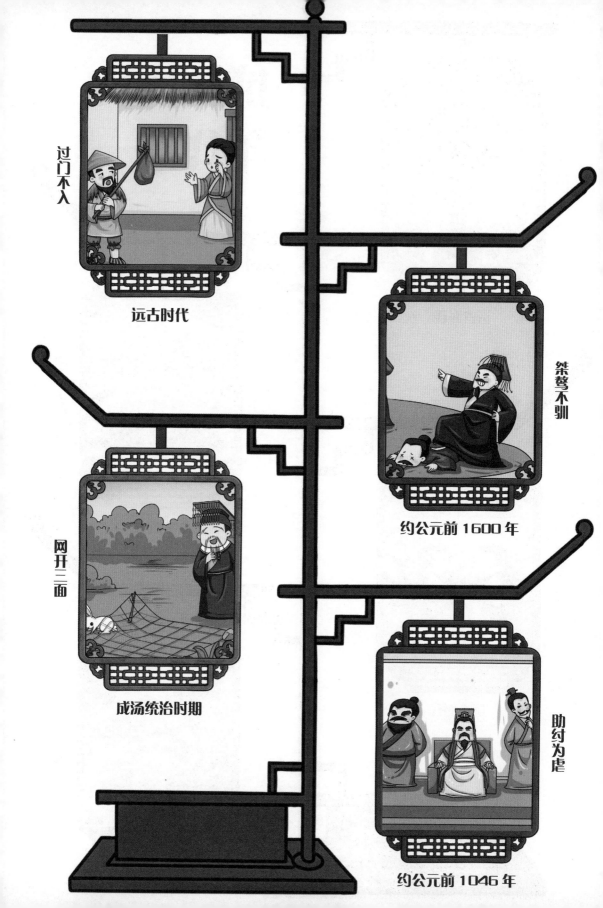

过门不入

远古时代

桀骜不驯

约公元前 1600 年

网开三面

成汤统治时期

助纣为虐

约公元前 1046 年

歌功颂德

约公元前 1046 年

道路以目

约公元前 842 年

管鲍之交

约公元前 698 年

退避三舍

约公元前 637 年

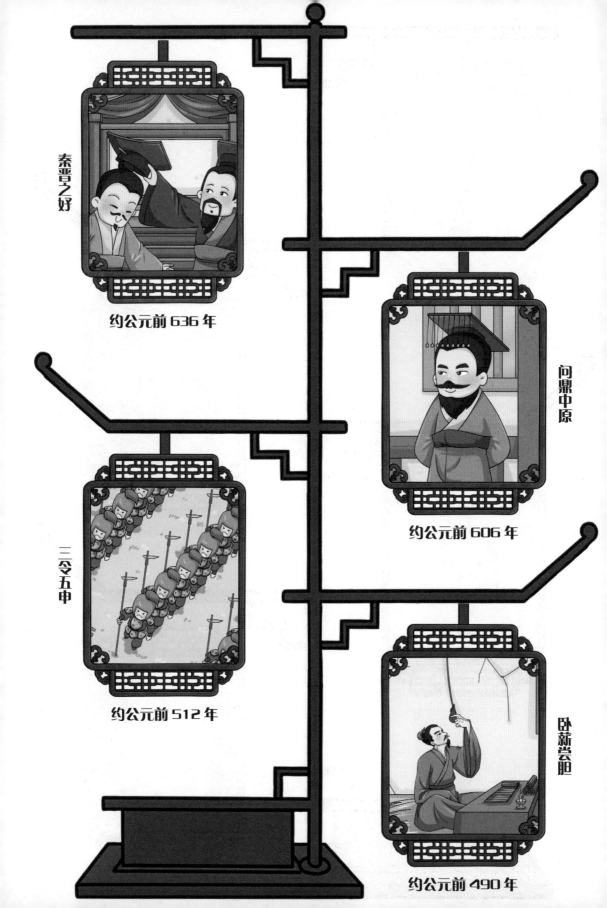

秦晋之好

约公元前 636 年

问鼎中原

约公元前 606 年

三令五申

约公元前 512 年

卧薪尝胆

约公元前 490 年

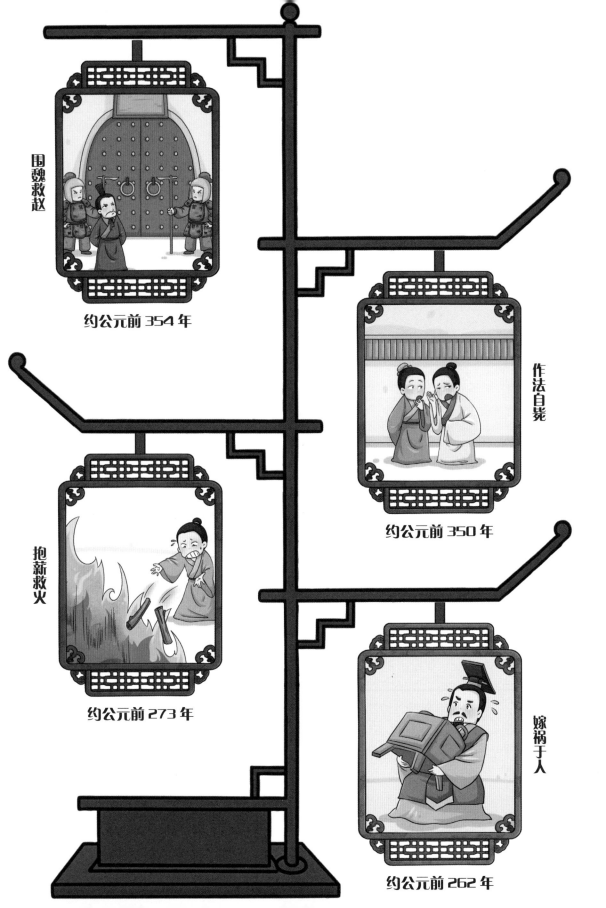

围魏救赵
约公元前 354 年

作法自毙
约公元前 350 年

抱薪救火
约公元前 273 年

嫁祸于人
约公元前 262 年

让成语带孩子疯狂学历史

黄志有◎著　云图小小岛◎绘

（秦汉卷）

北京理工大学出版社

BEIJING INSTITUTE OF TECHNOLOGY PRESS

图书在版编目（CIP）数据

让成语带孩子疯狂学历史.秦汉卷／黄志有著；云
图小小岛绘. —— 北京：北京理工大学出版社，2025.3.
ISBN 978－7－5763－5100－2

Ⅰ.K209；H136.31-49
中国国家版本馆CIP数据核字第20257ZQ732号

责任编辑：王晓莉　　**文案编辑：**王晓莉
责任校对：刘亚男　　**责任印制：**李志强

出版发行／北京理工大学出版社有限责任公司
社　　址／北京市丰台区四合庄路 6 号
邮　　编／100070
电　　话／（010）68944451（大众售后服务热线）
　　　　　　（010）68912824（大众售后服务热线）
网　　址／http://www.bitpress.com.cn

版 印 次／2025 年 3 月第 1 版第 1 次印刷
印　　刷／天津睿和印艺科技有限公司
开　　本／710 mm×1000 mm　1/16
印　　张／7
字　　数／76 千字
定　　价／149.00 元（全6册）

前言

　　读者朋友们，成语是中国历史文化的瑰宝，它以极其简洁的形式，凝聚了中华民族几千年的历史智慧和生活经验。我们日常接触的很多喜闻乐见的成语，都蕴含着一个或多个历史故事，这些故事为我们讲述了历史变迁、文化传承、政权更迭、英雄事迹、百姓生活等诸多方面。

　　例如，在"退避三舍"这一成语背后，是晋文公的言而有信，是争霸之战的上兵伐谋，更是周王室统治权威的衰落；在"望梅止渴"这一成语背后，是分裂动荡的三国时期，是一代枭雄曹操的治军智慧，也是成王败寇的命运抉择。这些成语已经深深地镶嵌在我们的语言和文化中。由此可见，学习和理解这些成语，就是在学习和理解我们祖国伟大的历史和文化。

　　历史并不是一本尘封的旧书，而是活生生的故事，是一堂堂丰富的人生课程。本套图书将以生动、有趣的方式，通过一个个成语将上下五千年的中华历史串联起来。通过这种方式，我们可以更轻松地接触到历史，感受历史的趣味性和魅力。

本套图书共有 6 卷，每卷包括 20 个主线成语，通过阅读这些成语背后的故事，读者朋友将了解特定时期的重要历史。为了让读者朋友更好地了解成语背后的故事，本套图书还针对每一个主线成语绘制了精美的四格漫画，以幽默风趣的语言，对成语故事进行介绍。此外，本套图书还加入了拓展延伸的内容，围绕主线成语拓展了一些其他成语，并以"以史为镜""以人为镜""成语快问快答"等板块，对主线成语进行进一步延伸，最大限度地丰富了图书的内容。

我们希望通过这套图书，让读者朋友在学习成语的同时，也能感受到历史的生动性和趣味性。这样，历史便不再是一堆枯燥无味的事实和日期，而是一个个鲜活的故事、一幅幅生动的画面。

愿每一个读者朋友在阅读这套图书的过程中，都能感受那些智慧的闪光，从而在学习和生活中都能"疯狂"而又充满热情。最后，愿这套图书能帮助孩子们建立对历史的深刻理解和对成语的真挚热爱。

让我们一起，以成语为载体，揭开历史的神秘面纱，开启一场精彩的历史之旅吧！

目 录

发生年代：约公元前227年

历史事件：荆轲刺秦王

相关人物：荆轲、嬴政

秦朝

tú qióng bǐ xiàn

图穷匕见

成语释义：比喻事情发展到一定时候，终于露出了真相。

来，跟我学这个成语。

秦王谓轲曰："起，取武阳所持图。"轲既取图奉之。发图，图穷而匕首见。

——出自《战国策·燕策三》

①嬴政曾在赵国作质子，后返回秦国即位，开始讨伐六国。

②面对嬴政的扩张，燕国太子丹自知不是对手，便请荆轲以献图为名刺杀嬴政。

③荆轲带着燕国地图来到秦国，趁着向嬴政呈送地图时，拿出匕首刺向他。

④嬴政绕柱而逃，这时一位御医拿药箱砸向荆轲，秦王趁机拔剑制服了他。

嬴政灭六国欲统一
荆轲借献图刺秦王

商鞅变法之后，秦国国力日强，王位传了六世后，传到了嬴政手中。这时，秦国已经成为天下最强的诸侯国，于是秦王嬴政开始对外征讨。

在嬴政先后灭掉了中原的韩国和赵国后，剩下的诸侯国个个自危，害怕自己会成为嬴政下一个目标，纷纷向秦国割地求和。燕国的太子丹知道割地求和救不了燕国，决定放手一搏，刺杀秦王。

荆 轲

（？—公元前227年）战国末期卫国人，喜欢读书、击剑，行侠仗义，曾游历诸国，与高渐离、田光等人交好。

想要顺利刺杀秦王，必须找到一位能将生死置之度外且武艺高超的勇士。在一番寻找后，太子丹找到了荆轲，命他以向秦国贡献燕国地图为借口，找机会刺杀秦王。

　　荆轲知道自己行刺秦王凶多吉少，但为了燕国百姓，他毅然决定前往秦国。在走过燕国易水河边时，他触景生情，对前来送别的人唱起歌来："风萧萧兮易水寒，壮士一去兮不复还！"伴随着好友高渐离的击筑之声，荆轲和秦舞阳的身影逐渐消失在易水河边。

　　来到秦国朝堂，秦舞阳突然脸色大变，秦王嬴政怀疑有诈，荆轲赶忙解释说："秦舞阳是北方粗野之人，从来没有见过大王的威严，免不了有点害怕。"

　　打消秦王疑虑后，荆轲拿过秦舞阳手中的燕国地图，来到秦王面前一寸寸地展开。随着地图被展开，地图里隐藏的匕首露了出来，荆轲抄起匕首猛地刺向秦王。秦王见状赶忙躲开，但袖子却被荆轲抓在手里，情急之下竟然把袖子都弄断了。

　　面对冲上前来的荆轲，秦王想要拔剑反击，但剑太长一时拔不出来，只好绕着柱子跑。荆轲在秦王后面紧紧地追赶，眼看就要追上了，却被医者扔过来的药箱干扰。此时秦王也终于拔出剑来，砍断了荆轲的腿。就这样，荆轲刺秦王的行动最终以失败告终。

　　荆轲刺秦王失败，燕国也丧失了最后的希望，没过多久，燕国就在秦国的攻击下灭国了。

近义成语

东窗事发：现泛指阴谋败露或秘密勾当被发觉。

不打自招：原指还没有拷问，就自己招供了。比喻无意中暴露了自己的过失或心计。

反义成语

扑朔迷离：指难辨兔的雌雄。形容事情错综复杂，不容易看清真相。

显而易见：形容事情、道理非常明显，极容易看得清楚。

成语造句

　　诈骗犯贪图的只是钱财，他们在虚情假意一番后就会图穷匕见，从而露出了原本邪恶的面孔。

成语延伸

一统天下

释义：统一全国，也比喻某种实力把持的局面或状态。

讲解：秦始皇吞并了其他六个诸侯国，用郡县制对中华进行统一管理，奠定了中国古代大一统的局面，这是前人所没有能够做到的。

出处：今陛下兴义兵，诛残贼，平定天下，海内为郡县，法令由一统，自上古以来未尝有，五帝所不及。——西汉·司马迁《史记·秦始皇本纪》

成语快问快答

图穷匕见的"见"，不应该是出现的"现"吗？

它确实读作"现"，这里的"见"是通假字。

我明白了，那它的意思就是藏在地图里的匕首出现了。

是的，这个成语也可以引申为"被隐藏的真相最终浮出水面"。

🎤 ＋ [   ] 发送

以人为镜

　　我们要学习荆轲的大无畏精神，虽然刺秦任务以失败告终，但他"明知山有虎，偏向虎山行"的勇气，以及为了国家不计个人得失的精神很值得我们学习。在学习时，我们遇到困难也要努力克服，要有一种迎难而上的勇气，而不是逃避问题。

以史为镜

　　公元前 230 年，秦国开始发动强大攻势，先后攻灭韩、赵、魏、楚、燕、齐六国，最终在公元前 221 年完成统一大业，建立秦朝，定都咸阳。在秦灭六国的过程中，六国中一些有志之士曾经组织反抗，发生在公元前 227 年的荆轲刺秦王就是其中著名的一例。

fén shū kēng rú

焚书坑儒

成语释义：坑，挖坑活埋；儒，读书人。焚烧书籍，活埋儒生。

来，跟我学这个成语。

于是使御史悉案问诸生，诸生传相告引，乃自除犯禁者四百六十余人，皆坑之咸阳，使天下知之，以惩后。

——出自《史记·秦始皇本纪》

①建立秦国后，嬴政自称"始皇帝"，推行了很多改革举措。

②秦始皇想接受李斯在地方实行郡县制的建议，却遭到淳于越等儒士的反对。

③秦始皇不仅没有理会这些儒士，还下令焚毁了大量诸子百家的经典书籍。

④一些儒士因此不满，开始散播秦始皇刚愎自用的言论，最终被秦始皇坑杀。

儒士反对郡县制度
始皇下令焚书坑儒

荆轲刺秦失败后，燕国很快被秦国的铁骑踏平。随后，秦王嬴政又迅速灭掉齐国，最终统一了天下。作为中国历史上第一位皇帝，嬴政认为皇帝的位置从他开始，要一代代传给他的后世子孙，所以自称始皇帝，也就是我们今天所说的秦始皇。

分封制就是好！

淳于越

（生卒年不详）战国时齐国博士，秦朝时任仆（pú）射（yè），直言敢谏，却不为秦始皇所重。

为了避免战国时期诸侯混战的情况再次发生，秦始皇在全国范围内施行了郡县制，取消所有诸侯国，转而将全国划分为三十六个郡，并在郡的下面划分了若干县。郡县都由国家管理，中央的命令也因此可以迅速传达到全国各地。

然而，秦始皇实行郡县制的举措却遭到了一些人的反对，尤其是那些信奉古制的文士，他们在朝廷上反对秦始皇的郡县制，请求恢复从周代时就一直实行的分封制。

博士淳于越是众多反对者中的一个，他对秦始皇说："我听说商周分封子弟功臣，让他们辅佐君主，今天陛下您富有四海，子弟却什么都没有，如果有人作乱，国家要靠谁来辅助呢？"

秦始皇并不认同淳于越的话，但也没直接回绝，而是让众人议论，结果淳于越的好友丞相李斯却说："古代的办法不一定都适用，儒生不领会君王的意思，却用古代的办法来非议现在的政策，应该加以禁止。"

秦始皇接纳了李斯的建议，禁止百姓以古非今、以私学诽谤朝政。他还下令将除《秦记》以外的列国史记搜集起来予以焚毁。在这一过程中，诸子百家的经典很多都被付之一炬，人们再也不敢谈论《诗》《书》等典籍。

焚书的第二年，一些方士私下谈论秦始皇的为人，讽刺秦始皇刚愎自用。秦始皇得知此事后，愤怒地抓捕了很多人，并将其中四百多人全部活埋。

焚书坑儒让很多人都敢怒不敢言，秦始皇虽然借此加强了皇权统治，但也因此失去了民心，为秦国二世而亡埋下了隐患。

成语有意思

近义成语

焚典坑儒：原来指焚毁书籍，坑杀儒生，后泛指对文化和知识分子的摧残。

反义成语

百家争鸣：学术上，各种派别都可以自由发表意见，比喻学术氛围好。

成语造句

　　古代的封建统治者，为了维护他的统治窃国愚民、焚书坑儒，其罪行罄竹难书！

成语延伸

鱼烂河决（鱼烂土崩）

释义：鱼肉腐烂，黄河溃决。比喻因自身原因溃亡而不可挽救。

讲解：秦始皇在统治期间实行暴政，致使秦朝一步一步走向不可挽回的溃亡境地。

出处：河决不可复壅（yōng），鱼烂不可复全。——西汉·司马迁《史记·秦始皇本纪》

孔老师，秦始皇焚书坑儒都焚烧了哪些书？

 很多先秦时期的典籍都被焚烧了，比如《诗经》《书经》等。

 秦始皇为何要焚烧这些典籍呢？

 是为了控制人们的思想，让人们接受他灌输的思想，服从他的统治。

🎤 ＋ [   ] 发送

以人为镜

我们要避免像秦始皇一样闭目塞听、气量狭窄、我行我素。秦始皇虽有雄才伟略，但在称帝后闭目塞听，不愿意听取大臣们的建议，这使得秦朝的很多政策都不得人心，最终引起了人民的反抗。当别人为我们提出建议时，我们要及时反省自己，而不是置若罔闻。

以史为镜

秦国实现统一后，创立了大一统的中央集权制度，秦王嬴政称始皇帝。他在全国推行郡县制，统一了各国文字、货币和度量衡，修建了通往全国的道路，修筑了举世闻名的"万里长城"。秦始皇为了巩固权威，进行了史称"焚书坑儒"的文化控制活动。

zhǐ lù wéi mǎ

指鹿为马

成语释义：指着鹿，说是马。比喻有意颠倒黑白，混淆是非。

来，跟我学这个成语。

赵高欲为乱，恐群臣不听，乃先设验，持鹿献于二世，曰："马也。"……或言鹿者，高因阴中诸言鹿者以法。后群臣皆畏高。

——出自《史记·秦始皇本纪》

①赵高是秦始皇时期的宦官，担任秦国丞相期间独揽大权，为所欲为。

②一天他率着一头鹿来到胡亥面前，称这是马。胡亥却坚持认为这是一头鹿。

③赵高借机问百官这是鹿还是马，谄媚的大臣说这是马，而正直的大臣直言这是鹿。

④那些说是鹿的大臣在赵高眼中就成了异己，有的被流放，有的被杀头，下场都很惨。

赵高借指鹿为马
铲除异己掌大权

秦始皇在位期间为巩固统治而实行暴政，最终发生了焚书坑儒的惨剧。除实行暴政外，秦始皇还识人不明，提拔了一个名叫赵高的太监，为秦国灭亡又添了一把火。

赵高精明能干，精通律令，秦始皇十分看重他，让他做了儿子胡亥的老师。在赵高的"指导"下，胡亥虽然没学到什么正经本事，却学会了赵高的阴险歹毒。

你可以指鹿为马，但不能真当我傻！

胡 亥

（公元前 230 年—公元前 207 年）秦朝第二位君主，在位期间实行暴政，进一步导致了秦朝的灭亡。

秦始皇在第五次东巡路上突然暴毙，赵高和李斯密谋发布伪诏，赐死了太子扶苏，帮助胡亥登上帝位，史称秦二世。秦二世登基称帝后，

没有忘记赵高的"恩情"，便投桃报李，封赵高为郎中令，官居丞相李斯之下。

赵高哪愿屈居人下，于是便诬陷李斯谋反，将其害死，自己当上了丞相。

已是一人之下、万人之上的赵高并不满足，他还想将文武百官和秦二世都彻底掌控在自己手中。一日，赵高命人牵来一头鹿，对胡亥说："陛下，我今日要献给您一匹好马！"

胡亥看着鹿，笑着说道："丞相，你弄错了，这怎么能是马呢？这分明就是鹿嘛。"谁知，赵高大声说道："这就是一匹马，陛下不信，可以问问满朝的文武百官！"

胡亥年幼不知赵高此举为何，但文武百官们知道，赵高这是在"考验"他们，看他们是否听话。于是，那些阿谀谄媚的大臣纷纷表示，这是一匹好马。当然，也有个别耿直忠诚或没反应过来的大臣，坚持说这是鹿，不是马。

不久，那些说实话的大臣有的被赵高杀害，有的被赵高流放，而那些指鹿为马的大臣，则成了赵高的心腹。秦朝朝政也因此被赵高把持，有赵高这样弄权的奸臣和胡亥这样糊涂的君主，秦朝走向末路的速度加快了。

成语有意思

近义成语

张冠李戴：姓张的帽子戴到姓李的头上，比喻弄错了对象或弄错了事实。

混淆是非：把对的说成错的，把错的说成对的。比喻故意制造混乱，
使人对是非做出错误判断。

反义成语

循名责实：按着名称或名义去寻求实际内容，使得名实相符。

是非分明：指将正确的和错误的分辨得很清楚。

成语造句

　　为了保住自己的职位，即使领导指鹿为马，一些员工也会随声附
和，这是一种错误的行为。

成语延伸

人头畜鸣

释义：虽是人，却像畜类一样愚蠢。比喻人的行为非常恶劣。

讲解：秦二世胡亥诛杀李斯、冯去疾，重用赵高，祸乱朝纲，简直就
像牲畜一样愚蠢。

出处：（胡亥）诛斯、去疾，任用赵高。痛哉言乎！人头畜鸣。

　　　　——西汉·司马迁《史记·秦始皇本纪》

孔老师，指鹿为马和混淆是非表达的是同样的意思吗？

是的，这两个成语表达的都是违背事实、不分是非的意思。

那这两个成语可不可以通用呢？

有时可以通用，但要注意指鹿为马完全是故意违背事实，而混淆是非则可能是故意的，也可能是无意的。

发送

以人为镜

我们不能像赵高一样，为了达成个人目的不择手段。赵高为了谋取个人私利，使用了各种残忍、卑劣的手段，最终导致了秦朝统治的崩溃，及其自身的灭亡。在生活中，我们应该把诚实、公正、道德放在首位，以正常手段追求长期稳定的成功。

以史为镜

秦始皇死后，宦官赵高联合宰相李斯，逼迫贤能的皇子扶苏自杀，拥立秦始皇次子胡亥为帝，是为秦二世。之后赵高又陷害李斯谋反，杀掉了李斯和其他敢于反抗他的大臣，最终掌控了朝政大权，让秦二世都成了他的傀儡。

揭竿而起
jiē gān ér qǐ

成语释义：高举反抗的旗帜，起来斗争。原指秦末陈胜、吴广发动农民起义。后泛指（人民）起义。

来，跟我学这个成语。

率疲弊之卒，将数百之众，转而攻秦；斩木为兵，揭竿为旗，天下云集响应，赢粮而景从。山东豪俊遂并起而亡秦族矣。

——出自《过秦论》

①陈胜，虽为农民，但有一颗不屈服于命运的心。

②陈胜不想继续忍受秦朝暴政，于是与吴广谋划，想起义反抗。

③陈胜在大泽乡号召同行的九百名壮丁，组织起义军，定国号为张楚，准备起义。

④在陈胜的号召下，大家一呼百应，轰轰烈烈的大泽乡起义就此拉开了序幕。

暴政之下苦不堪言
陈胜吴广揭竿而起

秦朝在秦二世和赵高的治理下，很快走上了下坡路。秦二世不仅继承了秦始皇的皇位，也继承了秦始皇的暴政，他不仅残害手足、陷害忠臣，而且强征赋税，并征发全国百姓修造阿房宫和骊山墓。

公元前209年，秦朝两名军官押送数百名劳工去渔阳。路过大泽乡时，他们赶上了连日大雨，根本无法前行。军官十分着急，因为秦朝法令非常严酷，如果延误日期就要被杀头。

伐无道，诛暴秦，王侯将相也该换换人了！

吴 广

（？—公元前208年）秦末农民起义领袖，与陈胜一起反抗暴秦统治。

一天晚上，一个叫陈胜的农民对自己的朋友吴广说道："大泽乡距渔阳几千里远，我们就算去了也赶不上日期，死是免不了的。既然去也是死，不去也是死，我们不如造反吧！"吴广听后表示同意，二人决定制造舆论引起大家的关注。

这天一早，吴广将写有"陈胜王"三个字的白布塞入鱼腹之中。随军厨师在剖鱼时发现白布，众人对此议论纷纷。

这之后，吴广在深夜于远处丛林中点燃篝火，而后学着狐狸的叫声发出"大楚兴、陈胜王"的声音。劳工们听到这种怪声，更是对陈胜另眼相看。

见时机已经成熟，陈胜便把大家召集起来，说道："王侯将相，难道都是命中注定才能当的吗？我们堂堂男子汉，与其死在这里，不如闯出个名堂！"大家有感于陈胜的发言，纷纷响应陈胜的号召，他们用木棒做刀枪，用竹子做旗杆，用破布做大旗，揭开了中国历史上第一次农民起义的大幕。

陈胜吴广"揭竿而起"后，各地百姓纷纷响应。一些战国的旧贵族和秦朝官僚也招兵买马，加入反抗秦朝统治的队伍之中。衰落的秦王朝在各路起义军的冲击下变得不堪一击，一个新的时代也在悄然到来。

成语有意思

近义成语

官逼民反：在反动统治者的残酷剥削和压迫下，人民无法生活，被迫
奋起反抗。

反义成语

逆来顺受：碰上恶劣的境遇或无礼的待遇，却采取顺从和忍受的态度，
不作反抗。

成语造句

古代封建王朝的末期，政治黑暗、贪官污吏横行，常使得百姓丧
失生计，走投无路的百姓最后只能揭竿而起，走上造反的道路。

成语延伸

篝火狐鸣

释义：用来比喻谋划起事或谣言惑众。

讲解：陈胜欲举事，故意将灯火置于竹笼中使其若隐若现，还模仿狐
噪（háo），令人以为神明显灵。

出处：又间令吴广之次所旁丛祠中，夜篝火，狐鸣呼曰："大楚兴，
陈胜王。"——西汉·司马迁《史记·陈涉世家》

为什么起义要用"揭竿"形容呢？竿子要怎么揭开呢？

这里的"竿"指的是旗杆，意思是扯起大旗起义。

 我明白了，每个队伍都有自己的旗帜。

说得对，只有打出自己的旗帜，才能招贤纳士，招兵买马。

🎤 ✚ [   ] 发送

以人为镜

　　我们要学习陈胜、吴广"王侯将相宁有种乎"的志向，以及他们在绝境之下，仍然能够绝处逢生的勇气。在面对困难时，我们要坚持不懈地解决问题，不能向困难和命运低头，因为只有这样才能创造机遇、获得希望。

以史为镜

　　在宦官赵高的引导下，秦二世开启了残暴的统治，他凶残地杀死自己的兄弟姐妹和文武大臣，对百姓的剥削更为残酷，穷奢极欲，使百姓陷入无法生活的境地。终于，在公元前 209 年爆发了陈胜吴广领导的大泽乡农民起义。

破釜沉舟
pò fǔ chén zhōu

成语释义：比喻决一死战。也比喻下定决心，不顾一切地干到底。

来，跟我学这个成语。

项羽乃悉引兵渡河，皆沉船，破釜甑（zèng），烧庐舍，持三日粮，以示士卒必死，无一还心。

——出自《史记·项羽本纪》

①项羽少有大志，后随项梁起兵，成为反秦武装主力。

②在巨鹿之战中，项羽抱着必胜的决心，命人将军队做饭用的锅砸碎了。

③渡过黄河后，项羽又让人将乘坐的船凿穿，沉入河底，断了军队的后路。

④在破釜沉舟的决心下，项羽的军队势不可挡，一举击败秦军，获得战争胜利。

项羽破釜沉舟
巨鹿之战大捷

在秦末农民起义中，项羽和刘邦是实力较强的两大反秦势力。虽然二人都归于楚怀王统领，但实际上两人都有称王之志，项羽跟楚怀王更是君臣离心，彼此都看不上对方。

公元前208年，楚怀王命心腹宋义为上将军，让项羽为副将，率领二十万人去解救被秦将王离围困的赵国。宋义领兵至安阳，却四十余天按兵不动，这让项羽十分不满。

这天，项羽对宋义说道："秦军已经包围了巨鹿，赵国危在旦夕，我们为什么还不出兵？"

将相宁无种，本无富和穷。

项 羽

（公元前232年—公元前202年）西楚霸王，秦末农民起义领袖，在楚汉之争中败于刘邦之手。

宋义解释道："我们要先观望秦军与赵军的决战情况再出兵，等他们双方消耗一下，我们就能以更少的牺牲取得胜利。"

项羽气愤地说道："你是害怕打仗吗？我们现在粮草缺乏，根本消耗不起，你不懂兵法却当上了上将军，真不知道大王是怎么想的！"

第二天召开军情会时，项羽砍下宋义的头颅，对众人说道："宋义背叛大王，我奉大王密令，将宋义处死，我们即刻渡过黄河去救赵国！"说罢，项羽便率领全军渡过黄河。

渡河后，项羽下令把做饭用的锅（古时候称作釜）砸碎，又让人把船凿穿沉入河里。项羽大声说道："现在我们已经没有退路了，我们只有取得胜利才能回家！"众人士气大振，纷纷振臂高呼，追随项羽前去救援。

没有退路的楚军将士以一当十，将秦军打得落花流水。最终，项羽率军大破秦军，解除了赵国的危机。这一战，项羽将秦军的主力消灭，秦朝再也没有能力大规模镇压起义军了，秦朝灭亡的钟声已经敲响。

成语有意思

近义成语

孤注一掷：比喻在危急时用尽所有力量冒险一试。

背水一战：背向江河进行战斗。比喻没有退路，要和对方决一死战。

反义成语

望风而逃：远远望见对方的气势很盛，就逃跑了。

成语造句

　　35岁失去工作，他这是被逼得走投无路，只有破釜沉舟独立创业这一个人生选择了。

成语延伸

取而代之

释义：意为夺取别人的地位由自己代替，也可指用某一事物代替另一事物。

讲解：秦始皇巡游至会稽时，叔父项梁带着少年项羽驻足观看。这时项羽忽然指着秦始皇说："我可以取代他。"

出处：秦始皇游会稽，渡浙江，梁与籍俱观，籍曰："彼可取而代也。"——西汉·司马迁《史记·项羽本纪》

孔老师，破釜沉舟和背水一战表达的是同样的意思吗？

这两个成语都有"决一死战"的意思，但在表意上也有一些不同。

 哪里有不同呢？

破釜沉舟含有不顾一切、战斗到底的意思，而背水一战则表示要拼命干到底以追求胜利的意思。

🎤 ＋ [　　　　　　　　　　　　　　　　] 发送

以人为镜

　　我们要像项羽一样，有置之死地而后生的勇气，以及一往无前的决心。在做事情的时候，给自己留有后路固然稳妥，但这也会让人不思进取。在学习时，如果我们能像项羽一般，切断所有阻碍学习的诱惑，那就会提高我们的学习成绩，也让我们的知识能够更加牢固。

以史为镜

　　陈胜吴广起义虽然失败，但反秦的浪潮并没有因此平息。其中，项羽、刘邦领导的军队逐渐壮大，分别对秦军作战。项羽骁勇善战，在巨鹿之战中以少胜多，将秦军主力歼灭。公元前 207 年，秦朝统治者向起义军投降，中国第一个封建大一统王朝秦朝就此灭亡。

yuē fǎ sān zhāng
约法三章

成语释义：约定法律三条。原指刘邦进入咸阳，废除秦法之后制定三条简明法令。后泛指共同遵守的规定。

来，跟我学这个成语。

与父老约，法三章耳；杀人者死，伤人及盗抵罪。余悉除去秦法。

——出自《史记·高祖本纪》

①在灭秦之战中，刘邦作为西路军主将，领军西征。

②先于项羽攻入咸阳的刘邦，为了得到百姓的认可，便与城中百姓约法三章。

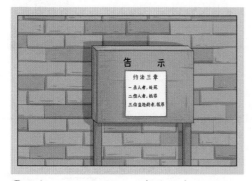

③刘邦让人四处张贴"有杀人者，处死；有伤人者，抵罪；有偷盗抢劫者，判罪"的告示。

④得民心者得天下，即使后来项羽入驻咸阳，将刘邦赶了出去，百姓也仍然在称赞刘邦。

刘邦入主咸阳城
约法三章得民心

当项羽破釜沉舟、解救赵国之时，刘邦却悄悄赶往咸阳。原来，楚怀王跟刘邦和项羽作了约定，谁先攻破秦朝首都咸阳，谁就是关中王。在楚怀王的"铺路"下，刘邦赶在项羽前面，率先来到了咸阳。

这事该怎么办呢？

刘 邦

（公元前247年—公元前195年）西汉开国皇帝，史称汉高祖，在楚汉争霸中击败了项羽。

此时，胡亥已经被赵高杀死，秦王子婴不得已向刘邦投降。为了安抚人心，刘邦没有杀掉子婴，这让秦朝人对刘邦的好感大大增加。

进入咸阳后，刘邦没有住进宫殿，反而把父老乡亲和有声望的人召集起来，对他们说道："相信大家在秦朝严刑苛法下忍耐很久了，各位不要担心我的军队作乱，我今天特意跟大家约法三章：有杀人者，处死；有伤人者，抵罪；有偷盗抢劫者，判罪。我来咸阳是为了解救大家的，不是来欺凌大家的，希望你们把我的意思转达给百姓们。"

为了使更多百姓能了解自己的"仁政"，刘邦还派出大量"宣传人员"去各县乡宣传"约法三章"的内容。

百姓们听了刘邦的"约法三章"，都非常高兴，纷纷送来牛羊酒食慰问刘邦的军队。但刘邦没有收下百姓的酒食，反而还关心起百姓们的生活。

"如果这位仁义的大王能够留在关中就好了！"当时的关中百姓没有一个人不这么想，他们甚至很担心刘邦不能在这里称王。

后来，项羽赶到关中地区，将刘邦赶出了咸阳，自己住进了秦王的皇宫。在百姓眼中，项羽俨然成了新的暴君，他并不是来解救百姓的，而是来统治百姓的。咸阳百姓早已对刘邦有了很深的好感，大家不喜欢残暴的项羽，都渴望仁慈的刘邦能重新回到这里。

被赶出咸阳的刘邦依然在四处推行着自己的"约法三章"政策，这一仁义举措为他收获了不少民心，为他后面开创汉朝打下了坚实的基础。不过，此时的刘邦还顾不上改朝换代，因为他还有更重要的事情需要去做，那就是想办法击败项羽。

成语有意思

近义成语

有言在先：指在事情发生以前发表过意见，即事先打过招呼。

言犹在耳：说过的话好像还在耳边，形容别人的话刚说过不久，或对别人的话记得清楚。

反义成语

为所欲为：形容任意而为，想干什么就干什么。

胡作非为：指不顾法纪，毫无顾忌或不考虑后果地做坏事。

成语造句

　　暑假到了，小明有了更多外出游玩的时间，他与妈妈约法三章，一定不去危险的地方，妈妈这才放心让他出去玩。

成语延伸

运筹帷幄

释义：指在帐幕中谋划军机，拟定作战策略。

讲解：刘邦在宴会上与群臣探讨夺取天下的原因，听了臣子的发言后接连摇头："若是没有张良为我谋划，哪有今日之胜利。"

出处：上（刘邦）曰：夫运筹帷幄之中，决胜于千里之外，吾不如子房（张良）。——西汉·司马迁《史记·高祖本纪》

约法三章是指刘邦与百姓们约定了很多条法律吗？我记得"三"在古代可以指代很多。

"三"的确有"很多"的意思，但在这里，它只指代"三"本身。

 也就是说，刘邦只制定了三条法律？

是的，因为他刚刚入关，为了安抚百姓，所以只制定了三条最基本的法律。

🎤 ➕ [   ] 发送

以人为镜

我们要学习刘邦的仁义之心。刘邦知道咸阳百姓厌恶苛政、渴望公平，所以他制定了简单公正的规则，顺利获得了百姓的拥护，赢得了民心，也最终赢得了天下。在生活中，我们一定要善良做人，善良做事，这样才能获得别人的尊重。

以史为镜

在秦军主力与项羽作战时，刘邦抓住时机，率军直抵秦都咸阳。在进入咸阳后，刘邦在萧何等人的辅佐下，约束部队，封存府库，对秦朝统治地区的人民施以仁政，很快就赢得了百姓的拥戴，为日后与项羽争夺天下奠定了民心基础。

四面楚歌
sì miàn chǔ gē

成语释义：比喻陷入孤立无援、四面受敌、走投无路的困境。

来，跟我学这个成语。

项王军壁垓（gāi）下，兵少食尽，汉军及诸侯兵围之数重。夜闻汉军四面皆楚歌，项王乃大惊，曰："汉皆已得楚乎？是何楚人之多也。"

——出自《史记·项羽本纪》

①在楚汉之争中，项羽多次作出错误决策，导致自己越来越被动。

②在垓下决战中，项羽处于劣势，被韩信的军队团团包围。

③一天夜里，四周传来阵阵楚歌，楚军听到家乡的歌声后泪流满面，瞬间丧失了斗志。

④项羽自知不敌刘邦，无颜面对江东父老，逃亡到乌江边时，选择拔剑自刎，结束自己的一生。

韩信四面楚歌赢项羽
刘邦统一天下·成定局

项羽将刘邦赶出咸阳后，两人以鸿沟为界，项羽为楚王，刘邦为汉王。此时的局势已经渐趋明朗，真正有资格争夺天下的人已经不多，如无意外的话，新的王者就会在刘邦和项羽二人之间产生。

公元前 202 年，刘邦在张良和韩信等人的劝说下，决定消灭项羽，统一天下。在韩信的攻杀下，项羽很快被围困在垓下。项羽尝试着冲杀了几次，却都没能冲出韩信的包围。此时的项羽已经颓势尽显，不仅粮草短缺，而且兵士也没剩下多少了。

兵不怕多，越多越好！

韩 信

（？—公元前 196 年）西汉开国功臣、军事家，先前曾投奔项羽，未得重用，后投奔刘邦被拜为大将军。

这天夜里，项羽正在营帐中饮酒。酒入愁肠，项羽的苦闷情绪越

发浓重，就在他难受不已时，外面突然传来了一阵阵楚国的歌声。是谁在哼唱故国的歌声，项羽赶忙出营查看。

走到营帐外，项羽看到了令人惊讶的一幕。听着楚国的歌声，营帐外的士兵们纷纷流下眼泪，他们因怀念故土而哭，也因自己即将到来的悲惨命运而哭。

项羽也是楚国人，这些故乡的歌也让他流下了眼泪，"难道刘邦已经占领楚地了吗？为什么他的部队里有这么多楚人在唱歌？"项羽很快便想到这是韩信耍的把戏，是不战而屈人之兵的"奸计"。

项羽虽然尝试着率领剩下的人突围，却依然无力改变现状。最终，在冲杀到乌江边时，项羽拔剑自刎，结束了自己波澜壮阔的一生。

韩信仅靠"四面楚歌"就让项羽和楚国的士兵们失去斗志，可见他深谙兵法之道。不过，韩信虽才华横溢，却不懂得收敛，这也为他日后的悲剧埋下了伏笔。

成语有意思

近义成语

四郊多垒：本指频繁地受到敌军侵扰。形容外敌侵迫，国家多难。

反义成语

旗开得胜：一展开军旗就获得了胜利，比喻战斗顺利，也比喻事情一开始做就取得成功。

成语造句

我军利用有利地形，使敌人陷于四面楚歌的绝境，让他们不得不缴械投降。

成语延伸

妇人之仁

释义：指妇女的仁慈心肠，比喻做事情优柔寡断。

讲解：韩信认为项羽虽能够慈爱地感受他人痛苦，给予饮食，却不能及时封赏有功绩的下属，能施小惠，但不识大体，最终只能落下君臣离心的结果。

出处：项王见人，恭敬慈爱，言语呕呕，人有疾病，涕泣分食饮；至使人，有功当封爵者，印刓（wán）弊，忍不能予，此所谓妇人之仁也。——西汉·司马迁《史记·淮阴侯列传》

孔老师，四面楚歌和腹背受敌表达的是同样的意思吗？

这两个成语都可以用来表达受到敌人夹攻而走投无路的情况，但在表意的侧重点上有所不同。

哦？不同之处在哪里呢？

四面楚歌侧重指四面受敌又孤立无援，而腹背受敌则侧重指在前后两个方向上受到敌人的攻击。

发送

以人为镜

　　我们要避免像项羽那样刚愎自用，骄傲自大。项羽的失败与其个性上的弱点有着密切关联，他勇猛过人，但也自负自满；他有宏图大志，却也目光短浅。这些个性上的弱点让项羽看不清时势、看不清现实，最终走向失败，我们应该引以为戒。

以史为镜

　　秦朝灭亡后，拥有重兵的项羽自封西楚霸王，封刘邦为汉王，双方为争夺帝位展开了争战，史称"楚汉之争"。项羽虽然实力强大，却刚愎自用，刘邦则懂得收揽民心，善用人才，最终项羽在战斗中失败，刘邦取得了完全的胜利。

高屋建瓴
gāo wū jiàn líng

成语释义：在高屋脊上倾倒瓶里的水。比喻居高而下，形势不可阻挡。

来，跟我学这个成语。

　　秦，形胜之国，带河山之险，县隔千里，持戟百万，秦得百二焉。地势便利，其以下兵于诸侯，譬犹居高屋之上建瓴水也。

——出自《史记·高祖本纪》

①建立汉朝后，刘邦实行"休养生息"之策，并开始分封有功之臣。

②韩信凭开国之功请求封王，刘邦对此不满，便以造反为由将韩信抓了起来。

③韩信被抓后，田肯为韩信求情，夸赞刘邦既然控制了关中，那么控制诸侯就会像从屋脊上把水从瓶子里倒下去一样容易。

④刘邦念及旧情，将韩信释放，将他贬为淮阴侯。

韩信立功想称王
刘邦忌惮下杀手

　　韩信帮助刘邦平定天下，立下汗马功劳。于是他上书刘邦，请求刘邦封自己为齐王。在刘邦平定天下过程中，韩信居功至伟，封王拜相也算是正常。但韩信有善战之才，又手握重兵，这让刘邦十分忌惮。所以在得知韩信的封王要求时，刘邦十分生气。

张 良

　　（？—公元前186年）刘邦的谋臣，也是西汉开国功臣，与韩信、萧何并称"汉初三杰"。

　　眼见刘邦左右为难，张良献计说："目前，韩信掌握着我朝兵权，您不如顺水推舟，先答应韩信。"虽然心有不甘，但也没什么办法，刘邦只好同意了韩信的请求。但这份憋屈一直埋在刘邦心里，使他一听到韩信的名字就很不痛快。

不久后，谋士陈平给刘邦出主意说："您可以去韩信的封地，让他前来拜见。如果韩信不来拜见，就说明他想造反；如果他来拜见，那只需要一个武士就能抓住他。"刘邦采纳了陈平的建议，在路过陈县时召集了附近诸侯。

韩信并没想到刘邦会算计自己，早早便等在路边，谁知刘邦刚一到达，就命人将韩信拿下。

得知韩信被抓后，大夫田肯想为韩信求情，他知道韩信被抓的原因，也知道高祖的担忧，因此并没有直接出口为韩信求情，而是采用了"迂回战术"。

见到刘邦后，田肯笑着说道："恭喜陛下抓住韩信，如今您占据关中地区，依托凶险的地势来控制诸侯，就如同从高高的屋脊上将瓶子里的水倒下去一样容易。"刘邦听了之后非常高兴，田肯继续说道："而且，您还占据着齐地，这里非常险要，您一定要封自己的亲族去做齐王，这样才能放心。"

刘邦听出田肯这是在为韩信求情，因为秦地和齐地都是多亏韩信才打下来的。刘邦思虑再三，决定不杀韩信，只是将他降为了淮阴侯。不过，韩信的好运并没有持续多久。最后，吕后为了巩固汉朝统治，还是以韩信谋反为由把他杀掉了。

成语有意思

近义成语

居高临下：立足高处，俯向下边。处于有利的地位或傲视他人。

反义成语

螳臂当车：螳螂奋举前肢来挡住车子前进。比喻自不量力地去做办不
到的事，必然失败。

成语造句

　　王教授在大会上高屋建瓴地指出，环保问题是关系每个中国人的
大问题，必须有全社会的共同参与。

成语延伸

鸡犬新丰
释义：意为虽在异乡，却感觉很亲切，就像在自己的家乡一样。
讲解：刘邦为解父亲的乡愁，在长安附近仿造家乡新丰，还将家乡的
　　　　鸡犬一并带来。
出处：高祖乃作新丰，移诸故人实之，太上皇乃悦。——晋·葛洪
　　　　《西京杂记》

孔老师，高屋建瓴与居高临下表达的是同样的意思吗？

这两个成语都有居于高处、俯向低处的意思，但二者在表意上也有一些不同之处。

哦？有哪些不同之处呢？

高屋建瓴主要指形势上的不可阻挡，而居高临下则指处于可控制全局的有利位置。

🎤 ＋ [   ] 发送

以人为镜

　　我们要学习田肯的沟通技巧，说服他人是一项重要的沟通技巧，需要讲求一定的方式方法。田肯在劝说刘邦之前，先摸准了刘邦的心思，而后又以合理的方式给出自己的建议，最终成功说服刘邦，这样的劝说策略也是很值得我们学习的。

以史为镜

　　在刘邦击败项羽的过程中，大将军韩信起到了至关重要的作用，但在战争后期韩信要求封齐王的举动还是让刘邦产生了警惕之心。刘邦在建立西汉之后，先后削去了韩信等人的王爵，并定下了"非刘姓（皇族）不得封王"的制度，这个制度影响了后续历代封建王朝。

西汉

发生年代：约公元前196年

历史事件：刘邦欲换太子

相关人物：刘邦、刘盈

yǔ yì yǐ chéng
羽翼已成

成语释义：指已经具备辅佐的人或力量，有了强大的实力。

来，跟我学这个成语。

多欲易之，彼四人辅之。羽翼已成，难动也。
——出自《史记·留侯世家》

①刘盈，刘邦与吕雉的儿子。为人软弱，不被刘邦喜爱。

②刘邦在位时宠爱戚夫人，他有意废长立幼。吕后知晓刘邦的心思后，便私下找张良商量。

③刘邦在宴会上见刘盈身边有四位长者。问过后，才知道他们都是曾拒绝过辅佐自己的人。

④刘邦告知戚夫人刘盈力量已经稳固，无法废掉他的太子之位，戚夫人听罢只能掩面而泣。

刘邦企图废太子
四位长者挽狂澜

　　韩信被杀后，刘邦既高兴又担忧，高兴的是除去了韩信这颗不稳定的"炸弹"，担忧的是吕雉的野心越来越大了。

　　早在刘邦做泗水亭长之时，吕雉便嫁给刘邦，并为刘邦生下一儿一女。刘邦在外征战时，吕雉就留在沛县照顾孩子。在刘邦成为汉王后，吕后重新回到刘邦身边，但此时刘邦又有了备受宠爱的戚夫人。虽然在称帝后刘邦封吕雉做了皇后，但吕雉的内心早已起了变化。

谁说女子不如男？

吕　　雉

（？—公元前 180 年）汉高祖刘邦的皇后，是我国历史上第一位临朝称制的女性。

　　这之后，戚夫人哭闹着要让自己的儿子做太子，刘邦便想废掉太子，改立戚夫人的儿子刘如意为新太子。可是，满朝文武百官都不同意废长立幼，刘邦只好暂时将此事搁置。

吕后知道刘邦的心思后，找到留侯张良，向他请教保全太子的方法。张良自然也知道刘邦的心思，因此他建议吕后请"商山四皓"出山，让他们来辅佐太子。

一日，刘邦设宴款待大臣，太子在旁侍奉。刘邦看见太子身边有四位发

眉雪白、穿戴华贵的长者随侍，仔细一看，这四位长者竟然是"商山四皓"。要知道当时刘邦称帝时，就打算请这四人出山辅佐，谁知他们根本不理睬刘邦，现在没想到，这些人竟然愿意辅佐太子！刘邦实在想不通，吕雉的力量究竟有多恐怖。

四位长者向刘邦敬了酒后便离开了宴会，刘邦目送他们远去，随后把戚夫人叫过来说道："我本来想让咱们的儿子做太子，但太子身边有这几个人辅佐，就等于鸟儿已经拥有了羽毛丰满的翅膀，再也不能阻止它飞翔了。从今以后，吕后就真要成为你的主人了。"

戚夫人听了这话，知道自己的计划已失败，只能无奈地哭泣起来，她的泪水中既有争权失利的不甘，也有对自己及儿子未来命运的担忧。在刘邦死后，戚夫人和她的儿子在政治斗争中失败，最终纷纷丢掉了自己的生命。

成语有意思

近义成语

瓜熟蒂落：瓜熟了，瓜蒂自然脱落。指时机一旦成熟，事情自然就会成功。

反义成语

乳臭未干：形容人幼稚，不懂事理，不足为惧。

成语造句

经过数十年的不间断投入，我国航空事业羽翼已成，正朝着更宏伟的目标大踏步地迈进。

成语延伸

使羊将狼

释义：将，统率、指挥。原意为派羊去指挥狼，比喻懦弱的人统领彪悍的人。

讲解：刘邦想要让太子领兵去平叛。吕后听后来求情，说让太子带领老将与用羊统帅狼没什么区别，刘邦听后便收回了成命。

出处：且太子所与俱诸将，皆尝与上定天下枭将也，今使太子将之，此无异使羊将狼也。——西汉·司马迁《史记·留侯世家》

孔老师，羽翼已成，是指他长出了翅膀，变得更加厉害了吗？

你记混了，那是如虎添翼。

 噢，那我明白了，羽翼已成指的是幼鸟的羽毛渐渐丰满。

是的，这回对了。

发送

以人为镜

我们要像吕后一样，在应对一些不确定事件的时候懂得未雨绸缪。在生活中，我们要懂得"凡事预则立，不预则废"的道理，天气阴沉了就要为下雨做好准备，若等大雨降下来再去想办法，那就等于丢掉了主动权，一切也就都来不及了。

以史为镜

刘邦死后，他的妻子吕后掌握了权柄，在朝廷上进行了腥风血雨般的政治斗争。但在国家的治理上，吕后却能采纳"黄老之术"，让百姓休养生息，从而奠定了汉朝初年的发展基础。

tóu shǔ jì qì
投鼠忌器

成语释义：用东西打老鼠，又担心打坏老鼠旁边的器皿。比喻做事有所顾忌，放不开手脚。

来，跟我学这个成语。

里谚曰："欲投鼠而忌器。"此善谕也。不投，恐伤其器，况于贵臣之近主乎？

——出自《汉书·贾谊传》

①贾谊，少有才名，能文善论，汉文帝时期曾任博士。

②汉文帝非常欣赏贾谊，每当在政事上遇到困难，都会向贾谊寻求见解。

③贾谊认为皇帝、百官、百姓之间是阶梯式管理，百官管理百姓时，代表的是皇家颜面。

④为了便于文帝理解，贾谊讲了一个投鼠忌器的故事，文帝听后便采纳了这一建议。

贾谊以投鼠忌器为例
汉文帝欣然采纳建议

刘邦去世后，吕后对戚夫人深恶痛绝，她杀掉了戚夫人的儿子刘如意，还把戚夫人做成人彘（zhì），其他受宠的妃嫔也都被吕后幽禁在永巷。唯有一位名叫薄姬的妃子是个例外，她不仅没有遭到吕后打压，而且还与自己的儿子一起走上了"人生巅峰"。

薄姬本是魏王豹的妃子，魏王豹兵败后才进入刘邦的后宫。由于薄姬生下儿子刘恒后，就被刘邦忘在脑后，以至于吕后都没有将她当作"竞争对手"，这也让她顺利逃过一劫。后来，吕后的儿子刘盈去世，薄姬的儿子刘恒做了大汉皇帝，薄姬也成了皇太后。

以德服人，
与民休息。

刘　恒

（公元前 203 年—公元前 157 年）
西汉第五位皇帝，与汉景帝共同开创了文景之治。

成为皇太后的薄姬迎来了人生巅峰，登上皇位的汉文帝却面临着一个亟待解决的烂摊子。除了要巩固皇位、镇压叛乱外，汉文帝还要想出一套合适的政策来好好治理这个国家。由于秦朝统治者采取的是严刑峻法，所以汉文帝打算采用无为之治，让老百姓能够休养生息。

当时，朝廷上有一些有识之士，为汉文帝治理国家提供了很大帮助。其中，有一位叫贾谊的才子，便给汉文帝提出了很多有用的建议。

贾谊认为，皇帝是至高无上的存在，在皇帝和百姓之间的各级管理，就像一级一级的台阶。王侯重臣代表了皇室贵族的形象，所以，处罚他们不能像处罚普通百姓那样往脸上刺字、割掉鼻子或脚趾，应当用道德来约束他们。

为了让汉文帝更好地理解自己的主张，贾谊还讲了一个形象生动的民间故事：人们打老鼠时，如果老鼠恰好躲在名贵器物旁边，那人们就会放过老鼠，因为人们担心打老鼠的时候会损坏旁边的器物。老鼠靠近器物时，人们尚且担心损坏器物而不打它，何况王侯重臣这些与君王亲近的人呢？如果对他们使用刺字、割鼻之类的刑罚，那势必会损害皇帝的尊严。听了贾谊所讲的故事，汉文帝欣然采纳了这一建议。

这之后，贾谊又写下了许多治国文章，深受汉文帝赏识。在汉文帝的统治下，汉朝也呈现出一片祥和安定的景象。

成语有意思

近义成语

畏首畏尾：前也怕，后也怕。形容瞻前顾后、疑虑很多的畏怯样子。

瞻前顾后：原形容做事谨慎，现多形容顾虑过多，犹豫不决。

反义成语

大刀阔斧：原形容军队声势浩大，杀气腾腾。现比喻办事果断而有魄力。

当机立断：在关键时机立即做出判断。

成语造句

小白的计划虽然有些投鼠忌器，但的确是为了大局考虑。

成语延伸

草菅人命

释义：原意是将杀人视作除草，任意害人性命。后用来比喻轻视人
命，滥杀无辜。

讲解：贾谊认为辅导皇子，不能像赵高辅导胡亥那样只教严刑酷狱，
以至于皇子看待杀人，就像看待割茅草一样。

出处：其视杀人，若艾草菅然。——东汉·班固《汉书·贾谊传》

孔老师，投鼠忌器的意思，是将老鼠投掷出去吗？

不是的，投鼠的意思，是将东西向老鼠投掷过去。

 那忌器的意思，是担心打到器皿吗？

对，投鼠忌器的本意，就是打老鼠的时候害怕打坏器皿，于是连老鼠都不打了。

🎤 ＋ ［   ］ 发送

以人为镜

　　我们要像贾谊一样，懂得用浅显的道理去劝说别人。贾谊是一个很有才华的人，他懂得用浅显的故事讲出那些深刻的道理，这是他受到赏识的原因，也是我们应该向他学习的地方。要知道，真正有才学的人不仅要懂得"输入"知识，还要懂得"输出"知识。

以史为镜

　　在经过了初年的政治斗争之后，汉朝的皇位落到了刘邦第四子代王刘恒身上，史称汉文帝。汉文帝依然坚持采用黄老之术，他在位期间打击豪强、厉行节约、厚待百姓，和儿子汉景帝一起创造了中国历史上第一个盛世——文景之治。

gǎi guò zì xīn
改过自新

成语释义：改正过失或错误，重新做人。

来，跟我学这个成语。

妾伤夫死者不可复生，刑者不可复属，虽复欲改过自新，其道无由也。妾愿没入为官婢，赎父刑罪，使得自新。

——出自《史记·孝文本纪》

①淳于缇萦，西汉著名医学家淳于意之女，也是一位女医师。

②淳于缇萦的父亲淳于意并不喜欢自己的女儿，认为女儿们都很没用。

③淳于意医死人后被押往长安，淳于缇萦跟随父亲一起来到长安。到长安后，她给汉文帝写了封书信，提出为父赎罪。

④看了信后，汉文帝深受感动。最终，汉文帝赦免了淳于意的肉刑，改为打板子惩罚。

淳于意怒骂养女无用
缇萦上书文帝免肉刑

　　在汉文帝时期，有一个名叫淳于意的名医，因为他担任管理粮仓的长官，所以人们又将他称作太仓公。

　　一次，一个大商人的妻子生了病，大商人便请淳于意医治。谁知，病人吃了淳于意的药不但没有好转，反而没过几日便去世了。大商人十分生气，便去官府状告淳于意，说其医术不精，医死了人。当地官员也没有过多查问，便直接判了淳于意肉刑（刺面、削鼻等刑罚）。

救人一命，比什么都强。

淳于意

　　（约公元前215年—约公元前140年）师从公孙光学医，精于医道，治病经验丰富。

　　根据律法，淳于意需要去长安受刑。临行前，他看见自己的五个女儿都跟在身后哭泣，于是便说道："女儿真是没用！紧要关头，没有男人真是不行！"淳于意的小女儿缇萦听了父亲的话非常不服气，便提出要跟父亲一起去长安。

到了长安，缇萦给汉文帝刘恒写了一封书信。书信中写道："我叫缇萦，我的父亲是太仓令淳于意。我父亲是个清官，在民间口碑很好。可是，他犯了医术不精的罪，官府判他肉刑。我为父亲感到伤心，也为其他遭受肉刑的人伤心。一个人没了脚，就变成

了残废，鼻子被割掉了也无法再安回去。日后，他们就算想改过自新也没办法了。所以，我情愿给官府当奴婢，替父亲赎罪，请您给他一个改过自新的机会。"

汉文帝一向温和宽厚，在接到一个小女孩写给自己的书信后，非常重视。仔细读完书信中的内容后，汉文帝非常同情缇萦，也觉得缇萦说得很有道理。于是，他召集文武大臣，让大家商量出一个代替肉刑的办法。最后，大臣们一致拟定，将肉刑改为打板子。就这样，挨了板子的淳于意也不得不承认自己此前的话语欠考虑。保全了身体，他便能继续行医治病了。

温和的汉文帝此后正式下令废除肉刑，缇萦也跟着父亲一起回到了家乡。在汉文帝的宽厚统治下，不少人都改过自新，重新为大汉王朝的发展贡献力量。

成语有意思

近义成语

改过迁善：改正错误，向好的方面转变。

改邪归正：从错误的路上回到正确的路上来。指不再做坏事。

反义成语

执迷不悟：坚持错误，一直不觉悟。

顽固不化：指坚持错误、不肯改悔，也指思想陈旧、不懂变通。

成语造句

　　我们对犯罪分子的惩戒是为了让他们重新回归社会。而经过多年服刑，他们都已改过自新了。

成语延伸

息黥（qíng）补劓（yì）

释义：黥：刺面。劓：割鼻。指修整残缺的面容，恢复本来的面目。也用来比喻改过自新。

讲解：淳于意要遭受的便是劓刑，幸亏有淳于缇萦的上书，他才能免于刑罚。

出处：庸讵知夫造物者之不息我黥而补我劓，使我乘成以随先生邪？
　　　　——战国·庄子《庄子·大宗师》

孔老师，改过自新和痛改前非表达的是同样的意思吗？

这两个成语都有改正错误的意思，但表意的侧重点会有所不同。

 哦？不同在哪里呢？

改过自新偏重于对未来，强调的是在改正错误后的重新做人，而痛改前非则偏重于过去，强调的是彻底改正了过去的错误。

🎤 ＋ [   ] 发送

以人为镜

　　我们要学习淳于缇萦的勇气，以及她这种勇敢无畏的精神。在亲人陷入困境时，淳于缇萦能够挺身而出，展现出不输男子的勇气，实在是令人佩服。在学习时，我们应该在朋友需要帮助时挺身而出；在生活中，我们要帮家里做些力所能及的事。

以史为镜

　　肉刑是中国古代历史上非常残酷的刑罚，以残害犯罪者身体的方法来进行惩罚。汉文帝在缇萦的影响下废除肉刑，是中国古代法制史上一个重大的进步，这在一定程度上体现了汉文帝施行仁政的统治思想。

zhān zhān zì xǐ
沾沾自喜

成语释义：自以为很好、很了不起而高兴、得意。

来，跟我学这个成语。

太后岂以为臣有爱，不相魏其？魏其者，沾沾自喜耳，多易。难以为相，持重。

——出自《史记·魏其武安侯列传》

①窦婴，西汉景帝时期大臣，窦太后的侄子，曾作为将军率兵镇压吴楚七国之乱。

②一日，窦婴进宫赴宴。汉景帝醉酒后，说要将王位传给梁王，窦婴出言阻止。

③窦婴因此得罪了窦太后，被赶出宫去，他索性辞去官职。后来窦婴平叛有功，窦太后又劝景帝重新重用窦婴。

④在汉景帝看来，窦婴有点功劳就沾沾自喜，难当大任，并以此为理由，回绝了窦太后。

窦婴平叛沾沾自喜
景帝拒绝委以重任

汉文帝去世后，皇位由他的儿子刘启继承，史称汉景帝。汉景帝继位后，他的母亲窦太后经常干涉朝政，想将权力牢牢掌控在窦氏一族手中。

大汉天子，一代更比一代强！

刘 启

（公元前 188 年—公元前 141 年）西汉第六位皇帝，是为汉景帝，和父亲汉文帝一起开创了文景之治。

这天，窦太后的另一个儿子梁王刘武前来朝见，窦太后十分高兴，便叫侄子窦婴和汉景帝及梁王一同宴饮。宴会上，汉景帝多喝了几杯，张口便说道："等我死后，我就把王位传给梁王。"窦太后十分高兴，在她看来，王位传给梁王，窦氏一族的权力就能延续下去。得知自己也能当上皇帝，梁王自然非常高兴。可是，窦婴却立刻站起来反对此事："自古以来，帝位都是传给儿子的，您不能擅自将王位传给弟弟。"

听了窦婴的话，窦太后有些发蒙，这究竟是不是窦家人，怎么能说出这种话来？偏爱梁王的窦太后十分生气，直接将窦婴赶了出去。于是，窦婴索性辞掉了官职，窦太后更是直接开除了窦婴进出宫门的名籍，让他无法进宫朝见。

要不是汉初分封的诸侯王叛乱，窦婴的故事可能到此就结束了。凭借着平叛的功劳，窦婴被封为魏其侯，成了与条侯周亚夫平起平坐的侯爷。

后来，窦太后消气了，便劝汉景帝重新重用侄子窦婴。可是，汉景帝却不同意，他对母亲说道："窦婴这个人，有点功劳就沾沾自喜，难以委任大事。"最后，这件事也只好作罢了，窦婴的仕途基本走到了尽头。

事实证明，汉景帝对窦婴的判断并没有错，这位因为一点小功劳就沾沾自喜的侯爷，并没能为大汉王朝作出更多贡献，以至于在汉武帝主政时期，窦婴依然没有受到重用。

成语有意思

近义成语

摇头晃脑：形容讲话或者吟诵时自得其乐的姿态，也形容自以为是的轻狂之态。

得意扬扬：形容称心如意、沾沾自喜的样子。

反义成语

黯然魂销：形容心情极其沮丧、哀痛，以致心神无主的样子。

灰心丧气：因遭受挫折而意志消沉，丧失信心。

成语造句

我们不能因为有一点进步就沾沾自喜，反而应该更加努力精进，提升自己的能力。

成语延伸

流言蜚语

释义：指没有根据的话，多指他人在背后散布的污蔑、中伤的话，泛指谣言。

讲解：汉武帝虽对窦婴伪造遗诏罪网开一面，但这时很多污蔑和中伤窦婴的话传到了宫里，汉武帝听信了这些谣言，直接下令将他斩首。

出处：乃有蜚语为恶言闻上，故以十二月晦论弃市渭城。——《史记·魏其武安侯列传》

成语快问快答

孔老师，沾沾自喜的"沾"字，是"沾染"的意思吗？

不对，"沾沾"要放在一起说，形容自矜、自得的样子。

跟扬扬得意类似？

对，你说得没错。

发送

以人为镜

　　我们不能像窦婴一样恃才傲物，有点功劳就沾沾自喜，有功获赏理所应当，但因为一点成绩就沾沾自喜，便会让自己止步不前，甚至招惹上不必要的麻烦。在生活中，我们要始终保持初心，不断奋斗向前，不断创造佳绩。

以史为镜

　　西汉初年，刘邦对子弟的分封导致诸侯王势力强大。到了汉景帝时期，各大诸侯王拥兵自重，和朝廷分庭抗礼，最后演变成了一场诸侯王对西汉朝廷的大战。经过三个月的战争，汉景帝最终平息了诸侯王叛乱，加强了中央集权统治。

金屋藏娇
jīn wū cáng jiāo

成语释义：指兴建华宅，让娇妻爱妾居住。也有男子另辟房屋，娶亲纳妾之意。

来，跟我学这个成语。

数岁，长公主嫖抱置膝上，问曰："儿欲得妇不？"……于是乃笑对曰："好！若得阿娇作妇，当作金屋贮之也。"

——出自《汉武故事》

①刘彻，是汉景帝与王美人的儿子，起初并未得到景帝的重视。

②景帝姐姐馆陶公主想将自己的女儿许给刘荣做太子妃，可是被刘荣的母亲栗姬拒绝了。

③馆陶公主只得另寻他人，这时刘彻的母亲王美人找上门来，表示想与她交好。

④这之后，馆陶公主经常到景帝那里去贬低刘荣，夸奖刘彻。久而久之，汉景帝便改立刘彻为太子。

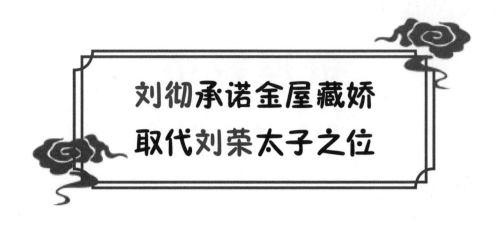

刘彻承诺金屋藏娇
取代刘荣太子之位

事实证明，汉景帝没有传位给梁王是正确的。因为汉景帝有一个儿子，开创了中国历史上一个伟大的时代。他打击匈奴，保证了河西走廊的安全；他在西北进行屯田，抵御游牧民族入侵；他派遣张骞出使西域，开启丝绸之路；他推行儒术，让儒家文化传承了数千年。这位称得上伟大的皇帝，便是历史上有名的汉武帝刘彻。

其实最初刘彻并没有被立为太子，当初的太子是栗姬的儿子刘荣。如果事情正常发展下去，刘荣会接过汉景帝的皇位，大汉王朝也不一定会迎来盛世。但世事无常，皇宫里的事就更是难以捉摸。

谁跟我好，我就说谁好！

刘 嫖

（？—约公元前116年）西汉时期公主，汉景帝姐姐，工于心计，善于权谋。

汉景帝的亲姐姐馆陶长公主刘嫖非常关心汉景帝，经常给他送去美人，这让栗姬非常生气。一日，刘嫖去拜访栗姬，提出想把自己的女儿阿娇许配给刘荣做太子妃，栗姬却一口回绝了刘嫖，让刘嫖颜面扫地。刘嫖十分恼火，决定另选他人。

　　在一次聚会时，刘嫖半开玩笑地问王美人的儿子刘彻，愿不愿意娶阿娇为妻。谁知，年幼的刘彻当即回答："当然愿意，如果阿娇能嫁给我为妻，我就给阿娇建一座金屋子住！"刘嫖十分高兴，便决定选择刘彻为女婿。

　　从此，刘嫖便常常在汉景帝面前说栗姬和刘荣的坏话，同时不断夸奖王美人和刘彻。久而久之，汉景帝便厌弃了栗姬母子，改立王美人为皇后，刘彻也被立为太子。

　　不过令人唏嘘的是，刘嫖的女儿阿娇并没有等来刘彻的"金屋"。相反，她因为巫蛊之祸被刘彻废掉了皇后之位。几年后，便郁郁而终了。

成语有意思

近义成语

金屋娇娘： 泛指美丽高贵的女子。

反义成语

招摇过市： 大摇大摆地走过大街。比喻故意在人多热闹的地方显示声势，惹人注意。

成语造句

赚了钱的张明效仿古人金屋藏娇，为自己心爱的妻子在市郊购买了一座大别墅。

成语延伸

倾国倾城

释义： 原意指因女色而亡国。后多用来形容女子容貌极美。

讲解： 宫廷乐师李延年的妹妹因长相绝美，被汉武帝看中，纳为夫人，备受宠爱。

出处： 北方有佳人，绝世而独立，一顾倾人城，再顾倾人国。——东汉·班固《汉书·孝武李夫人传》

成语快问快答

 孔老师，金屋藏娇的"娇"，是形容女孩子吗？

这个成语里的"娇"可以引申为女孩子，但"娇"的本意特指阿娇。

 阿娇是谁呢？

她是汉武帝的表姐，是汉武帝的姑姑馆陶公主的女儿。

🎤 ＋ [　　　　　　　　　　　　　　] 发送

以人为镜

　　我们要像刘彻一样懂得审时度势，抓住别人看不到的机遇。要成大事，就要懂得审时度势，要看得清形势，并及时作出决策。在生活中，我们要学会抓住转瞬即逝的机遇，这样才能为日后的成功打下坚实的基础。

以史为镜

　　汉武帝刘彻是中国历史上影响深远的皇帝之一，他并不是父亲汉景帝立的第一个太子，但因为母亲王夫人和长公主刘嫖（景帝姐姐）的交好，加上太子刘荣因事自杀，他最终成了太子，并在公元前141年继位成为皇帝。

夜郎自大

yè láng zì dà

成语释义：比喻人无知，妄自尊大。

来，跟我学这个成语。

滇王与汉使者言曰："汉孰与我大？"及夜郎侯亦然。以道不通，故各以为一州主，不知汉广大。

——出自《史记·西南夷列传》

①夜郎国，首见于文献记载是在战国时期，其最高首领为夜郎王。

②夜郎国与外界隔绝，所以夜郎王一直认为夜郎国就是最大的国家。

③汉朝使者出使夜郎国，夜郎王便问他们："汉朝与我的国家相比，哪个更大？"

④使者回汉后，将此事告知汉武帝。汉武帝觉得夜郎王真是自大又好笑。

夜郎国盲目自大
引众人啼笑皆非

汉武帝刘彻在位期间，大汉王朝的国力非常强大，疆域也不断扩张。为了解决西南事务，刘彻专门派出使者，前往各个部落进行邦交。

有敌人的地方，就有大汉王朝的军队！

刘　彻

（公元前156年—公元前87年）西汉第七位皇帝，在位期间南征北战，开创了汉武盛世。

大汉王朝的西南部有很多小部落，其中有一个比较大的部落，名叫夜郎国。夜郎国虽然是周围小部落中面积最大的部落，但实际的国土面积也就相当于汉朝的一个县。

可是，夜郎国被群山围住，夜郎王根本不知道山外还有更大的国家。于是，他经常指着前方问道："哪个国家是天底下最大的国家呀？"此时，他的部下们就会奉承道："当然是咱们的夜郎国最大了！"

有时候，夜郎王也会指着不远处的高山说道："这天下还有比这座山更高的山吗？"他的部下们便会立刻回答："天底下再也没有比这座山更高的山了！"夜郎王十分满意，认为自己是天下最大国家的国王。

汉武帝的使者来到夜郎国，夜郎王根本不知道有汉朝，于是问使者："汉朝跟我的国家比，究竟哪个更大？"汉朝使者看到这个小国国王竟然问出这么浅薄的问题，震惊得连连摇头。

回到汉朝后，使者将这件事禀告了汉武帝，汉武帝听闻夜郎王如此自大，觉得又稀奇又好笑。随着与西南诸国交往的逐渐加深，汉武帝这才理解了夜郎王的想法。而随着与汉朝的互通往来，夜郎王也明白了人外有人，天外有天。汉朝与西南地区的互通，为此后西南地区纳入中华版图打下了基础。

成语有意思

近义成语

妄自尊大：过高地看待自己。形容狂妄自大，不把别人放在眼里。

目中无人：眼里没有别人。形容骄傲自大，看不起人。

反义成语

大智若愚：形容有智慧的人懂得不露锋芒，表面看上去好像很愚笨。

自惭形秽：形秽：形态丑陋，引申为缺点。指因为自己不如别人而感
到惭愧。

成语造句

　　那个小伙子夜郎自大，认为自己无所不能，根本不知道人外有人、
天外有天的道理。

成语延伸

雄才大略

释义：杰出的才智和谋略。

讲解：汉武帝即位后，通过一系列政策造就了盛世。

出处：如武帝之雄才大略，不改文、景之恭俭以济斯民，虽《诗》
　　　　《书》所称，何有加焉。——《汉书·武帝纪赞》

孔老师，夜郎自大和妄自尊大表达的是同样的意思吗？

这两个成语都有不虚心的意思，但在具体表意上是不大相同的。

哦？不同在哪里呢？

夜郎自大是因为见识狭隘而自尊自大，妄自尊大是以为自己很了不起，所以拼命抬高自己。

🎤 ➕ ⬜ 发送

以人为镜

我们不能像夜郎王一样无知又自大，否则就会贻笑大方。在学习和日常生活中，我们要对自己有一个清楚的认知，只有拥有自知之明，用开放的心态去接受和学习新的知识，才能更全面地认识世界、了解世界。

以史为镜

汉武帝雄才大略，他对诸侯国施行推恩令，加强对地方的控制；他罢黜百家，独尊儒术，让儒学居于中华文化的主导地位；他发展农业，充实了国库财富；他南征北战，扩张了汉朝在东北、西北和西南的版图，使西汉王朝进入鼎盛时期。

rú máng zài bèi
如芒在背

成语释义：好像有芒刺扎背一样，形容内心惶恐，极度不安。

来，跟我学这个成语。

宣帝始立，谒见高庙，大将军光从骖乘。上内严惮之，若有芒刺在背。

——出自《汉书·霍光传》

①刘询，原名刘病已，幼年遭巫蛊之祸，于民间长大。

②霍光扶持他登上了皇位，是为汉宣帝，并一心一意辅佐他。

③表面上汉宣帝是君，霍光为臣，实际上汉宣帝却十分惧怕霍光。

④霍光去世后，汉宣帝才将朝政大权掌握在自己手中，再现了汉王朝繁荣盛世。

汉宣帝如芒在背
帝王居然怕大臣

汉武帝时期南征北战，使大汉王朝声名远播，但同时也耗尽了大汉王朝的国库。在晚年时期，汉武帝下轮台诏，不再兴兵事，开始着力恢复农业生产。

鞠躬尽瘁，死而后已。

霍　光

（？—公元前68年）西汉时期权臣，执掌朝政二十年，使汉朝国力得到一定程度的恢复。

公元前87年，汉武帝临终时任命霍光为大将军、大司马，让他辅佐八岁的汉昭帝。霍光侍奉汉武帝二十余年，从未犯过什么错，所以汉武帝非常信任他。汉昭帝年幼，霍光独揽大权。不过，他并没有做伤天害理的事，而是采取休养生息的措施，鼓励农业生产，让汉朝恢复国力。

公元前 74 年，汉昭帝驾崩。因为汉昭帝没有儿子，霍光便拥立汉武帝的曾孙刘病已继承帝位，是为汉宣帝。

汉宣帝即位后，霍光本想把权力归还给皇帝，可汉宣帝认为这是霍光在试探自己，于是赶忙推辞，并请求霍光继续辅佐自己。

汉宣帝虽然表面上对霍光十分恭敬，但私下里，却十分忌惮这位功高震主的臣子。一次，霍光陪同汉宣帝祭祀，君臣二人同乘一辆车。汉宣帝坐在霍光身边十分紧张，就好像有细小的芒刺扎在背上一样。

不久后，霍光因病去世，汉宣帝总算松了口气。谁知霍氏家族的后人竟然不知足，图谋造反。没有了霍光，汉宣帝也不再忌惮霍家了，在得知他们的图谋后，将谋反之人尽数抓捕，彻底清除了霍家势力。曾经显赫一时的霍氏家族，最后落得这样的下场，真是令人唏嘘。

近义成语

如鲠在喉：像鱼骨头卡在喉咙里。比喻心里有话没有说出来，非常难受。

反义成语

安之若素：指遇到异常情况，也能像平常一样对待，毫不在意。

成语造句

考试作弊被发现这件事一直让他如芒在背，根本没有心思去思考其他事情。

成语延伸

故剑情深

释义：比喻结发之妻不离不弃，结发夫妻情意浓厚。指不喜新厌旧。

讲解：汉宣帝不顾霍光立自己女儿霍成君为皇后的要求，坚持册立自己落难民间时的妻子许平君为皇后。

出处：公卿议更立皇后，皆心仪霍将军女，亦未有言。上乃诏求微时故剑，大臣知指，白立许倢仔（jiéyú）为皇后。——《汉书·外戚传上》

孔老师，如芒在背的"芒"，是"光芒"的意思吗？

不是，"芒"指的是"芒刺"。

这个成语的意思就是"像背后长满芒刺"一样吗？

是的，这个成语是不是很贴切？

🎤 + [   ] 发送

以人为镜

我们要学习汉宣帝的隐忍克制和韬光养晦，默默等待最佳的"出场时机"。在生活中，我们一定不能过分估计自己的力量，要知道，用鸡蛋去碰石头，碎掉的只有鸡蛋，当我们自身力量不足时，如果盲目出击，失败的就是我们自己。

以史为镜

汉武帝之后，皇位经过汉昭帝传到汉宣帝刘询手中，刘询是汉武帝流落在民间的曾孙，被权臣霍光立为皇帝。汉宣帝励精图治、休养百姓，和之前的汉昭帝一起实现了历史上所谓的"昭宣中兴"。

差强人意

chā qiáng rén yì

成语释义：原意为还算能振奋人的意志。现在表示大致上还能够使人满意。

来，跟我学这个成语。

帝时遣人观大司马何为，还言方修战攻之具，乃叹曰："吴公差强人意，隐若一敌国矣。"

——出自《后汉书·吴汉传》

①吴汉，出身寒微，以贩马为业，西汉末年投奔刘秀。

②吴汉深受刘秀重用，几乎寸步不离地跟着他，就连刘秀睡觉他都要守在一旁。

③刘秀打了败仗后很不开心，一连好几天都愁眉苦脸的。

④吴汉却毫不气馁，照样照料军马、整理武器。刘秀知道这些事后，深受感动。

刘秀打败仗垂头丧气
吴汉一如往常振人心

汉宣帝后西汉王朝又历经汉元帝刘奭（shì）、汉成帝刘骜、汉哀帝刘欣、汉平帝刘衎、汉孺子刘婴五位皇帝，一步步走向了灭亡。其实，在汉平帝时期，外戚王莽崛起之时，西汉灭亡就已经是注定之事了。

刘 秀

（公元前5年—公元57年）东汉开国皇帝，开创了"光武中兴"的盛世。

不过王莽代汉建新后，也没过上几天安生日子，天灾人祸纷至沓来，这让王莽和他的新朝很快便走上了末路。在各路起义军中，以汉室宗亲刘秀为首的绿林军是最有希望平定天下的一支队伍。

在这支队伍中，有一个名叫吴汉的将领，平时不太喜欢说话，个性也是直来直往的。最初刘秀并没有注意到吴汉，不过他经常听到一些将军称赞吴汉有勇有谋，有大将之才。后来，吴汉在战斗中指挥得当，打了好几个大胜仗，刘秀这才开始重视他，并且封他做了大将军。

吴汉统领三军后，经常为刘秀出谋划策。刘秀发现吴汉不仅是个极其优秀的军事人才，而且为人勇敢忠诚。每次作战，吴汉都紧紧跟着刘秀，生怕刘秀有什么闪失。刘秀睡觉时，他就恭敬地站在一旁，等刘秀睡着后，自己才去休息。就这样，刘秀越来越器重他。

有一次，刘秀打了败仗，情绪非常低落，其他将军也失去了斗志，整个军营中都弥漫着颓丧的气氛。吴汉却丝毫不受影响，照常同士兵们一起照料马匹、整理武器。刘秀知道这些事后，再看看那些失去斗志的将军，便感慨道："只有吴汉还能振奋人的意志，还可以让人满意。有他在，就相当于有一国在了。"

在吴汉等人的辅佐下，刘秀率军击败了王莽军和其他农民起义军，建立了属于自己的政权。刘秀是汉朝宗室，他的政权也称为汉，并视自己为大汉王朝的延续，历史上将刘秀的政权称为"东汉"。

成语有意思

近义成语

白璧微瑕：比喻美好的人或事物有些缺点，美中不足。

称心如意：完全符合心意。

反义成语

事与愿违：事实与愿望相反。指原来打算做的事没能做到。

大失所望：原来的希望完全落空。形容非常失望。

成语造句

老师认为小明的作文遣词造句虽然不够优美，但结构安排还算差强人意。

成语延伸

披荆斩棘

释义：意为拨开荆丛，砍掉荆棘，用来比喻开创事业或在前进道路上清除阻碍。

讲解：冯异是跟随刘秀建立东汉的功臣之一，为刘秀的建国大业扫清了重重障碍。

出处：异朝京师，引见，帝谓公卿曰："是我起兵时主簿也，为吾披荆棘，定关中。"——南朝·宋·范晔《后汉书·冯异传》

孔老师，差强人意是褒义词吗？

 虽然它看上去像中性词，但本意的确是褒义词。

 这里的"差"是"差错"的"差"吗？

 不是的，这里的"差"意思是"稍微"。

🎤 ＋ [   ] 发送

以人为镜

　　我们要像吴汉一样，在面对成功的时候不骄傲自大，在面对失败的时候不畏缩放弃，要始终保持内心平静，朝着既定目标努力。在学习中，我们要知道"胜败乃兵家常事"的道理，胜不骄，败不馁是我们每个人都应该具备的优良品质。

以史为镜

　　西汉在汉宣帝之后，外戚权臣掌控朝政的情况越来越严重，经过元帝、成帝、哀帝和平帝之后，最终被权臣王莽篡夺大权。王莽创立新朝不久就被农民起义推翻，而在混乱的农民战争中，刘秀取得了最终的胜利，并在洛阳建都，宣布兴复汉室，史称"东汉"。

tóu bǐ cóng róng

投笔从戎

成语释义：指放弃文字工作参加军队。

来，跟我学这个成语。

大丈夫无他志略，犹当效傅介子、张骞立功异域，以取封侯，安能久事笔砚间乎？

——出自《后汉书·班超传》

①班超最初只是一个通过给官府抄写文书来维持生计的普通人。

②班超不想一直抄写文书，当时正值匈奴一直侵扰东汉，他便放下笔去从军了。

③班超在与匈奴的战争中，率领士兵英勇杀敌，取得了多次胜利。

④这之后，班超便长期驻扎在西域，为西域发展作出了重大贡献。

班超弃文从军真明智
代汉出使西域显英才

光武帝刘秀继位后，勤于政事，采取了一系列举措来保障人民生活安定，恢复社会经济。在他的治理下，大汉王朝从衰落走向振兴。刘秀去世后，他的儿子刘庄继位，史称汉明帝。

汉明帝提倡儒学，注重律法，对外戚和功臣都比较防范。由于东汉初期国家尚不稳定，汉明帝便把治国重心放在了发展生产上。

班 超

（公元 32 年—公元 102 年）东汉时期著名军事家和外交家，出身史学世家，却投身军旅，为收复西域立下汗马功劳。

后来，东汉国力有所提升，汉明帝开始把目光投向西域，决定开疆拓土。此时，一位名叫班超的人脱颖而出，成了汉明帝对付匈奴、争夺西域的重要帮手。

班超是县令班彪的小儿子，从小便胸怀大志。汉明帝永平五年（公元 62 年），班超的哥哥班固被召为校书郎，班超便跟随哥哥和母亲一起来到洛阳。班超从小便写得一手好字，于是被官府雇用，去抄录文书。可是，班超的志向并不在此。

一次，班超正在抄写文件。他突然觉得自己的人生不应该浪费在这间小小的居室内，于是站起来狠狠将笔摔在地上，说道："大丈夫怎么能在这种抄抄写写的事情上浪费生命呢？身为男子汉，就应该像张骞、傅介子一般为国家外交作出贡献，实现自己的理想。"

周围的人见班超这个样子，都忍不住笑话他，班超却回应道："凡夫俗子，怎么能理解仁人志士的理想呢！"于是，他扔下笔，毅然决然地从军去了。

后来，班超在对匈奴的战争中英勇杀敌，取得了多场胜利。同时，朝廷也采纳了他的建议，让他带着数十人出使西域，宣扬汉朝国威。在班超的努力下，西域诸国大多臣服于汉朝，这也为西域边境的和平打下了重要基础。

成语有意思

近义成语

弃文就武： 放弃文事，改习武艺。

反义成语

解甲归田： 脱掉军装，回家种地。形容战士退伍返乡，也泛指辞官归乡。

成语造句

战争时期，面对民族危亡，很多有志的年轻人都投笔从戎。

成语延伸

代马依风

释义： 比喻人心眷恋故土，不愿老死他乡。

讲解： 班超在西域驻守三十余年，因年迈思念故乡，请求回朝。

出处： 臣闻太公封齐，五世葬周，狐死首丘，代马依风。——南朝·宋·范晔《后汉书·班超传》

孔老师，投笔从戎的"戎"，指的是少数民族吗？

不，它是"戎马"的"戎"。

 那"从戎"的意思就是"从军"？

你说得没错。

🎤 ＋ [　　　　　　　　　　　　　　　　　] 发送

以人为镜

　　我们要像班超一样，拥有一颗爱国之心。大丈夫不能空有报国志，而无具体行动，在国家需要之时，应当主动像班超一样主动请缨，保家卫国。在生活中，我们要将个人理想与国家前途紧密联结在一起，为国家富强贡献自己的力量。

以史为镜

　　东汉建立之后，光武帝刘秀为了巩固统治，采取了一系列稳定社会局面的措施，让社会恢复到了比较安定的局面，史称"光武中兴"。刘秀之后，继位的汉明帝和汉章帝依然能够延续刘秀对内的宽仁政策，然而困扰王朝的权臣和外戚问题依然没有得到解决。

xī shì níng rén
息事宁人

成语释义：原意是平息事端，使人安宁。后多用来指平息纠纷，减少麻烦，使人们相安无事。

来，跟我学这个成语。

其令有司，罪非殊死，且勿案验；及吏人条书相告，不得听受，冀以息事宁人。

——出自《后汉书·章帝纪》

①刘炟（dá），光武帝刘秀的孙子，年少宽容，好儒术，深受汉明帝器重。

②汉章帝刘炟登基后，下令为贫民发放粮食，还在灾情期间拨款赈济灾民。

③汉章帝废除了当时的一些酷刑以及一些严苛的法律条文。

④汉章帝还告诫臣子春天是万物生长的时节，做事一定要顺应天时。

章帝宽厚懂执政
明章之治现盛世

公元 75 年，汉明帝病逝，十九岁的汉章帝刘炟继承了东汉皇位。与汉明帝一样，汉章帝也是一位懂得让百姓休养生息的皇帝。而且，汉章帝还非常宽厚，很懂得抚恤百姓。

盼天下无事，乐百姓安居。

刘　庄

（公元 28 年—公元 75 年）东汉第二位皇帝，是为汉明帝，在位期间破击匈奴，设立西域都护府。

刚登上皇位时，汉章帝便大赦天下，并且给那些身患重病、家境贫寒、鳏（guān）寡孤独之人发送粮食，每人可得粟米三斛（hú）。

当时，汉朝发生了瘟疫，京师和一些州郡还发生了大旱。为了让百姓能够生存，汉章帝专门下诏，免除了受灾州郡的赋税，同时从国库里拨出粮食赈济灾民。随后，他还轻车简从，前往各地巡查农业情况，务必不让任何一个贫弱百姓被抚恤政策遗漏。

此外，汉章帝还废除了大量酷刑以及法律中的一些严苛条文。以往，如果有人犯了谋逆等大罪，其父族、母族、妻族等大批亲属都要受到严酷惩罚。汉章帝则规定一人犯罪禁止株连三族。同时，所有囚犯都可以通过戍边、捐钱物等方式来赎罪。

公元85年，汉章帝为了壮大人口，特意赐给国内所有怀孕妇女每人胎养谷三斛。同时，他还告诫大臣，春天是繁衍生息、万物生长的季节，人们一定要顺应天时，就算是对那些违法犯罪的人，只要其不是犯了很重的罪，就没必要过分追究。要做到息事宁人，这样才能受到上天的眷顾。

就这样，汉章帝时期的社会十分安宁，国家也非常稳定。汉明帝与汉章帝为东汉造就了难得的盛世，使大汉王朝重新迎来了消失已久的辉煌。

成语有意思

近义成语

相安无事：指彼此相处没有什么争执或冲突。

排难解纷：排除危难，调解纠纷。现多指调停双方争执，解决纷乱。

反义成语

无事生非：本来没有事情却故意制造是非，比喻无缘无故找岔子，存心制造麻烦。

推波助澜：使水掀起波浪。比喻从旁鼓动，助长其声势，使事态扩大。

成语造句

　　小明性格和善，遇到事情总是抱着息事宁人的态度，从不与人发生武力冲突。

成语延伸

拨烦之才

释义：办事利索，有处理繁重复杂事务的才能。

讲解：汉章帝曾以"判决一县三百事"考察谢夷吾，没想到他件件都办得合乎皇帝心意。

出处：钜鹿剧郡，旧难治，以君有拨烦之才，故特授任。——《后汉书·谢夷吾传》

孔老师，息事宁人的本意，是让大家相安无事，和睦相处吗？

这是它的引申含义，它的本意是不生是非、不招惹别人。

 它可以被看作"推波助澜"的反义词。

是的，你说得没错。

🎤 ＋ [　　　　　　　　　　　　　　　] 发送

以人为镜

　　我们要像汉章帝学习，懂得体恤、体贴别人。治大国如烹小鲜，一味剥削只会让百姓越来越穷苦，只有懂得与民休息，才能让百姓富足、让国家富强。在日常生活中，与人相处也要尽量做到不给别人制造麻烦，这样才能营造出和谐的人际关系。

以史为镜

　　汉章帝以宽厚治国，在他执政期间，国家政局稳定，百姓安居乐业，社会安定和谐。但也正因为汉章帝过于宽厚，才使得外戚梁氏的势力扩大，让外戚拥有了与皇权对抗的力量，这为日后东汉走向灭亡埋下了伏笔。

发生年代：约公元100年

历史事件：班超回朝

相关人物：班超、班昭

lì bù cóng xīn

力不从心

成语释义：内心想做某事，但力量达不到或无力去做。

来，跟我学这个成语。

今使者大兵未能得出，如诸国力不从心，东西南北自在也。

——出自《后汉书·西域传》

①在西域多年后，班超十分想家，于是就写了封信，叫儿子呈送汉和帝。

②可汉和帝即位后，皇权掌握在窦太后手中，班超的书信并没有收到回应。

③班超的妹妹班昭知道哥哥思家心切，便再次给皇帝上书。

④班昭的书信言辞恳切，汉和帝深受感动，于是下旨将班超调回。

和帝一纸诏书
班超如愿归家

汉章帝去世后，其第四子刘肇（zhào）继位，是为汉和帝。汉和帝在位时，皇权落在了窦太后手中，朝廷里的事都由窦太后和窦氏一族做主，汉和帝基本没有什么话语权。

犯我大汉者，虽远必诛！

刘 肇

（公元 79 年—公元 106 年）东汉的第四位皇帝，在位期间东汉国力达到最盛，开创了"永元之隆"的盛世。

班超曾在汉明帝时期被派遣出使西域，并在西域屡建奇功。到汉和帝时期，班超已过花甲之年，即使想要再为大汉王朝戍边，也力不从心了。

公元 100 年，年事已高的班超身体衰弱，思家心切，于是给汉和帝写了一封信，请求汉和帝把他调回。这封信被班超的儿子带回大汉，汉和帝看到信后却没有给出任何回应。

班超的妹妹班昭见汉和帝无动于衷，便再次给皇帝上书。她在上书中写道："在所有去西域的人里，班超年龄最大，他现在体弱多病，耳朵已聋，眼睛昏花，头发雪白，两手不遂，必须依靠手杖才能走路……如果西域各国发生暴乱事件，以班超现在的状况，恐怕也无济于事。如此一来，汉朝的利益就会受到损害，而忠臣好不容易取得的成果也会毁于一旦，这实在是令人痛心啊！"

汉和帝见班昭的书信写得情真意切、条理清晰，感到确实应该让年迈的大汉功臣落叶归根。于是，他立刻下旨将班超调回。可惜的是，班超回到洛阳不到一个月，便因病去世了。

成语有意思

近义成语

力所不及：形容力量或能力达不到。

无能为力：用不上力量，帮不上忙，指没有能力或力不能及。

反义成语

力所能及：指以自己的力量能够达到或办到的。

得心应手：心里怎样想，手上就能相应地怎样做。形容功夫到家，技艺纯熟，做起来很顺手。

成语造句

　　老王年事已高，现在要将这沉重的冰箱搬上楼，他可真是有些力不从心了。

成语延伸

不入虎穴，焉得虎子

释义：用来比喻不亲临险境就无法取得成功，也比喻不认真实践就不可能得到真相。

讲解：班固在出使西域时，带领三十余人打入匈奴内部，杀死了匈奴百余人。

出处：不入虎穴，不得虎子。当今之计，独有因夜以火攻虏，使彼不知我多少，必大震怖，可殄（tiǎn）尽也。——《后汉书·班超传》

孔老师，力不从心和无能为力表达的是同样的意思吗？

这两个成语都有没有力量或力量不够的意思，但表意的侧重点有所不同。

 哦？不同在哪里呢？

力不从心侧重指心里想做，但力量不够；而无能为力则指只是力量不够，并没有心里想做这层意思。

🎤 ＋ [   ] 发送

以人为镜

我们要学习班昭的真诚。班超一生为国尽忠，年老力衰，思念故乡，其情可表；班昭妙笔上书陈情，晓之以理动之以情，让汉和帝动容。在日常生活中，说服别人的方法有很多，但都离不开真诚二字，只有真诚，才能打动别人。

以史为镜

东汉王朝内部虽然始终被外戚专权困扰，但对外迎来了巨大的发展，将军班超出使西域，使西域各国重新与汉朝建立了联系。班超还派副使甘英出使大秦，虽然最终在安息受阻，但开辟了通往西亚的道路。

东汉

发生年代：约公元146年

历史事件：梁冀毒杀汉质帝

相关人物：梁冀、汉质帝

zhuān héng bá hù

专横跋扈

成语释义：专断蛮横，恣意妄为，很不讲理。

来，跟我学这个成语。

帝少而聪慧，知冀骄横，尝朝群臣，目冀曰："此跋扈将军也。"

——出自《后汉书·梁冀传》

①梁冀，是汉顺帝皇后的哥哥，从小放荡不羁、专横无理。

②梁冀在街市上行走时，总是横冲直撞，百姓见了他都要绕道走。

③汉质帝因为梁冀行为骄横，当着大臣的面称其为"跋扈将军"。

④梁冀听后很生气，便命人制作毒饼，毒杀了汉质帝。

梁冀跋扈乱朝政
东汉分裂成定局

在汉和帝之后，东汉又经历了汉殇帝和汉安帝两任皇帝，随后来到了汉顺帝时期。公元131年，汉顺帝决定立大将军梁商的女儿梁贵人为皇后。

这位梁皇后有个哥哥，名叫梁冀，从小就放荡不羁，喜欢喝酒斗鸡。有父亲和妹妹的权势，没有什么本领的梁冀却把官儿越做越大。等到梁商去世，梁冀便接任为大将军。

话不能乱说，饼不可乱吃。

刘　缵

（公元138年—公元146年）东汉的第十位皇帝，由外戚梁冀拥立为帝。

没过多久，汉顺帝去世，尚在襁褓中的皇子刘炳即位，史称汉冲帝。汉冲帝在位一年便去世了，大臣们纷纷主张立清河王刘蒜为帝。

可是，梁冀为了掌控朝政大权，强行将八岁的刘缵（zuǎn）立为皇帝，这便是汉质帝。

汉质帝虽然年幼，却十分聪明耿直。一日，他见梁冀行为骄横，便对群臣说道："梁冀简直是个跋扈将军！"梁冀听到这番责骂十分生气，立刻命人制作了毒饼喂汉质帝吃掉。毒杀汉质帝后，梁冀又立自己的妹夫刘志为帝，是为汉桓帝。此时，东汉的太后与皇后都是梁冀的妹妹，他的权势更大，行为也更加残暴荒唐。

梁冀掌权二十多年，文武百官甚至皇帝妃嫔都不敢正视他，谁也不敢对梁冀的命令说一个"不"字。有梁冀这样的跋扈大臣，东汉不可避免地走向了灭亡。

公元159年，早对梁冀专权乱政不满的汉桓帝借助宦官的力量杀掉了梁冀，东汉的皇权又从外戚手里流落到了宦官手中。在权力的轮转中，东汉开始分裂，一个混乱的时期——三国鼎立——即将到来。

成语有意思

近义成语

飞扬跋扈：原指放荡高傲，不受约束。现形容骄横放纵。

作威作福：原指统治者专行赏罚，独揽威权。现形容滥用权势，横行霸道。

反义成语

谦谦君子：指谦卑的、有才德的人。

委曲求全：勉强地去将就别人，以求得保全。也形容为顾全大局而做出忍让的姿态。

成语造句

小杰在校园中专横跋扈，同学们都不喜欢跟他一起玩耍。

成语延伸

豺狼当道

释义：指豺狼横在路中间，比喻奸佞小人当权、得势。

讲解：汉顺帝命张纲等人惩办各地贪官，张纲却认为："豺狼就在大道上横行，何必去查狐狸呢？"这里的豺狼就是指梁冀这些大贪官。

出处：豺狼横道，不宜复问狐狸。——东汉·班固《汉书·孙宝传》

孔老师，专横跋扈和横行霸道表达的是同样的意思吗？

 这两个成语都有不讲道理的意思，但表意的侧重点有所不同。

 哦？不同在哪里呢？

 专横跋扈侧重于指一个人很专断，而横行霸道则侧重于指这个人很喜欢乱来。

🎤 ＋ [   ] 发送

以人为镜

我们不能学汉质帝的鲁莽。专横跋扈的梁冀在东汉朝廷只手遮天，小皇帝选择与之正面对抗，自然得不到好的结果。在生活中，我们在面对专横跋扈之人的时候，最好不要与其针锋相对，应先判断敌我双方的优劣势，再采取方法应对。

以史为镜

汉朝中后期，皇帝大多年幼，无法主政，大权就由皇帝的母亲太后主持，太后又重用自己的亲戚，从而让外戚势力坐大，汉质帝时期的梁冀就是最著名的代表。皇帝在长大之后，不甘心被外戚摆布，便依赖宦官除掉外戚，于是形成了外戚和宦官轮流把持朝政的局面，最终导致了社会的动荡，东汉也就在动荡中走向了末日。

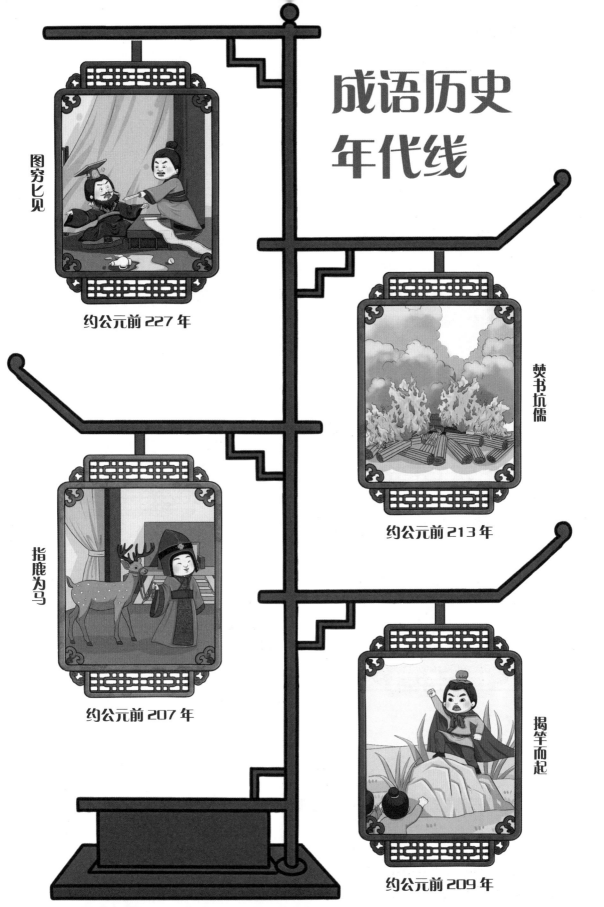

成语历史
年代线

图穷匕见
约公元前 227 年

焚书坑儒
约公元前 213 年

指鹿为马
约公元前 207 年

揭竿而起
约公元前 209 年

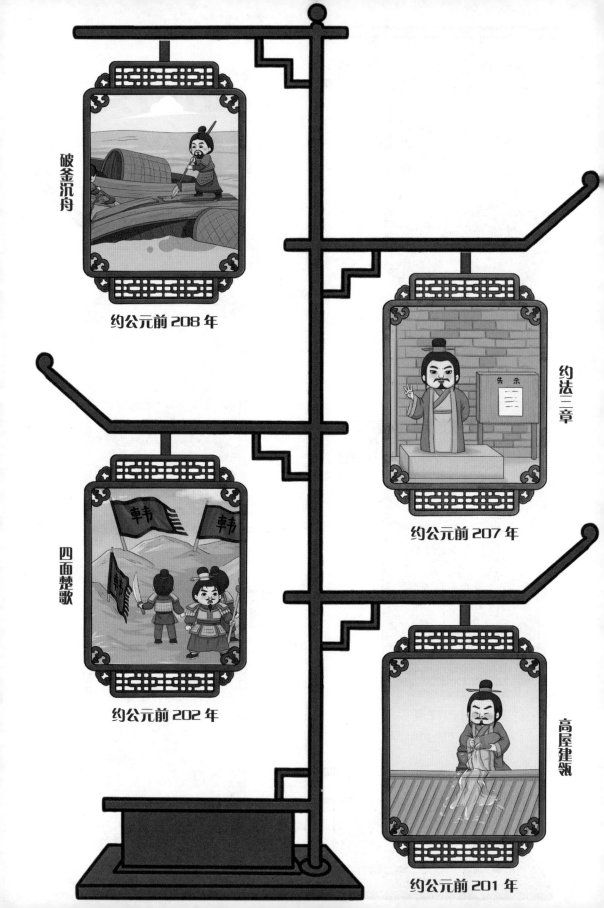

破釜沉舟

约公元前 208 年

约法三章

约公元前 207 年

四面楚歌

约公元前 202 年

高屋建瓴

约公元前 201 年

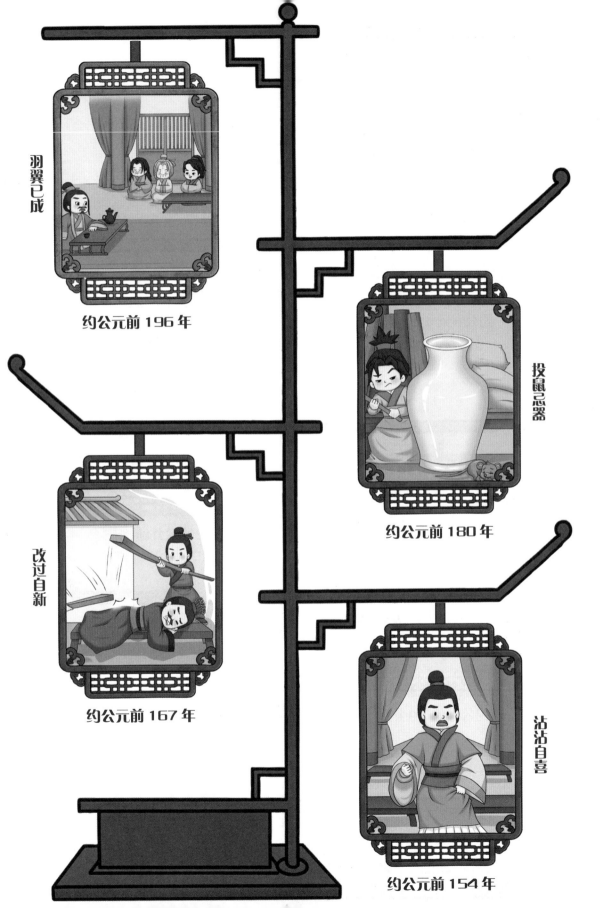

羽翼已成

约公元前 196 年

投鼠忌器

约公元前 180 年

改过自新

约公元前 167 年

沾沾自喜

约公元前 154 年

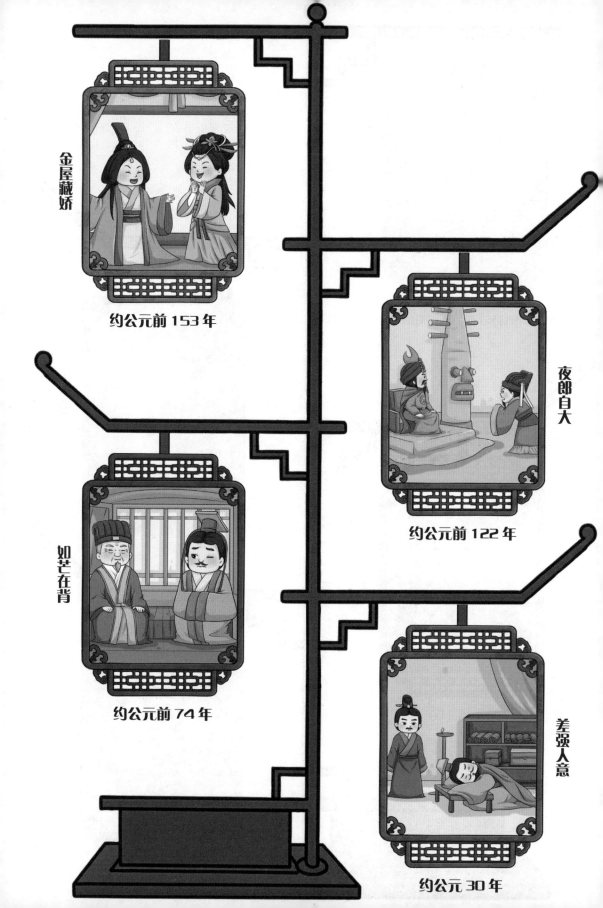

金屋藏娇

约公元前 153 年

夜郎自大

约公元前 122 年

如芒在背

约公元前 74 年

差强人意

约公元 30 年

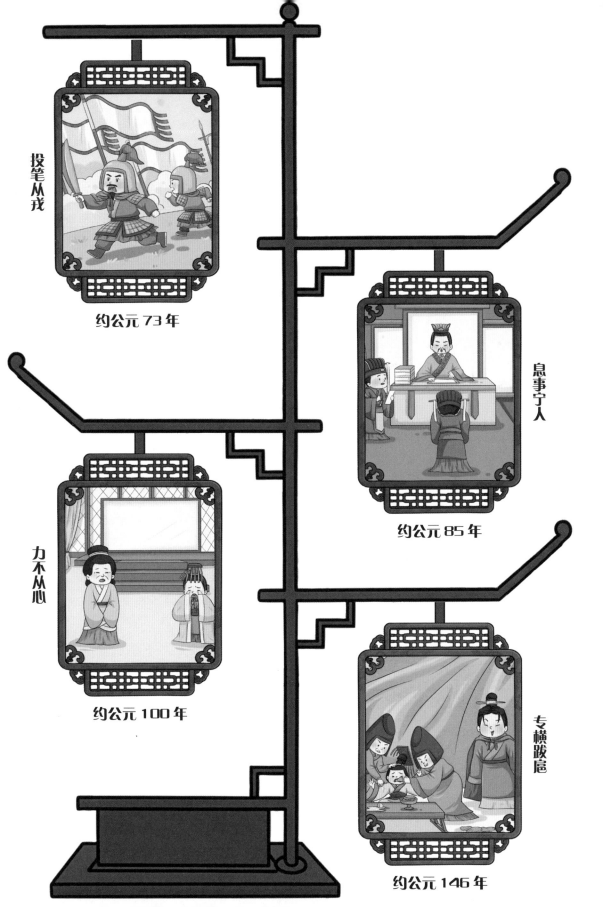

投笔从戎

约公元 73 年

息事宁人

约公元 85 年

力不从心

约公元 100 年

专横跋扈

约公元 146 年

让成语带孩子疯狂学历史

黄志有◎著　云图小小岛◎绘

（三国两晋南北朝卷）

北京理工大学出版社

BEIJING INSTITUTE OF TECHNOLOGY PRESS

图书在版编目（CIP）数据

让成语带孩子疯狂学历史. 三国两晋南北朝卷／黄
志有著；云图小小岛绘. -- 北京：北京理工大学出版
社，2025. 3.
ISBN 978 - 7 - 5763 - 5100 - 2

Ⅰ. K209；H136.31-49

中国国家版本馆CIP数据核字第2025YT5611号

责任编辑：王晓莉　　**文案编辑**：王晓莉
责任校对：刘亚男　　**责任印制**：李志强

出版发行／北京理工大学出版社有限责任公司

社　　址／北京市丰台区四合庄路 6 号

邮　　编／100070

电　　话／（010）68944451（大众售后服务热线）
　　　　　　（010）68912824（大众售后服务热线）

网　　址／http://www.bitpress.com.cn

版 印 次／2025 年 3 月第 1 版第 1 次印刷

印　　刷／天津睿和印艺科技有限公司

开　　本／710 mm×1000 mm　1/16

印　　张／7

字　　数／76 千字

定　　价／149.00 元（全6册）

图书出现印装质量问题，请拨打售后服务热线，负责调换

前言

　　读者朋友们，成语是中国历史文化的瑰宝，它以极其简洁的形式，凝聚了中华民族几千年的历史智慧和生活经验。我们日常接触的很多喜闻乐见的成语，都蕴含着一个或多个历史故事，这些故事为我们讲述了历史变迁、文化传承、政权更迭、英雄事迹、百姓生活等诸多方面。

　　例如，在"退避三舍"这一成语背后，是晋文公的言而有信，是争霸之战的上兵伐谋，更是周王室统治权威的衰落；在"望梅止渴"这一成语背后，是分裂动荡的三国时期，是一代枭雄曹操的治军智慧，也是成王败寇的命运抉择。这些成语已经深深地镶嵌在我们的语言和文化中。由此可见，学习和理解这些成语，就是在学习和理解我们祖国伟大的历史和文化。

　　历史并不是一本尘封的旧书，而是活生生的故事，是一堂堂丰富的人生课程。本套图书将以生动、有趣的方式，通过一个个成语将上下五千年的中华历史串联起来。通过这种方式，我们可以更轻松地接触到历史，感受历史的趣味性和魅力。

本套图书共有 6 卷，每卷包括 20 个主线成语，通过阅读这些成语背后的故事，读者朋友将了解特定时期的重要历史。为了让读者朋友更好地了解成语背后的故事，本套图书还针对每一个主线成语绘制了精美的四格漫画，以幽默风趣的语言，对成语故事进行介绍。此外，本套图书还加入了拓展延伸的内容，围绕主线成语拓展了一些其他成语，并以"以史为镜""以人为镜""成语快问快答"等板块，对主线成语进行进一步延伸，最大限度地丰富了图书的内容。

　　我们希望通过这套图书，让读者朋友在学习成语的同时，也能感受到历史的生动性和趣味性。这样，历史便不再是一堆枯燥无味的事实和日期，而是一个个鲜活的故事、一幅幅生动的画面。

　　愿每一个读者朋友在阅读这套图书的过程中，都能感受那些智慧的闪光，从而在学习和生活中都能"疯狂"而又充满热情。最后，愿这套图书能帮助孩子们建立对历史的深刻理解和对成语的真挚热爱。

　　让我们一起，以成语为载体，揭开历史的神秘面纱，开启一场精彩的历史之旅吧！

目 录

wàng méi zhǐ kě
望 梅 止 渴

来，跟我学这个成语。

成语释义：口渴时想到就可以吃到梅子，流出口水，就不渴了。比喻用空想来安慰自己或别人。

　　魏武行役，失汲道，军皆渴，乃令曰："前有大梅林，饶子，甘酸可以解渴。"士卒闻之，口皆出水，乘此得及前源。

——出自南宋·刘义庆《世说新语·假谲》

①东汉末年，曹操迎献帝，总揽朝政，四处征伐。

②曹操起兵讨伐张绣，张绣投降后又反叛。曹操措手不及，大败，只能逃走。

③此时正值夏天，曹军又累又渴，士气低落。曹操下令原地整顿，并寻找水源，却一无所获。

④曹操为振奋士气，称前方有一片梅林，可以解渴。军士们听到梅子，立刻鼓舞精神，重新振作起来。

曹操大意败走宛城
望梅止渴艰难行军

　　东汉末年，天下大乱，各方诸侯在中华大地上进行着激烈的割据战。曹操挟天子以令诸侯，筹划着开拓自己的霸业。为了稳定后方，他打算先对宛城的张绣动手。

宛城不丢，性命可保；宛城一丢，投降最好。

张　绣

　　（？—公元207年）东汉末年群雄之一，能征善战，会用兵，使得一手好枪法。

　　公元197年，曹操率军讨伐张绣。张绣见曹军势盛，并未与曹军死斗，而是直接选择投降。虽然被曹操收编，但张绣并不相信曹操能够真正接纳自己，于是他趁曹军不备起兵反叛，向曹军发动进攻。

　　由于准备不足，曹军被张绣打了个措手不及，折损了几员大将后，只能带着一些亲卫匆忙逃走。逃亡路上，曹操的士兵都穿着厚重的铠甲，炎热的天气让他们又热又渴，士气也变得极为低落。

　　见此情景，曹操只得下令原地休整，并派人去寻找水源。可一番探寻后，士兵们根本找不到任何可供饮用的清水。曹操很清楚，此刻不能继续留在这里，必须加快行军速度，以免被敌军追上，但眼见士兵们痛苦的模样，曹操也感到非常为难。

　　思索片刻后，曹操策马扬鞭冲向前方山坡，大声对士兵说道："我很熟悉这里，翻过前面的山坡，有一片茂盛的梅林，到那里你们便可吃梅子解渴了！"

　　士兵听到曹操的话，一时间又重新燃起了希望，想着马上就能吃到梅子，也不再感觉口渴。最终，在经过一段时间的急行军后，曹军虽然没有发现梅林，却成功找到了水源，化解了此次危机。

　　逃脱危险的曹军此后重整旗鼓，不断进攻张绣，终于在两年之后迫使张绣主动投降，曹军占领了宛城，解决了一个心腹大患。

成语有意思

近义成语

无济于事：对事情没有帮助。比喻解决不了问题。
画饼充饥：比喻徒有虚名而无实惠。也比喻借空想安慰自己。

反义成语

名副其实：名声或名称和实际相符。
脚踏实地：比喻做事认真、踏实、不虚浮，一步一个脚印。

成语造句

望梅止渴，画饼充饥，这些都是权宜之计，做事情之前我们一定要做好规划，避免到时措手不及。

成语延伸

老骥伏枥（lì）
释义：指衰老的骏马即使卧在马槽旁，心也向往着一日千里地飞奔。比喻人虽老了，但仍有雄心壮志。
讲解：曹操老当益壮，即使年纪大了，也有着一统天下的抱负，他一直保持着从不服输的斗志精神。
出处：老骥伏枥，志在千里。——东汉·曹操《步出夏门行·龟虽寿》

成语快问快答

孔老师，望梅止渴和画饼充饥表达的是同样的意思吗？

这两个成语都有用空想来安慰自己的意思，可以通用，但在具体表意上也有一点不同。

哦？哪里不同呢？

望梅止渴主要指空等、空想，而没有实际行动；画饼充饥虽然也指空等、空想，但有"画饼"这个行为。

🎤 ＋ [   ] 发送

以人为镜

　　我们要学习曹操的智慧，在遇到困难时，要开动脑筋想出解决办法。我们要像曹操一样，对成功抱有希望，并拿出拼搏的勇气。遇到不会的难题时，我们要另辟蹊径，换一种思维方式，说不定难题就能够迎刃而解了。

以史为镜

　　东汉后期，政治腐朽，时局动荡不安，由黄巾起义引发的混乱很快就让东汉王朝处于土崩瓦解的境地。在镇压黄巾军和随后的董卓之乱中，一些地方豪强势力开始登上舞台，曹操就是其中最典型的代表。

发生年代：约公元207年

历史事件：刘备三顾茅庐

相关人物：刘备、诸葛亮

sān gù máo lú
三顾茅庐

成语释义：比喻诚心诚意地登门拜访或邀请某个人。

来，跟我学这个成语。

臣本布衣，躬耕于南阳，苟全性命于乱世，不求闻达于诸侯，先帝不以臣卑鄙，猥自枉屈，三顾臣于草庐之中。

——出自《出师表》

①听闻诸葛亮在隆中隐居，刘备便打算登门拜访。

②刘备带着关羽和张飞去隆中请诸葛亮出山，可前两次都没见到诸葛亮。

③第三次拜访时，诸葛亮正在睡觉，刘备并未惊动他，一直等到他醒来。

④诸葛亮在草庐中与刘备分析天下大势，最后出山协助刘备建立了蜀汉政权。

贤主刘备三顾茅庐
诸葛孔明隆中献策

在董卓之乱被平定后，天下形势大变，曹操挟汉献帝占据北方大片土地，孙权偏安于江东蓄势待发，刘备则逃往荆州，依附于刘表。

对致力于兴复汉室的刘备来说，招兵买马固然要紧，但广纳贤才同样重要。在偶然得知"卧龙"诸葛亮住在隆中卧龙岗后，刘备便带着关羽、张飞前往隆中，请诸葛亮出山辅佐自己。

诸葛亮

（公元181年—公元234年）三国时期蜀汉丞相，古代杰出的政治家、军事家，为蜀汉鞠躬尽瘁。

第一次拜访诸葛亮时恰巧赶上他外出，刘备三人只得失望地返回。几天后，刘备三人冒着大雪再次来到诸葛亮的住处，没想到他又没在家。性情急躁的张飞觉得诸葛亮是故意避而不见，叫嚷着要回去，刘备只得留下一封书信，表明了自己前来的目的以及匡扶汉室的志向。

　　又过了几天，刘备打算再去拜访诸葛亮，但关羽和张飞不愿前往。在刘备的苦苦劝说下，两人只得跟着刘备第三次拜访诸葛亮。这一次诸葛亮并没有外出，而是在屋中睡觉。为了不惊扰诸葛亮，刘备一直等到他自己醒来。

　　诸葛亮醒来后，邀请刘备进入草庐，与之详谈起来。期间，刘备表达了自己的远大志向，诸葛亮则为刘备分析了天下大势，并提出了帮他夺取天下的计划。最终，诸葛亮被刘备的真诚与志向所打动，离开隆中，来到新野，成了刘备的得力助手，并帮助刘备成功建立了蜀汉政权。

成语有意思

近义成语

爱才好士： 形容爱护、重视人才。

礼贤下士： 封建时代指帝王或大臣敬重有才德的人，降低自己的身份与他们结交。现多指社会地位高的人重视和延揽人才。

反义成语

妄自尊大： 过高地看待自己。形容狂妄自大。

拒人千里： 将人拦在很远的地方。形容态度傲慢，拒绝别人的要求或不愿与别人接近。

成语造句

李教授是院长三顾茅庐请来的专家，在这个项目上我们都要听从李教授的指导。

成语延伸

鞠躬尽瘁

释义： 表示小心谨慎，不辞劳苦，竭尽全力。

讲解： 诸葛亮为蜀国鞠躬尽瘁，耗尽了毕生精力。

出处： 臣鞠躬尽瘁，死而后已。——三国·蜀·诸葛亮《后出师表》

成语快问快答

孔老师，三顾茅庐里的"茅庐"，指的是什么呢？

茅庐就是草屋，诸葛亮在隆中时就是住的草屋。

这里为什么要特别写明是草屋呢？

刘备愿意屈尊，三次请诸葛亮出山，"茅庐"二字更能体现刘备的礼贤下士。

🎤 +　　[　　　　　　　　　　　　　] 发送

以人为镜

　　我们要像刘备一样,向有真才实学的人虚心求教。不要觉得不好意思,也不要自视过高。只有端正态度,我们才能经受住更多磨砺,少走弯路。在学习时,我们尤其要向别人求教,只有做到不耻下问,才能把知识掌握得更加牢固。

以史为镜

　　诸葛亮是东汉末年至三国时期著名的政治家、军事家,在东汉末年的混乱局势中,各豪强势力都非常重视招揽人才,以期获得经济上、文化上和政治上的优势。经过多年不断混战兼并,最终出现最强大的三股势力,分别是占领北方的曹操,占领江东地区的孙氏家族,和占领湖北湖南地区的刘备集团。

wàn shì jù bèi
万事俱备

成语释义：比喻一切都已备齐。

来，跟我学这个成语。

孔明索纸笔，屏退左右，密书十六字曰：欲破曹公，宜用火攻；万事俱备，只欠东风。

——出自《三国演义》第四十九回

①周瑜接受了诸葛亮的建议，请求孙权与刘备联合起来对抗曹操。

②一日，周瑜正苦想破敌之策，诸葛亮送来了锦囊妙计。

③为了实施计划，周瑜故意打了黄盖，令黄盖假意投敌，而后让黄盖以火船引燃曹操战船。

④火势借东风越烧越猛，曹军大乱，周瑜率军歼灭了曹军主力，三分天下之势自此开始形成。

黄盖假降火烧战船
曹操战败逃离赤壁

刘备虽然成功将诸葛亮招致麾下，但他当时所面临的形势依然十分严峻。平定北方的曹操将刘备视为"眼中钉"，必欲除之而后快。面对曹操的数十万大军，刘备只得派诸葛亮前往东吴，争取与孙权联合，共同抗击曹操。

既生瑜，何生亮？

周 瑜

（公元175年—公元210年）东汉末年军事家，是为东吴取得军事成功和割据地位的功臣之一。

在诸葛亮的游说下，孙权接受了联刘抗曹的计划，并派周瑜在赤壁摆好阵势，等待曹军来攻。周瑜身为东吴大都督，不惧与曹军水战，但曹军人多势众，想要取胜并非易事。正当周瑜苦寻破敌之策时，诸葛亮为周瑜送来了妙计。

在诸葛亮看来，想要击破曹军，使用火攻是最好的办法。诸葛亮知道周瑜已经准备好了战船、人员和相应的物资，如何让火能在曹操的战船上烧起来，才是周瑜真正头疼的事情。所以，诸葛亮为周瑜准备的妙计就是"借"东风，只要东风一到，大火便会将曹军吞噬。

周瑜选择了相信诸葛亮，让黄盖诈降，准备等东风一到，就实施火攻计划。没过几天，赤壁江面果然像诸葛亮预测的那样刮起了东风，黄盖也按计划带着十艘堆满干柴的战船向曹军靠近。曹军的将领们以为黄盖是来投降的，并未对其有所防备，谁知黄盖带来的战船在快要靠近时，竟然全部燃烧起来。一时间，曹军的战船全部被点燃，就连岸上的曹军营帐也都燃烧起来。

曹军方寸大乱，周瑜立刻率精锐水师发动进攻，一举歼灭曹军主力。曹操只得带着少数残兵，逃离赤壁。经此一战，曹操、刘备、孙权三分天下之势终于形成。

成语有意思

近义成语

未雨绸缪： 在下雨前，就要修好门窗。比喻事先做好准备，防患于未然。

蓄势待发： 贮备随时可以展现的实力，待机而发。

反义成语

措手不及： 措手，处理应付。形容事情来得突然，来不及处理。

猝不及防： 形容事情突然发生，来不及做准备。

成语造句

我们现在是万事俱备，只欠东风，只要小博把卡纸拿来，我们就能开始做模型了。

成语延伸

周郎顾曲

释义： 原指周瑜精通音乐。后泛指懂得聆听、鉴赏音乐的人。

讲解： 周瑜精通音律，如果有人弹错了音调，他就能很快发现。

出处： 瑜少精意于音乐，虽三爵之后，其有阙误，瑜必知之，知之必顾，故时有人谣曰："曲有误，周郎顾。"——晋·陈寿《三国志·吴书·周瑜传》

成语快问快答

 孔老师，万事俱备是不是指已经做好了所有准备工作？

没错，这个成语经常会跟"只欠东风"搭配使用，表示所有准备都已经做好，只差一个最重要的条件了。

 东风就是最重要的条件！

你说得没错。

以人为镜

我们要学习周瑜善于采纳他人意见的优秀品质，这不仅体现了他的博学多识，更显示了他的领导智慧和团队合作精神。在现实生活中，尤其是在小组学习中，我们也应该具备这种开放和合作的精神，只有善于倾听，善于合作，才能让小组学习取得更好的效果。

以史为镜

公元 208 年，统一了北方的曹操挥师南下，准备统一天下。强大的曹军在赤壁与孙刘联军激战，最终失败。赤壁之战后，曹操转而经营关中，刘备则在占领湖北湖南大部分地区以后，转向占取四川、云贵，孙权则把统治范围延伸到福建、广东，天下正式形成了三足鼎立的局面。

发生年代：约公元210年

历史事件：孙权劝学

相关人物：吕蒙、孙权

wú xià ā méng

吴下阿蒙

成语释义：泛指学识浅陋的人。

来，跟我学这个成语。

鲁肃上代周瑜，过蒙言议，常欲受屈。肃拊蒙背曰："吾谓大弟但有武略耳，至于今者，学识英博，非复吴下阿蒙。"

——出自《三国志·吴书·吕蒙传》

①吕蒙，字子明，东吴名将，是继周瑜之后东吴重要的谋臣良将。

②孙权很欣赏吕蒙，经常劝他要多读书和学习。

③一日鲁肃拜访吕蒙，吕蒙要他小心防备关羽。鲁肃感叹吕蒙的学识与谋略已经增长了许多。

④吕蒙变得有勇有谋，抵挡了曹操的进攻，还在"白衣渡江"战役中擒获关羽，重击蜀汉。

读书学习长见识
文武双全吕子明

赤壁之战后，曹操引兵北归，孙权则立足于江东，扩张自己的势力范围。在夺取江陵的过程中，吕蒙屡立战功，被孙权任命为偏将军，兼任寻阳令。

孙 权

（公元 182 年—公元 252 年）三国时期孙吴开国皇帝，晚年在继承人问题上反复无常，引致朝局不稳。

一日，孙权对吕蒙说："你现在身居要职，手握重权，要多花些时间学习。"面对孙权的劝说，吕蒙并没有上心，而是以军务繁忙为由推脱。孙权见吕蒙如此态度，语重心长地说道："我让你花时间学习，并不是让你成为学识渊博的学者，只是让你了解一下古今的历史，掌握一些必要的知识。你说你军务繁忙，难道比我要处理的事情还多吗？

我即便只用闲暇时间读书，也会感到收获很大。"听了孙权的劝告，吕蒙幡然醒悟，也开始找时间学习。

周瑜死后，鲁肃接管东吴军务。一次途经吕蒙驻地时，鲁肃前往拜访吕蒙。在鲁肃的印象中，吕蒙是一介武夫，勇武有余但学识不足，此次见面却让鲁肃大为吃惊。二人在交谈时，吕蒙主动向鲁肃提起当前形势，劝鲁肃对关羽做好防备。鲁肃不禁感叹："现在的吕蒙将军，已经不再是以前那个学识不足的'吴下阿蒙'了！"

此后，鲁肃经常与吕蒙商讨国家大事，还多次将领兵重任交给吕蒙。吕蒙不仅成功抵挡住曹操对江东的进攻，还在襄樊之战中，成功从关羽手中夺取了荆州三郡，给蜀汉政权造成重大打击。只可惜吕蒙寿命太短，在 220 年就因病去世了，死的时候年仅 42 岁。

成语有意思

近义成语

不学无术：原指不学古则所行不合道术。现多形容没有学问，没有本领。
胸无点墨：胸中没有一点墨水。形容文化水平很低或没有文化。

反义成语

多才多艺：具有多方面的才能和技艺。
真才实学：真正的才华和学识。形容富有才能和知识的人。

成语造句

    小李参加工作比较早，吃了很多没文化的亏，痛定思痛的他决定进入在职大学学习，经过刻苦学习，现在的他已非昔日的吴下阿蒙。

成语延伸

刮目相看
释义：改变老眼光，用新眼光看待。
讲解：吕蒙读书学习后进步巨大，不能像以前一样把他当作粗鄙之人。
出处：一别璘公十二年，故当刮目为相看。——宋·杨万里《送乡僧德璘监寺缘化结夏归天童山·二首其一》

成语快问快答

 孔老师，吕蒙不是姓吕吗，为什么叫吴下阿蒙呢？

因为吕蒙年轻的时候住在吴下。

 我知道了，那时候吕蒙还没有让人"刮目相看"，所以这个词是用来指代没有学识的人！

你真聪明。

🎤 ＋ ［　　　　　　　　　　　　　　］ 发送

以人为镜

　　我们要向吕蒙学习，他敢于面对自身的不足，愿意接受他人的建议，能够努力提升自己，最终从一个学识浅薄的武夫成长为有勇有谋的大将，成就了一番伟大事业。在学习道路上，无论我们什么时候开始努力都不晚，只要我们愿意努力，就肯定会有所收获。

以史为镜

　　在三足鼎立局面下，孙权不但注意发展江东，从刘备集团手中抢夺了湖北、湖南的大部分地区，而且更加注意向南扩张。公元230年，孙权派将军卫温率领万人船队到达夷洲，即今天的台湾，加强了大陆与台湾的联系。

七步成诗

qī bù chéng shī

成语释义：用以形容才思敏捷。

来，跟我学这个成语。

文帝曹丕尝令东阿王丕弟曹植七步中作诗，不成者行大法；应声便为诗曰："煮豆持作羹……本自同根生，相煎何太急！"帝深有惭色。

——出自《世说新语·文学》

①曹植是曹丕的弟弟，他在曹操死后，一直受到曹丕欺压。

②曹丕要求曹植七步成诗，若是做不到便处死他。

③曹植写出了一首《七步诗》，讽刺曹丕心狠手辣，连亲兄弟都不放过。

④为了避免受到威胁，曹丕将曹植贬为安乡侯，让他频繁地迁徙封地。

曹丕称帝疑亲弟
曹植成诗保性命

襄樊一战，吕蒙偷袭江陵得手，孙权顺利夺取蜀汉手中的荆州后，遣使向曹操称臣，并劝说曹操代汉称帝。以当时的情况来说，曹操确有称帝的实力，但天不遂人愿，还未等称帝，曹操便病逝于洛阳。

曹丕

（公元187年—公元226年）曹魏开国皇帝，魏武帝曹操之子，结束了汉朝四百余年的统治。

对于称帝，曹操有过犹豫，但他的儿子曹丕丝毫没有犹豫。在曹操病逝后的这一年，曹丕受禅称帝，代汉立魏。初登帝位的曹丕继承先父遗志，以统一天下为己任，不过在这之前，他还需要先让自己手中的权力稳固。为此，曹丕开始以恩威并施的手段，在朝堂内部打击异己。

曹植是曹丕的亲弟弟，也是曹丕帝位的潜在威胁。为此，曹丕处处针对曹植。一次，曹丕要求曹植在七步之内作出一首诗，如果作不出的话，就要处死他。面对如此刁难，曹植并未示弱，他不仅在七步之内作出了一首诗，还借机嘲讽了曹丕一番。

煮豆持作羹，漉（lù）菽（shū）以为汁。

其在釜下燃，豆在釜中泣。

本自同根生，相煎何太急。

　　曹丕并不傻，他知道这是弟弟在嘲讽兄弟相残，他也不是冷血的暴君，所以并没有进一步迫害自己的兄弟，而是将他贬为安乡侯，让他频繁地迁徙封地。

　　曹植虽然幸免于难，但此后一直活在曹丕及其继任者的孤立、监视之中，一身才华无处施展，这或许就是他生在帝王之家的宿命吧！

成语有意思

近义成语

八斗之才：八斗指量多。形容人极有才华。

出口成章：说出话来就成文章。形容文思敏捷，口才极好。

反义成语

才疏学浅：形容才能不多，学识不深。

江郎才尽：江郎，指南朝的江淹。比喻人的才情衰退。

成语造句

刘教授任教于本省高校的文学院，他才高八斗，竟然能七步成诗，真不愧是诗词名家。

成语延伸

煮豆燃萁

释义：燃烧豆萁来煮豆子，比喻手足相残。

讲解：曹丕想要除掉弟弟曹植，就是手足相残。

出处：至魏文帝褊（biǎn）忿疑忌，一陈思王且不能容，有煮豆燃萁，相煎何太急之语，为天下后世笑。——宋·江公望《论蔡王府狱》

孔老师，曹植真的在七步内作完了一首诗吗？

《世说新语》上是这么记载的。

 我两秒钟就能走完七步，曹植难道两秒内就作出了一首诗吗？

这也凸显了曹植的才高八斗。

🎤 ＋ [   ] 发送

以人为镜

　　我们不能像曹丕一样，为了权力地位不择手段，甚至手足相残。我们要相亲相爱，与亲友互相帮助，共同进步。在家里，一家人要相互尊重，互敬互爱，这样才能营造温馨的氛围。在校园中，同学之间也要互相帮助，互相关心，这样才能建立起深厚的友谊。

以史为镜

　　公元220年，曹操的儿子曹丕废掉汉献帝，在洛阳称帝，国号魏。称帝之后，曹丕实施了各种加强权力的措施，其中就包括剥夺诸兄弟的权力。曹丕称帝一年后，刘备在成都称帝，国号汉，史称蜀汉。公元229年，孙权在建业称帝，国号吴。历史正式进入三国时期。

huǎn bīng zhī jì
缓兵之计

成语释义：作战时延缓对方进兵的计策。泛指拖延时日以缓和事态，同时积极设法应付的策略。

来，跟我学这个成语。

孔明用缓兵之计，渐退汉中，都督何故怀疑？不早追之？郃愿往决一战。

——出自《三国演义》第九十九回

①张郃（hé），三国时期曹魏名将，在官渡之战时不敌曹操便选择归降，后为曹魏立下了无数战功。

②诸葛亮对曹魏发起了第三次北伐战争。司马懿（yì）一直按兵不动，诸葛亮也选择按兵不动。

③张郃见诸葛亮后撤，误认为蜀军是因粮绝而退，劝说司马懿尽快出兵。但司马懿依然按兵不动。

④眼见诸葛亮马上就要退回大本营，张郃按捺不住出兵追赶，结果正中埋伏，损失惨重。

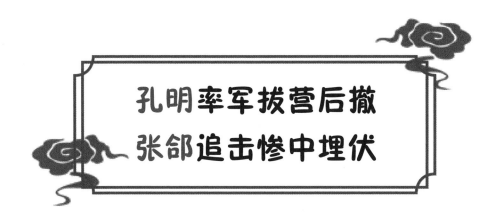

孔明率军拔营后撤
张郃追击惨中埋伏

曹丕虽然守住了手中的皇权，但并未成功统一天下。曹丕病逝后，其子曹叡（ruì）继位，司马懿作为辅政大臣，成为曹魏军中的重要人物，他与诸葛亮的几次交战，更是奠定了三国后期的政治格局。

诸葛孔明空有大志，却无实权，不足为虑。

司马懿

（公元 179 年—251 年）三国时期曹魏政治家、军事谋略家、权臣，西晋王朝的奠基人之一。

公元 229 年，诸葛亮第三次出兵北伐，曹魏大将军司马懿拒不出战，打算与诸葛亮进行拉锯战。诸葛亮见此情况，下令蜀军拔营后撤。司马懿虽不知诸葛亮想要做什么，但猜测其中必有异常，所以依然按兵不动。

魏将张郃认为蜀军是因粮尽而退，劝说司马懿追击蜀军。司马懿却不这么认为，在他看来，诸葛亮去年刚率军收割了大量粮草，虽然不能全部运往前线，但至少可以供蜀军半年之用。现在蜀军后撤，一定是在用计引诱魏军进攻。

正当张郃与司马懿商谈之时，军士来报，蜀军已经在三十里外安营扎寨。没过几日，蜀军又后退了三十里。眼看蜀军就要成功撤退，张郃急切地请求出战，他认为诸葛亮这是想要撤回到汉中，在故意拖延时间。为此，张郃不听司马懿的劝告，带兵追赶诸葛亮，不料正中蜀军埋伏，损失惨重。

诸葛亮在担任蜀汉丞相期间，曾对曹魏发起五次进攻。这五次北伐虽然有所斩获，但始终没能实现蜀汉"复兴汉室"的目标。不过，如果没有诸葛亮这五次北伐，曹魏必将越来越强大，到时候，蜀国就只能坐以待毙了。

成语有意思

近义成语

权宜之计：指为了应付某种情况而暂时采取的变通办法。

金蝉脱壳：蝉由幼虫变为成虫时要脱壳而出。比喻用计脱身而又留下假象，使对方不能及时发现。

反义成语

兵贵神速：用兵最可贵的是行动特别迅速。比喻办事贵在迅速果断。

急如星火：像流星急速划过。形容非常急迫。

成语造句

敌人为暂缓我军渡江提出谈判，这明显是敌人的缓兵之计，好在我军没有掉以轻心，已经做好了渡江的准备。

成语延伸

成败利钝

释义：成功或失败，顺利或受挫，指可能遇到的各种情况。

讲解：诸葛亮一生为蜀国北伐事业付出，明知道可能无法获得成功，依然坚持不懈，最终在他死后，蜀国的基业也慢慢走向了灭亡。

出处：至于成败利钝，非臣之明所能逆睹也。——三国·诸葛亮《后出师表》

成语快问快答

孔老师，缓兵之计与权宜之计表达的是同样的意思吗？

这两个成语意思相近，但表达的意思并不相同。

它们有什么区别呢？

缓兵之计指的是缓和事态并积极设法应对的策略，而权宜之计则是指为了应对某种情况而暂时采取的办法。

🎤 ＋ [   ] 发送

以人为镜

我们要避免像张郃一样鲁莽冲动。俗话说，"知己知彼，百战不殆"。张郃不听司马懿的劝告，不但让自己名誉受损，还给曹魏造成了巨大损失。在日常生活中，我们要控制自己的情绪，做情绪的主人，不迁怒，不发火，做一个懂得思考、温文儒雅的人。

以史为镜

三国时期，魏蜀吴三国互相攻杀，连绵不断的战火严重影响了百姓们的生活，导致中国人口锐减。在这种情况下，国力最弱的蜀国在丞相诸葛亮的治理下，注意发展经济，同时加强与西南少数民族的联系，客观上推动了民族融合，加速了西南地区的开发。

发生年代：约公元264年

历史事件：蜀汉灭亡

相关人物：司马昭、刘禅

lè bù sī shǔ

乐不思蜀

成语释义：比喻乐而忘返或乐而忘本。

来，跟我学这个成语。

司马文王与禅宴，为之作故蜀技，旁人皆为之感怆，而禅喜笑自若……他日，王问禅曰："颇思蜀否？"禅曰："此间乐，不思蜀。"

——出自《三国志·蜀志·后主传》

①刘禅，三国时期蜀汉的末代皇帝。在位前期信任诸葛亮，后期因宠信宦臣致使蜀汉衰弱。

②蜀汉灭亡后，刘禅被安置于洛阳。司马昭设宴款待，问他想不想念蜀国，刘禅回答不想。

③蜀国官员对刘禅说，只有表现得想念蜀国才有机会再次回到自己的故土。刘禅接受了大臣的建议。

④司马昭说刘禅和蜀国官员的想法一样。刘禅坦言这就是蜀国官员教他的，司马昭听后大笑不已。

蜀国官员痛哭流泪
后主刘禅乐不思蜀

诸葛亮的北伐并未能挽救蜀汉的命运，公元 263 年，魏国大将军司马昭派钟会、邓艾分兵攻蜀，蜀后主刘禅主动投降，蜀汉就此灭亡。在此之后，刘禅与投降的蜀汉大臣一起，被迫前往洛阳居住。

来到洛阳的刘禅先是被司马昭训斥了一顿，而后又被封为"安乐公"，获赐了宅邸。刘禅对自己的境遇似乎很满意，第二天还专程到司马昭府上谢恩。

司马昭

（公元 211 年—公元 265 年）三国时期曹魏权臣，西晋王朝的奠基人之一，晋武帝司马炎之父。

司马昭见刘禅前来，设宴款待了他。在宴会上，司马昭让人表演蜀国的歌舞，蜀国官员们纷纷痛哭流泪，刘禅却看得很开心。司马昭见到这种情况，便嘲笑道："即使诸葛亮没有死，也没办法扶持起这样的国君啊！"嘲笑之余，他还不忘询问刘禅："你还想不想蜀国？"刘禅笑着答道："我在这里很快乐，一点也不想蜀国。"

听到刘禅的话，蜀国的官员们哭得更厉害了。一位蜀国官员趁刘禅上厕所时，偷偷对刘禅说只有表现出想念蜀国的样子，才能有重回蜀国的希望。刘禅回来后，司马昭再次询问刘禅是否想要回到蜀国，刘禅按照官员所教的，回答自己想回蜀国，脸上也竭力露出难过的表情。

司马昭自然知道刘禅是在假装，便说刘禅的说法和蜀国官员们所说的一样。刘禅见已被司马昭识破，便不再假装，大方地承认了这些话正是蜀国官员所教的。司马昭因此觉得刘禅没有心肝，不想复国，也放松了对刘禅的防备，刘禅和他的属下得以安度余生。

成语有意思

近义成语

乐而忘返：形容沉迷于某种场合，舍不得离开。

乐不可支：快乐到了不能自我控制的地步。形容快乐到极点。

反义成语

归心似箭：想回家的心情像射出的箭一样急。形容想回家的心情十分急切。

落叶归根：比喻人或事物有一定的归宿。多指客居异乡的人，最终还是要回归本乡本土。

成语造句

　　游乐园实在太有意思了，我沉浸其中，简直到了乐不思蜀的地步，妈妈催了我很多次，我才恋恋不舍地回家继续做暑假作业。

成语延伸

司马昭之心，路人皆知

释义：比喻野心非常明显，大家都能看得出。

讲解：人人知道司马昭毫不遮掩的野心，他处心积虑地夺取曹魏政权。

出处：高贵乡公卒，裴松之注引《汉晋春秋》："司马昭之心，路人所知也。"——晋·陈寿《三国志·魏志·高贵乡公传》

孔老师，乐不思蜀和乐而忘返表达的是同样的意思吗？

这两个成语都有因快乐而舍不得离开的意思，但在表意的侧重点上有所不同。

哦？有什么不同呢？

乐不思蜀有因快乐而忘本之意，而乐而忘返只是因快乐而舍不得离开，并没有忘本之意。

发送

以人为镜

　　我们不能学习刘禅乐不思蜀的行为，一个人庸碌无为还可以原谅，但若是忘记祖国，忘记故土，那就不能原谅了。人要有目标、有追求，要热爱自己的国家，不能只知道享乐。如果过分享乐，就会在最该用功的时候荒废学业，最后让我们追悔莫及。

以史为镜

　　三国后期，魏国实力增强，吴、蜀两国日益衰微。公元 263 年，魏国灭掉蜀国，公元 265 年，已经掌握魏国大权的司马家族篡权成功，取代曹魏建立晋国，史称西晋。西晋皇室出身于地主、贵族阶层，西晋政权代表着这一阶层的利益，故被史学家称为士族王朝。

洛阳纸贵
luò yáng zhǐ guì

成语释义：形容好的著作风行一时，流传广泛。

来，跟我学这个成语。

司空张华见而叹曰："班、张之流也。使读之者尽而有余，久而更新。"于是豪贵之家竞相传写，洛阳为之纸贵。

——出自《晋书·左思传》

①左思，字太冲，西晋文学家，虽长相普通，才华却十分出众。

②左思前往洛阳求仕，他唯一拿得出手的就是自己所写的文章。

③左思曾花费十年的时间写成了旷古名作《三都赋》，得到了很多人的认可。

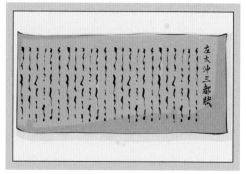

④《三都赋》名传洛阳，豪门贵族争相抄写，致使洛阳纸价不断上涨。

左思作赋名满天下
西晋辉煌复又沉寂

　　司马昭攻灭蜀国后，三国鼎立的局面被打破。公元265年，司马昭之子司马炎取代曹魏建立西晋，中华历史翻开了新的篇章。

　　西晋建立，定都洛阳，中原地区也迎来了久违的和平局面，许多文人雅士纷纷前往洛阳，希望能够求得一番仕进。左思是西晋著名的文学家，出身寒微的他因妹妹被选入宫，举家迁居洛阳，获秘书郎一职。

东汉烽火在我手中熄灭。

司马炎

（公元236年—公元290年）晋朝开国皇帝，初期实现"太康之治"，后实现全国统一。

　　左思长得其貌不扬，但文采却很出众，写得一手好文章。他先用一年时间写成了《齐都赋》，之后，又用十年时间完成了《三都赋》。这些文章都是艺术水平很高的作品，但在当时并不为人所知。

左思拿着自己的作品去拜访洛阳名士，希望他们能帮忙推荐。从各位名士的反应来看，左思的《三都赋》确实写得很好，安定的皇甫谧专门为它写序，陈留人卫权则为它作了《略解》，司空张华看到这篇赋后，更是感叹左思是与班固、张衡并肩的人物，读他的赋作，每次都会获得新的体验。

　　张华深受晋武帝重用，连他都对左思的《三都赋》赞赏有加，那就说明这篇赋作确实水平很高。一时间，豪门贵族争相抄写《三都赋》，洛阳的纸张一下子变得供不应求，价格也直线上涨。左思也因此闻名于天下，更在史书上成为魏晋文人代表。

成语有意思

近义成语

风靡一时：草木随风倒下。形容某事物在一个时期非常盛行。

有口皆碑：所有人的嘴都是记载功德的碑石。形容被人们普遍称颂。

反义成语

祸枣灾梨：旧时用枣木和梨木来雕版印书。指滥刻无用的书，浪费了大量的枣木、梨木。

味同嚼蜡：味道像嚼蜡烛一样。形容文章、语言等枯燥无味。

成语造句

这系列的武侠小说出版后，一时洛阳纸贵，许多人争相阅读。

成语延伸

以人废言

释义：由于地位低下，对其言论也加以否定。

讲解：左思觉得自己的文采不逊色于前代的班固、张衡，但担心因为自己的地位低微导致没有人看自己的文章，他转而求助在洛阳有很高的声誉的皇甫谧，把《三都赋》拿给皇甫谧看。

出处：思自以其作不谢班张，恐以人废言，安定皇甫谧有高誉，思造而示之。——《晋书·文苑列传》

孔老师，洛阳纸贵是说人们抢着抄写左思的《三都赋》，使得洛阳的纸都变贵了吗？

没错，这是洛阳纸贵原有的意思，但现在更多使用它的引申意思。

 那它的引申意思是什么呢？

现在的洛阳纸贵多用来形容文章、著作广为流传，风行一时。

🎤 ＋ [　　　　　　　　　　　　　　　　　　　] 发送

以人为镜

　　我们要像左思一样沉淀自己，积累知识，不要被快节奏的生活打扰，只有沉下心来一点一滴地积累，才能打磨出好的作品。在这个飞速发展的时代，我们更要沉淀自己，脚踏实地，这样才能更好地学习和生活。

以史为镜

　　魏晋南北朝是士族文化的大发展时期，早期的魏晋文学沿袭东汉末年的文学风格，重视诗、赋和散文，出现了以曹操父子和"建安七子"为代表的建安文学。晋朝时，文学在追求华丽辞藻上登峰造极，左思就是其中的代表人物。

shì rú pò zhú
势如破竹

成语释义：形容像劈竹子一样。多指节节胜利，毫无阻碍或气势不可阻挡。

来，跟我学这个成语。

今兵威已振，譬如破竹，数节之后，皆迎刃而解。

——出自《晋书·杜预传》

①杜预，魏晋时期军事家，西晋建立后历任数职，力主出兵伐吴，并成为晋灭吴之战的统帅之一。

②西晋政局稳定后，司马炎发兵进攻东吴。正当晋军节节胜利之时，天降暴雨，阻碍了晋军的进攻。

③虽然天降暴雨，但杜预认为现在军队势头正盛，攻灭东吴如劈开竹子般简单，所以应该继续进攻。

④事实正如杜预所说的那样，晋军很快便攻到了吴国都城建业。吴王孙皓自知无力回天，只得选择投降。

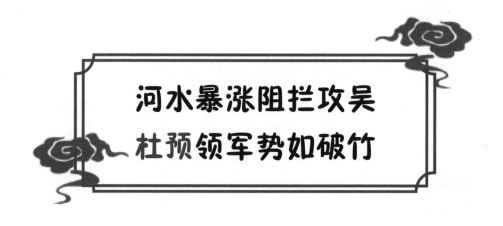

河水暴涨阻拦攻吴
杜预领军势如破竹

西晋建立之初，并未急于对东吴用兵，一方面是因为司马炎需要时间安定内部，另一方面也与东吴国力尚强有关。不过，东吴的新国君孙皓显然比不上其祖父孙权，没过几年时间，他便把东吴治理得国弱民贫。

打江山容易，守江山太难。

孙 皓

（公元 242 年—公元 284 年）东吴末代皇帝，在位初期施行明政，后专于杀戮，变得昏庸暴虐。

眼见时机已然成熟，司马炎出兵六路全面进攻东吴。精锐的晋军一路上并未遇到多少阻碍，轻松攻克了江陵、夏口等东吴重镇。天有不测风云，虽然东吴大片国土已经落入晋军手中，但突如其来的春雨让河水暴涨，给晋军继续前进带来了很大困难。

鉴于这一情况，晋军兵马总督贾充上书司马炎，建议暂且退兵，等日后有机会再行伐吴。贾充的提议得到了一些将领的支持，他们认为夏天到来不仅会有暴雨影响行军，还会出现很多疾病，不如改在明年冬天再行攻吴。

镇南大将军杜预并不同意这些将领的观点，他认为现在晋军士气正盛，继续进攻吴国就像破竹子一样，只要劈开前面几节，后面不需费多少力气，就能劈开整根竹子。听了杜预的话，一些将领觉得确实如此，晋武帝司马炎也认可了杜预的观点，要求晋军继续前进。

事情正如杜预所料，虽有大雨阻碍行军，但晋军依然轻松攻到了东吴国都建业。自知大势已去的孙皓只能像蜀国后主刘禅一样，出城投降。至此，东吴灭亡，西晋完成了统一中原的壮举。

成语有意思

近义成语

所向披靡：草木随风伏倒的样子。比喻力量所达到之处，敌人望风溃散，一切障碍都被清除。

反义成语

骑虎难下：比喻事情进行中遇到困难，难以继续却又无法罢手，陷入进退两难的境地。

成语造句

选择高效的读书方法，可以让我们在学习的道路上势如破竹。

成语延伸

羊质虎皮

释义：羊虽然披上了虎皮，但怯弱的本性不变。比喻外强内弱，虚有其表。

讲解：东吴最后一位君主孙皓荒淫无道，任用的官员大多虚有其表、不堪大用，终于在晋朝的进攻下，东吴灭国了。

出处：（孙）皓每于会，因酒酣，辄令侍臣嘲谑公卿，以为笑乐。万或既为左丞相，蕃嘲或曰：……或出自溪谷，羊质虎皮，虚受光赫之宠，跨越三九之位。——《吴书·王蕃传》

成语快问快答 ⭐

 孔老师，势如破竹和势不可挡
表达的是同样的意思吗？

这两个成语都有来势迅猛、不可阻挡的意
思，但在表意上的侧重点有所不同。

 哦？有什么不同呢？

势如破竹更偏重于形容进程快，而势不可
挡更偏重于形容力量强。

🎤 ＋ [   ] 发送

以人为镜

　　我们要像杜预一样坚持不懈，越是紧要关头，越不能轻言放弃。在预习和复习时，我们要一鼓作气，不要拖拖拉拉。就像劈竹子一样，如果持续发力，就能将竹子全部劈开，如果半途而废，就无法达到最终的胜利。

以史为镜

　　蜀国灭亡之后，天下形成吴国与魏国（晋国）对峙的局面，吴国后期政治昏暗，朝廷内斗不止，加上当时江南经济实力远远落后于北方，终于在公元 280 年，晋国举兵伐吴，吴国灭亡，三国历史结束，中国又重新迎来了大一统。

拨云见日
bō yún jiàn rì

成语释义：拨开乌云，看到青天。比喻冲破黑暗，见到光明。

来，跟我学这个成语。

此人之水镜，见之莹然，若披云雾而睹青天也。

——出自《晋书·乐广传》

①乐广，字彦辅，西晋时期名士。出身寒门，因学识渊博而进入仕途。

②西晋政局稳定后，清谈之风开始盛行。乐广是西晋清谈名士中声望很高的人。

③乐广等名士之所以能够专心清谈，不理朝政，是因为他们生活在一个相对安稳的时代。

④西晋后期，八王之乱爆发。清谈领袖乐广也被迫卷入这场内斗中来，最终忧虑而死。

西晋繁荣名士清谈
国家动乱乐广忧虑

攻灭东吴后，晋武帝司马炎在全国推行了一系列改革举措，使西晋走上了稳定发展之路，百姓的生活状态也得到了明显改善。这一时期，清谈之风非常流行，一些文人雅士聚集在一起，不谈国家大事，也不谈百姓生活，只是围绕某些问题争辩不休。

文武双全，说的就是我！

卫瓘

（公元220年—公元291年）西晋初年重臣、书法家，善隶书与章草，书法技艺高超。

在诸多清谈名士中，乐广是声望较高的一个，卫瓘、王戎、裴楷等人都十分欣赏他。乐广个性谦逊，与人无争，很擅长言谈议论，经常可以用简明的语言，把道理说清楚。

尚书令卫瓘在与乐广交谈后，感叹自己已经有很长时间没能听到如此有道理的话语了，于是便让自己的几个儿子跟随乐广一起学习，并对他们说："乐广就像是水一样的镜子，见到他就能感受到那玉石般的光彩，就像云雾被拨散开，可以看到青天一样。"

乐广等人之所以能寄情于尘世之外，不理朝廷之事，专注于清谈，是因为他们身处于一个相对安稳的时代。然而，当西晋度过了繁荣时期，走向动荡不安之时，这些清谈名士也就没办法再独善其身了。

西晋后期，统治阶级内部矛盾愈演愈烈，最终引发了"八王之乱"。这场皇族内部争权夺利的内乱，不仅严重破坏了当时的社会经济，更直接导致了西晋王朝的灭亡。就连不问政事的乐广也被卷入这场内乱之中，最后忧虑而死。

成语有意思

近义成语

水落石出：水落下去，水底的石头显露出来，比喻事情的真相完全显露出来。

反义成语

暗无天日：看不到一点儿光明。形容社会十分黑暗。也形容没有光亮，十分幽暗。

愁云惨雾：形容使人感到愁闷凄惨的景象或气氛。

成语造句

　　刘老师的一番话，让我一下子豁然开朗，对我理解作文写作方法真像是拨云见日。

成语延伸

放荡不羁

释义：行为放荡，不受约束。

讲解：魏晋时期的文人行为大多不受约束，这些人懂得清谈却不懂治国，无法给国家提供帮助。

出处：少以才学知名，而放荡不羁，州府辟命皆不就。——《晋书·王长文传》

孔老师，拨云见日和水落石出表达的是同样的意思吗？

这两个成语意思相近，但表达的意思并不相同。

 它们有什么区别呢？

拨云见日更多指心中疑团消除，顿时清醒明白了；而水落石出则主要指事情被澄清，真相大白了。

🎤 ＋ ⬜ 发送

以人为镜

　　我们要学习乐广不被官场名利诱惑、专注于做学问的精神。在听讲时，我们偶尔会被窗外的小鸟吸引，这时候，我们要及时把注意力集中回课堂上，不能被外界诱惑牵着鼻子走。不受外界诱惑虽是一件很难的事，但如果能坚持下去，我们就会获得很大的进步。

以史为镜

　　晋朝统一全国之后，晋武帝司马炎大封同姓诸侯，后来又陆续派遣诸王据守州郡重镇，这些宗室诸王既手握重兵，又掌管民事，势力日益强大。再加上继任的晋惠帝昏庸无能，导致诸侯王开始觊觎皇位，最终酿成了"八王之乱"。

cāng hǎi héng liú
沧海横流

成语释义：比喻政治混乱，社会动荡不安。

来，跟我学这个成语。

尼早丧妇，只有一子。无居宅，惟畜露车，有牛一头，每行，辄使子御之，暮则共宿车上。常叹曰："沧海横流，处处不安也。"

——出自《晋书·王尼传》

①王尼，字孝孙，西晋时在护军府上做军士。

②任护军府军士时，王尼喝酒吃肉、清谈辩论，日子过得很清闲。

③没过多久洛阳陷落，王尼只得带着儿子去往江夏，希望能寻一个安稳之处，但此时的江夏也并不安稳。

④无法在江夏生存的王尼，继续带着儿子四处流亡，他们经常食不果腹，只能不断感叹时局动荡不安。

八王之乱民不聊生
名士王尼饿死途中

西晋末年的"八王之乱"历时十六年，在这段时间里，西晋统治者已经无法再有效掌控全国。这段时间里除了诸王相互攻伐的战事外，还有少数民族政权的侵扰，以及随处可见的民众起义。这些战事对全国各地的经济发展造成严重损害，灾荒、疫病频发，许多人被迫离开故土，成为流民，王尼就是其中之一。

英雄莫问出处，
名士不谈出身。

王 澄

（公元 269 年—公元 312 年）西晋官员、名士，出身世家，少有盛名，勇武过人。

"八王之乱"后，王尼在洛阳做护军府军士，虽然每天的工作都很忙，但也算过得安稳。平日里，还可以与胡毋辅之、王澄等人喝酒吃肉，清谈辩论。作为当世名士，王尼个性高傲，不求功名，甚至敢于当面数落东海王司马越。不过，这种狂傲不羁虽然也能使他冲破礼教的束缚，获得自我的满足，面对乱世却没有多大意义。

洛阳陷落后，王尼带着儿子前往江夏避难，幸得荆州刺史王澄帮助，他们暂时获得了一处落脚之地。但王澄治下的荆州同样一片混乱，王尼每天依然要为食物发愁。王澄死后，王尼只得带着儿子再次流亡。

白天，王尼让儿子赶着牛车行路。晚上，他便和儿子一起在牛车上过夜。现在的王尼不再高谈人生，只是不停地感叹现在的国家就像四处奔流的海水，哪里都动荡不安，根本没有一处能够容身的安全之地。

然而，抱怨并不能改变王尼父子的命运，在找不到食物后，他们毁弃了车子，杀掉了牛，在将牛肉吃光后，没过几日便饿死了。在乱世里，名士也和流民一样像杂草一般死去。

成语有意思

近义成语

兵荒马乱：形容战争期间社会混乱不安的景象。

反义成语

歌舞升平：边歌边舞，庆祝太平，有粉饰太平的意思。
海晏河清：黄河水清，大海平静。比喻国家政治开明，社会安定。

成语造句

在沧海横流的时代，既要不断提升自身实力，又要时刻关注时事发展。

成语延伸

泰山压卵
释义：将泰山压在蛋上。比喻以绝对优势压倒对方，稳操胜券。
讲解：孙惠在信中称颂司马越，其举兵的行为就如同高峻的泰山压一个小小的鸟卵。
出处：猛兽吞狐，泰山压卵，因风燎原，未足方也——唐·房玄龄等《晋书·孙惠传》

孔老师，沧海横流是在说海水泛滥、四处奔流吗？

这只是这个成语的表面意思，它还有更深层的意义。

哦？什么意义呢？

这个成语的深层意义是指社会动荡、政治混乱。

发送

以人为镜

　　我们不能像西晋名士王尼一样，只会清谈议论，却没有一技之长。如果没有一技之长傍身，那在遇到困难时可能就无法生存下去。我们是学生，学生的任务就是学习，如果在该学习的年纪却做了别的事情，那长大时候后悔也来不及了。

以史为镜

　　"八王之乱"是八个司马氏的诸侯王，先后参与到争夺权力的战争中，他们在中原地区相互混战，在混战中利用依附于晋朝的各种少数民族势力，最终让中原地区遭受到了巨大的破坏。"八王之乱"历时十几年，西晋也从此衰落。

闻鸡起舞

wén jī qǐ wǔ

成语释义：听到鸡叫就起来舞剑练武。形容有志之士及时奋发努力。

来，跟我学这个成语。

（祖逖）与司空刘琨俱为司州主簿，情好绸缪，共被同寝，中夜闻鸡鸣，蹴（cù）琨（kūn）觉曰："此非恶声也！"因起舞。

——出自《晋书·祖逖传》

①祖逖，字士稚，出身于大家族范阳祖氏，东晋时期杰出的军事家。

②祖逖和刘琨年轻时想要为国尽忠，约定每天听到鸡鸣后，就一起起床练剑。

③司马睿看重祖逖的才能，任命其为将军出征北伐，但只拨了很少的钱粮。

④祖逖带领亲族，渡江募兵，在与后赵的战争中无往不胜，收复了大量失地。

祖逖年少闻鸡起舞
元帝偏安无意北伐

洛阳陷落后，清谈名士们自顾不暇，四散逃亡。在那些逃亡的名士中，也有一些胸怀大志、想要挽救国家于危亡之际的人，祖逖就是其中之一。

何意百炼钢，化为绕指柔！

刘 琨

（公元270年—公元318年）西晋杰出的政治家、文学家、军事家，工于诗赋，为金谷"二十四友"重要成员。

祖逖年轻时曾和刘琨一起出任司州主簿，两人都希望有朝一日能为国家出力，干出一番大事业。一次半夜，祖逖听到屋外传来鸡鸣，便对刘琨说道："你听到鸡叫声了吗？"睡眼惺忪的刘琨仔细听了一下，果然有鸡在鸣叫，但他并不认为这有什么奇怪的。

虽然刘琨不在意，祖逖却很激动，他对刘琨说："这鸡叫声是在提醒我们早些起床，不要荒废时光，我们不如以后听到鸡鸣，便起床练剑。"刘琨觉得祖逖的提议很好，便穿好衣服，与祖逖一起来到院中拔剑起舞。此后的每一天，祖逖和刘琨都在鸡鸣时起床舞剑，天亮后才收剑回房。

经过长期的刻苦训练，祖逖最终成为一位文武双全的人才。公元313年，晋愍（mǐn）帝即位，左丞相司马睿总揽军务。司马睿虽不愿北伐，却也不便公开反对，于是任命祖逖为奋威将军、豫州刺史，但只给他拨付了很少的钱粮。

祖逖并未因此灰心丧气，他带领亲族，渡江募兵，在豫州站稳脚跟后，又多次抵挡后赵军队的侵扰。

不过，司马睿在登基称帝、建立东晋后，依然没有重用祖逖推进北伐。最终，郁郁不得志的祖逖忧愤成疾，病逝于雍丘。他所收复的大片土地，也再次落入胡人政权手中。

成语有意思

近义成语

发奋图强： 下定决心努力奋斗，谋求富足强盛。

锲而不舍： 指不断地镂刻，比喻坚持不懈。

废寝忘食： 顾不上睡觉，忘记了吃饭。形容学习或工作积极努力，用心专一。

反义成语

自暴自弃： 自己糟蹋自己，自己鄙弃自己。形容不知自爱，甘于落后。

苟且偷安： 不求上进，不顾将来，只贪图眼前的安宁。

成语造句

为了解决科技落后的难题，我们的科研队伍不辞辛苦，他们闻鸡起舞，加班加点地刻苦工作着。

成语延伸

中流击楫

释义： 比喻收复失地的雄心壮志。

讲解： 祖逖在河中央敲击船桨发誓，一定要收复国土。

出处： 中流击楫而誓曰：祖逖不能清中原而复济者，有如大江。

——唐·房玄龄等《晋书·祖逖传》

孔老师，闻鸡起舞的"闻"，指的是嗅觉吗？

 不，闻字原本就有"听闻"的意思。

 噢，我明白了，所以这个字的结构中有个"耳"字。

 对，这个成语的意思是听到公鸡啼叫就起床舞剑。

🎤 ➕ [   ] 发送

以人为镜

　　我们要像祖逖一样，拥有渴望建功立业的决心，并且愿意为之刻苦练习。在日常学习时，我们一定要坚持努力，不能"三天打鱼，两天晒网"。只有付出足够的努力，向着自己的理想和目标前进，才能最终实现我们的学习目标。

以史为镜

　　在西晋末期的混乱中，中原人口大量死亡，幸存者纷纷逃离，其中大量中原汉人逃亡南方，形成了我国古代历史上第一次大规模的人口迁徙高潮。在混乱中，西晋王室的一支琅琊王司马睿在南方重建晋王朝，并于公元 317 年以建康为都城称帝，历史进入东晋时期。

发生年代：约公元360年

历史事件：谢安重步仕途

相关人物：谢安

dōng shān zài qǐ
东山再起

成语释义：比喻退隐后再出来任要职。也比喻失势后重新得势。

来，跟我学这个成语。

隐居会稽东山，年逾四十复出为桓温司马，累迁中书、司徒等要职，晋室赖以转危为安。

——出自《晋书·谢安传》

①谢安，字安石，出身于陈郡谢氏，年少时以清谈出名，不喜为官之途。

②谢安天资过人，常年隐居于会稽的东山，与王羲之、孙绰等人写诗作文。

③由于弟弟谢万遭贬，影响谢氏在朝中的地位，谢安只能告别山水之乐，进入官场效力。

④谢安的仕途一帆风顺，先是担任司马，后又辅佐幼帝，更是在淝水一战中打败了前秦军队。

谢安聪颖东山再起
淝水之战大破前秦

经过西晋末年的乱世之后，司马睿在建康建立东晋。由于有长江天险阻隔，东晋政权在较长时期内维持了相对安稳的统治，东晋的统治者们也没有收复故土的决心，只希望偏安于江南，残喘度日。

虽然统治者们没有开拓疆土的野心，东晋的几大士族门阀却都野心勃勃。这些士族中有的人渴望把持朝政，有的人希望北伐中原，有的人则希望篡权夺位，相较之下，出身于陈郡谢氏的谢安，反倒是最"没追求"的一个。

朝为田舍郎，
暮登天子堂。

谢 安

（公元320年—公元385年）东晋政治家，早年隐居于会稽山，精通各家之学，有治国之术。

谢安少时天资过人，很有才学，却对做官很不在意。成年之后，其他士族大家之人都入朝为官，谢安却隐居于会稽的东山，与王羲之、孙绰等人游山玩水、写诗作文。

当时，谢安的弟弟谢万身为西中郎将，深受朝廷重用。谢安的妻子曾劝说谢安像他弟弟一样，步入仕途，为谢氏争光。但谢安对此无动于衷，依然寄情于山水之间。

不久，谢万因罪被贬，这使得谢氏在朝中的地位受到很大影响。为了家族的存亡，四十多岁的谢安告别隐居生活，步入了官场之中。

让人意想不到的是，谢安的仕途竟出乎意料地顺利，他先是在大将军桓温帐下任司马，而后又入朝辅佐年幼的孝武帝，更是在淝水之战中大破前秦军队，对东晋政权的稳定作出了重要贡献。

成语有意思

近义成语

重整旗鼓：比喻失败后，重新整顿再起。

卷土重来：比喻失败之后重新集结力量反扑过来，或重新恢复势力。

反义成语

一去不返：一去就不再回来了。比喻事情已成为过去，再不能重现。

冰消瓦解：比喻事物完全消失或彻底崩溃。

成语造句

　　明德是一个不甘沉沦的人，自上次创业失败以来，他就一直等待时机，以求东山再起。

成语延伸

入幕之宾

释义：意思是关系亲近的人或参与机密研商的人。

讲解：郗超藏在帐后被谢安察觉，谢安笑道："郗生可谓入幕之宾。"

出处：谢安与王坦之尝诣温论事，温令超帐中卧听之。风动帐开，安笑曰："郗生可谓入幕之宾矣。"——唐·房玄龄等《晋书·郗超传》

成语快问快答

 孔老师，东山再起与卷土重来表达的是同样的意思吗？

这两个成语都有失败后再次出来活动的意思，但在适用范围上有所不同。

 哦？有什么不同呢？

东山再起多用来指人，而且主要指原本有势力、有地位的人；卷土重来不只适用于指人，也可以指代其他事物，比如自然灾害等。

🎤 ＋ [　　　　　　　　　　　　　　　　　　] 发送

以人为镜

我们要像谢安一样热爱自己的国家，勇于保卫自己的国家。谢安才华横溢且淡泊名利，但在晋朝生死存亡之际，他却能站出来运筹帷幄，以少胜多，实在是令人钦佩。我们生长在红旗下，是社会主义的接班人，我们一定要坚定信念，爱国爱党，为中华崛起而读书。

以史为镜

东晋时期，士族门阀势力依然强大，早期朝政完全掌握在王姓士族手中，史称"王与马，共天下"，后来王氏士族衰落，谢姓士族又成为士族门阀首领，王谢代表的士族势力掌握着东晋政治、经济和文化各个领域，因此后人才有"旧时王谢堂前燕"的诗句。

草木皆兵
cǎo mù jiē bīng

成语释义：把草丛和树木都误当作敌方的伏兵。形容内心极度恐惧，疑神疑鬼。

来，跟我学这个成语。

坚与苻融登城而望王师，见部阵齐整，将士精锐；又北望八公山上草木，皆类人形，顾谓融曰："此亦劲敌也，何谓少乎？"怃然有惧色。

——出自《晋书·苻坚载记》

①符坚，字永固，氐（dī）族人，五胡十六国时期前秦政权的统治者，是前秦的第三位君王。

②符坚率数十万之师攻打仅八万兵的东晋，但刘牢之接连斩杀数名前秦大将，让局势转变。

③东晋大捷后向寿阳行进。符坚观察敌军动向，将山上的草木都看成了正在操练的士兵。

④此时的符坚失去必胜的信念，前秦士气大降。东晋以少胜多，取得了淝水之战的胜利。

苻坚战败草木皆兵
晋军奋勇以弱胜强

东晋统治时期，北方的大部分土地都被氐族政权前秦所占据，但前秦君主苻坚对此仍不满意，他的目标是统一天下。为此，在公元383年，他亲率大军，大举南下，希望攻灭东晋，统一天下。

北府精兵，百战百胜。

刘牢之

（？—公元402年）东晋时期名将，为人足智多谋，在东晋北伐期间立下汗马功劳。

面对苻坚的进攻，东晋朝堂乱作一团，唯有谢安镇定自若。面对数倍于自身的前秦军队，谢安并不打算缴械投降，他任用谢玄、谢石、谢琰、刘牢之等人，组建北府军，打算以精兵强将对抗苻坚数十万之师。

战争之初，秦晋两军进行了数次交战，前秦军队占据着战场上的主动权，这使得苻坚认为此战可以速胜。但东晋将领刘牢之率军在洛涧大破前秦军队，斩杀前秦数名大将后，苻坚的内心便发生了变化。

在取得洛涧大捷后，东晋军队开始向寿阳集结。苻坚亲自登上寿阳城头，观看淝水对岸晋军的动向。当时正是冬天，天气也雾蒙蒙的，在苻坚眼中，晋军的战船在河面排开，对岸的山坡上，还隐藏着数不清的士兵在操练备战。

其实，苻坚眼中在山坡上操练的士兵，都是山上的草木，只不过因为当天有风，加上天气阴沉，风吹草动，才会被误认为是士兵。将草木误当成士兵的苻坚，已经没有了必胜的信念，甚至开始担忧起来。

战争打响后，前秦士兵也与苻坚一样，失去了必胜的信念，加之晋军用计扰乱了前秦军队的部署，致使数倍于晋军的前秦军队伤亡惨重。这场淝水之战也成为我国历史上为数不多的以少胜多、以弱胜强的战例之一。

成语有意思

近义成语

风兵草甲：连风吹草动都以为是敌人，形容人惊慌时疑神疑鬼。

杯弓蛇影：将映在酒杯里的弓影误认为蛇。比喻疑神疑鬼，自相惊扰；也比喻虚幻的实际、不存在的东西。

反义成语

若无其事：好像没有那回事，形容遇事沉着镇定或不把事放在心上。

措置裕如：措置，安排、处理；裕如，从容、不费力气的样子。形容处理事情从容不费力气，完成得很好。

成语造句

面对我军势如破竹的攻势，敌人四散逃窜，风声鹤唳、草木皆兵，已经被吓得魂不附体了。

成语延伸

风声鹤唳

释义：听到风声和鹤叫声疑心是追兵，形容惊慌恐惧、自相惊扰。

讲解：在奔逃的路上，前秦士兵风声鹤唳，有点风吹草动就吓得拼命逃窜。

出处：余众弃甲宵遁，闻风声鹤唳，皆以为王师已至。——唐·房玄龄等《晋书·谢玄传》

孔老师，草木皆兵和杯弓蛇影表达的是同样的意思吗？

这两个成语都有把虚幻当作真实、疑神疑鬼的意思，但在具体表意上有所不同。

 哦？不同之处在哪里呢？

草木皆兵偏重于内心恐惧，常用于形容战败者或畏敌者的怀疑、恐惧心理；杯弓蛇影则偏重于妄自惊扰，常用来表示不必要的疑虑与惊慌。

🎤 ＋ [　　　　　　　　　　　　　] 发送

以人为镜

　　我们要避免像苻坚一样大意轻敌、畏首畏尾，这是战场上的大忌。在日常生活中，我们要不畏困难和挑战，只有这样才能不断攻坚克难，不断获得胜利。在考试时，我们不要因为题目简单就掉以轻心，一定要足够认真仔细，才能取得一个好成绩。

以史为镜

　　东晋中前期，北方少数民族政权在进行了几次更迭之后，由建立了前秦的氐族势力统一了黄河流域，尤其是前秦统治者苻坚，汉文化修养很高，任用汉人王猛为丞相，励精图治，锐意改革，境内胡汉之间的矛盾有所缓和。而强大的国力，也让苻坚有了统一中国的想法，南北方战争形势越发严峻。

发生年代：约公元402年

历史事件：桓玄之乱

相关人物：司马元显、桓玄

东晋

dé lóng wàng zhòng
德隆望重

成语释义：品德高尚，声望很高。

来，跟我学这个成语。

元显因讽礼官下议，称己德隆望重，既录百揆（kuí），内外群僚皆应尽敬。

——出自《晋书·司马元显传》

①司马元显，字郎君，自幼聪明好学，少有锐气。

②司马元显从父亲手中夺取军政大权、平定乱局后很快就在权力中迷失了自我。

③太皇太后李氏突然驾崩，司马元显乘坐肩舆入宫朝拜，他自视甚高，要朝臣向自己表示敬意。

④司马元显失去人心，无人为他讨伐桓玄，最终死于桓玄刀下，东晋政权落入桓玄手中。

元显乱朝政失人心
桓玄掌东晋得大权

淝水之战后，谢玄等人乘胜北伐，收复了大片领土。眼看着收复失地的战争即将胜利，谢玄却遭到以司马道子、司马元显为首的皇族势力阻挠，最终只得班师回朝，北伐之事也功败垂成。

司马道子

（公元364年—公元403年）司马元显的父亲，东晋宗室、权臣，三十九岁时被御史杜竹林用毒酒毒杀。

司马元显在平定乱局的同时，还将军政大权从父亲司马道子手中夺了过来。少年得志的司马元显很快在一片恭维声中迷失了自我。不过，孙恩与桓玄的叛乱给他浇了盆冷水，也用事实告诉他手握重权并不是件轻松的事。

为此，司马元显只得一边调兵遣将镇压叛乱，一边提防着父亲重新出山抢走自己手中的权力。在太皇太后李氏驾崩时，司马道子奉诏乘肩舆入殿，司马元显认为自己的声望并不比父亲差，所以也乘坐肩舆入殿，并要公卿大臣们对自己表示敬意。

事实上，这种做法不仅没让司马元显获得朝臣们的尊重，反而让他更失人心，以至于在讨伐权臣桓玄的战争中，无人愿意真正为他出力。最终，司马元显一家皆死于桓玄之手，东晋的朝政大权也尽归桓玄掌握。从此开启了权臣掌握东晋朝政的局面，直到东晋最终被权臣刘裕建立的宋取代。

成语有意思

近义成语

众望所归：形容某人威望很高，受到大家敬仰和信赖。

反义成语

声名狼藉：形容声望和名誉败坏到极点。
臭名远扬：坏名声传得很远。

成语造句

在我们学院，谭教授德隆望重，受到师生的尊重和敬爱。

成语延伸

芝兰玉树

释义：比喻有出息的优秀子弟。

讲解：谢玄将人才比作芝兰玉树，想让它们生长在自家的庭院中。

出处：譬如芝兰玉树，欲使其生于庭阶耳。——唐·房玄龄等《晋书·谢安传》

成语快问快答

 孔老师，德隆望重和德高望重表达的是同样的意思吗？

是的，这两个成语都用来形容人道德好、声望高。

 那德隆望尊呢？也和这两个成语意思一样吗？

没错，德隆望尊也常用来形容老年人为人好、有名望。

以人为镜

　　我们不能像司马元显一样认不清自己。司马元显原本是个很聪明而且敢作敢为的人，可是他后来却在众人的追捧中迷失了自己，一步一步地走向失败。我们一定要对自己有一个清醒的认知，不能骄傲自大，也不能自卑消极，只有正确认识自己，才能更好地学习和生活。

以史为镜

　　东晋虽然成功抵御了来自北方的军事威胁，但在末年，政权逐渐被宗室和武将把持，加上原有的士族门阀势力，东晋王朝很快陷入混乱当中。三股势力不断地争斗，削弱了东晋王朝的统治基础，最终在经历了桓玄之乱后，东晋王朝已经名存实亡了。

一世之雄
yī shì zhī xióng

成语释义：一个时代的英雄人物。

来，跟我学这个成语。

刘讳足为一世之雄，刘毅家无担石之储，摴（chū）蒲一掷百万；何无忌，刘牢之甥，酷似其舅。共举大事，何谓无成。

——出自《宋书·武帝纪》

①刘裕，字德舆，自幼家贫，后投身北府军为将，屡立军功。

②东晋末年，桓玄建立桓楚政权，刘裕假意依附，为其卖命，屡立战功。

③刘裕虽表面依附，背地里却打算建立自己的政权。

④虽在兵力上不占优势，但刘裕仍然打败了桓玄，建立起了刘宋政权。

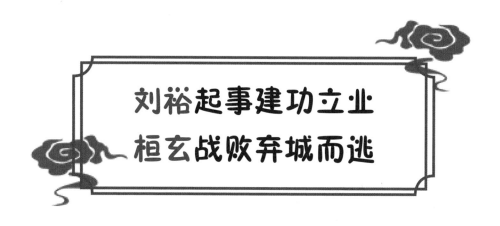

刘裕起事建功立业
桓玄战败弃城而逃

刘裕本是汉室后裔，但因世代更迭，到了东晋时已经沦落为寒门。虽然家境贫寒，但刘裕胸有大志，在投身北府军后，他不断锻炼自己的能力，先后跟随孙无终、刘牢之等人镇压各处叛乱。

刘裕这小子不是一般人！

桓　玄

（公元369年—公元404年）东晋权臣，大司马桓温之子，桓楚开国皇帝，形貌瑰奇，博综艺术。

东晋末年，桓玄举兵反叛，在成功除掉司马道子父子后，把持东晋朝政大权，并于公元403年，逼晋安帝禅位，建立桓楚政权。刘裕见桓玄势大，便表面恭顺，背地里团结北府军，谋划举事。

桓玄在见到刘裕后，便知此人日后必会成就一番事业，但因为刘裕屡立战功，在北府军中声望颇高，且还愿为自己效力，所以便未对刘裕起杀心。但刘裕自然不会一直屈居人下，在准备充分后，他便与刘毅、何无忌等人起兵举事，竖起了讨伐桓玄的大旗。

得知刘裕等人反叛，桓玄十分忧虑，在他看来，刘裕是一个时代的英雄人物，与他一起举事的也都有大将之才，这些人联合在一起，是必然会取得成功的。其实从兵力上来看，刘裕等人并不占据任何优势，但从对抗的结果来看，在刘裕的进攻下，桓玄手下的精兵强将纷纷败下阵来，就连桓玄自己也只能弃城而逃。

在攻灭桓玄后，刘裕又消灭西蜀及卢循、刘毅、司马休之等割据、反抗势力，消灭南燕、后秦等国，光复洛阳、长安两都。在巨大的军功加持下，刘裕总揽了东晋军政大权，东晋被他所取代已经只是时间问题了。

成语有意思

近义成语

英雄本色： 指杰出人物超越一般人的行为。

侠肝义胆： 指讲义气、有勇气、肯舍己助人的气概和行为。

反义成语

无名小卒： 没有名气，不受重视的人。

乱臣贼子： 造反作乱，破坏统治秩序的人。

成语造句

他为人睿智英勇，而且十分擅长指挥作战，他在战场身先士卒，与将士们一同杀敌，可谓是一世之雄。

成语延伸

虎步龙行

释义： 形容人的行为举止威仪庄重，如同龙虎下凡一般。原形容帝王的仪态不同一般，后也形容将军的英武姿态。

讲解： 刘裕行走的姿态像龙那样威武，像老虎那样矫健。

出处： 刘裕龙行虎步，视瞻不凡，恐不为人下，宜早为其所。——南朝·沈约《宋书·武帝纪》

成语快问快答

孔老师，曹操可以算是一世之雄吗？

当然可以，曹操也可以算是一代枭雄。

枭雄和英雄有什么不同吗？

枭雄多指强横有野心的人，而英雄多指勇武过人、具有英勇品质的人。

🎤 ＋ 　　　　　　　　　　　　　　　　　　　　发送

以人为镜

　　我们要像刘裕一样修身养性，由内而外地改变自己，让自己变成一个内外兼修的人。一个人拥有足够强大的实力，就可以让他人发自内心地产生敬畏之意。在日常生活中，我们要时刻注意提升自己的学问和修养，这样才能获得他人的称赞和认可。

以史为镜

　　刘裕是在讨伐桓玄之乱中崛起的新生势力，不同于之前武将需要依靠士族门阀的经济或政治支持的状况，刘裕完全是依靠下层寒族和普通士兵的拥戴而获取的势力，因此刘裕的崛起在某种程度上体现了寒族和底层人民对士族门阀的反抗。

腹背受敌

fù bèi shòu dí

成语释义：受敌人前后夹击。

来，跟我学这个成语。

裕西入函谷，则进退路穷，腹背受敌；北上岸则姚军必不出关助我。

——出自《魏书·崔浩传》

①崔浩，字伯渊，南北朝北魏时期杰出的政治家和军事谋略家，深受太武帝的信任。

②刘裕为了攻打后秦，向北魏明元帝提出借道请求，大多数臣子认为这会令北魏陷入夹击境地。

③崔浩冷静分析局势后，认为刘裕进攻后秦合情合理，如果北魏拒绝势必会被刘裕攻击。

④事实证明崔浩的分析是正确的。但明元帝并未借道给刘裕。最终刘裕起兵打败了北魏。

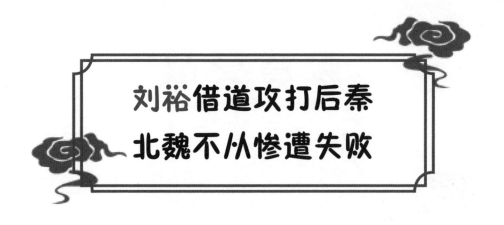

刘裕借道攻打后秦
北魏不从惨遭失败

北魏是由鲜卑族拓跋珪建立的政权，也是北朝第一个王朝。在立朝之初，道武帝拓跋珪成功地在匈奴故地恢复了鲜卑拓跋氏的领导地位，而后开始向南北发展。在征服后燕后，北魏顺利进入中原地区，但依然面临着北部的柔然、关中的后秦，以及南方晋朝的威胁。

> 想当年，金戈铁马，气吞万里如虎。

拓跋珪

（公元 371 年—公元 409 年）北魏开国皇帝，对内励精图治，对外四处征伐，后期沉湎于酒色，荒废朝政。

公元 409 年，拓跋珪被杀，其子拓跋嗣继位，史称明元帝。公元 417 年，晋将刘裕想要借道北魏讨伐后秦，拓跋嗣赶忙召集群臣商议对策，崔浩也受命一同商议。

北魏的大臣们都认为，从刘裕的行军路线来看，借道北魏会让刘裕自己陷入后秦和北魏的夹击之中，所以他并不是想借道攻击后秦，而是想对北魏下手。因此，大臣们都认为不可答应刘裕的借道请求。

崔浩并不同意这些大臣的观点，在他看来，后秦皇帝刚死，刘裕乘机讨伐后秦是合情合理的，如果北魏不肯借道，那刘裕很可能将矛头对准北魏。现在的北魏既要面临北方柔然的进攻，又要提防东方后燕的侵扰，若再与南方的晋朝开战，必然多面受敌。因此，此时借道给刘裕，让秦晋两军大打出手后，再坐收渔翁之利，才是上策。

事实证明，崔浩的分析是完全正确的。但明元帝选择了听从其他大臣的意见，派兵阻截刘裕。结果，刘裕以自创的"劫月阵"大败北魏军队。面对如此惨败的结局，明元帝拓跋嗣非常后悔没有听从崔浩的建议。

成语有意思

近义成语

四面楚歌：比喻四面受敌，处于孤立无援的境地。

山穷水尽：山和水都到尽头，比喻已无路可走，陷入绝境。

反义成语

左右逢源：比喻事情无论怎么做都很顺利，也比喻人办事圆滑。

各个击破：利用优势兵力将被分割的敌军逐个消灭。比喻将问题逐个解决。

成语造句

两个方向的敌人同时对我军发起了攻击，我军腹背受敌，陷入了险境，只能依靠战士们的意志力苦苦支撑，以等待援军的到来。

成语延伸

胸有甲兵

释义：比喻胸中有韬略计谋，善于用兵。

讲解：崔浩虽然是个文人，但很有韬略，善于谋划全局，可惜明元帝没有听从他的建议，最终让北魏惨遭失败。

出处：世祖指浩示之曰：汝曹视此人尪纤懦弱，手不能弯弓持矛，其胸中所怀乃逾于甲兵。——《魏书·崔浩传》

孔老师，腹背受敌跟四面楚歌有什么区别吗？

 腹背受敌指前方后方都有敌人，四面楚歌指孤立无援。

 也就是说，腹背受敌还有反击的希望。

 是的，它只是形容情势危急，但并非绝境。

发送

以人为镜

我们不能像明元帝那样没有判断力，当崔浩头头是道地分析出形势后，他却选择在对敌人的实力并不清楚的情况下贸然开战，实在是非常草率。俗话说"知己知彼，百战不殆"，参加比赛时，我们要尊敬自己的对手，了解自己的对手，这样才有可能战胜他们。

以史为镜

在南方东晋走向衰亡的过程中，中国北方正在经历十六国的兼并，这十六个政权大多由五个少数民族匈奴、鲜卑、羯、氐、羌建立，史称"五胡十六国"。刘裕在掌握东晋实权后，曾向北出兵讨伐北魏，意图恢复对黄河流域的统治，但最终失败。此后刘裕取代了东晋王朝，自立为帝，改国号为宋，史称"南朝宋"。

自毁长城
zì huǐ cháng chéng

成语释义：比喻自己削弱自己的力量或毁坏自己的事业。

来，跟我学这个成语。

　　道济见收，愤怒气盛，目光如炬，俄尔间引饮一斛（hú）。乃脱帻（zé）投地，曰："乃坏汝万里长城。"

——出自《南史·檀道济传》

①檀（tán）道济，东晋末年的名将，刘宋的开国将领，善谋略，屡立战功。

②宋武帝刘裕去世后，北魏趁机入侵。檀道济仅带领少数精兵，便粉碎了北魏南侵的图谋。

③檀道济率军北伐，接连收复失地，因赫赫战功获封司空，威名极高。

④宋文帝临终前因忌惮檀道济威名，便以"图谋造反"的罪名将其逮捕斩杀。

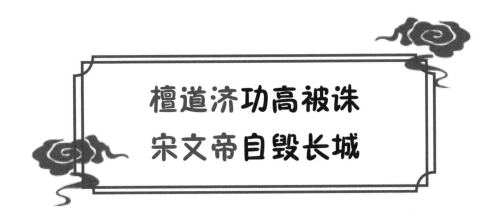

檀道济功高被诛
宋文帝自毁长城

在刘裕建立刘宋政权过程中，涌现出了许多能臣强将，檀道济就是其中的佼佼者。在刘裕死后，檀道济被任命为顾命大臣，扶持宋文帝刘义隆登上帝位，并率军抗击北魏。

刘义隆

（公元 407 年—公元 453 年）南朝宋第三位皇帝，宋武帝刘裕第三子，身材魁梧，博览群书，擅写隶书。

一代枭雄刘裕死后，北魏趁机大举南侵，掠夺了许多刘宋土地。檀道济只带少数精兵，便成功阻止了北魏军队南进的势头。在解除了北魏威胁后，檀道济奉宋文帝之命，领兵北伐，收复了洛阳、虎牢等地。此后檀道济亲率大军，乘胜追击，与北魏军队连战数十次，取得多场大胜。

公元 432 年，因屡立战功，檀道济被封为司空，威名极高。他的左右部将都英勇善战，几个儿子也都是当世豪杰，在他的带领下，假以时日刘宋必能在与北魏的对抗中取得胜利。但作为臣子，战功过多，威名过盛，也并不一定是好事。

公元 436 年，宋文帝病重，檀道济被召回朝中，随即便以"图谋造反"的罪名逮捕入狱。檀道济被逮捕时，愤怒的目光如火炬一样亮，他将头巾扔在地上，大声吼道："你这是毁坏自己的万里长城！"

最终，檀道济和他的儿子及部将全部被杀，宋文帝亲手瓦解了刘宋王朝抵御他国入侵的屏障。檀道济被杀数年后，宋文帝曾再次北伐，终因缺少良将精兵而未能成功。相信在那时，宋文帝应该会想起檀道济，这个被他亲自拆除的"刘宋长城"。

成语有意思

近义成语

自坏长城：比喻自己削弱自己的力量或自己破坏自己的事业。
祸起萧墙：指祸乱就发生在内部。

反义成语

马到成功：形容事情或工作顺利，很快就成功了。
白手起家：比喻在一无所有或条件很差的情况下，靠自己的双手艰苦
创业。

成语造句

　　身体是人的本钱，你这么拼命地工作，又不按时吃饭，铁人也会变成泥人，你这是在自毁长城。

成语延伸

目光如炬
释义：原形容怒目而视的样子。后用来形容看事明白透彻，眼光远大。
讲解：檀道济被逮捕时，愤怒的目光就像火炬一样亮。
出处：道济见收，愤怒气盛，目光如炬，俄尔间引饮一斛。——南
朝·沈约《南史·檀道济传》

成语快问快答

孔老师，自毁长城和自坏长城表达的是同样的意思吗？

是的，这两个成语都是形容自己削弱自己的力量或破坏自己的事业。

那这两个成语可以通用吗？

可以的，这两个成语其实都出自同一个典故，"毁"与"坏"表达的意思也是相同的。

🎤 ＋ [　　　　　　　　　　　　　] 发送

以人为镜

　　有时候,锋芒毕露并不是一件好事。我们不能像檀道济那样锋芒毕露，他在战场上大杀四方的同时，没有考虑到朝堂之争，也没有为保全自己做打算。正所谓"满招损，谦受益"，做一个谦虚低调的人，能让我们收获好人缘，也不让我们不至于成为众矢之的。

以史为镜

　　公元 439 年，由鲜卑族拓跋氏建立的北魏统一了北方，中国历史正式进入南北朝时期。当时，南朝宋的国力比北魏强，因此几次意图北伐，收复中原，但都没有达到目的。此后，北魏王朝经历了孝文帝改革，汉化程度和国力与日俱增，南北朝呈现势均力敌，谁也无力改变对峙局面。

发生年代：公元444年——
　　　　　公元497年

历史事件：张融独创书法

相关人物：张融、萧道成

jì rén lí xià
寄人篱下

成语释义：寄居在人家的篱笆下生活。后比喻依靠别人过日子。

来，跟我学这个成语。

丈夫当删诗书，制礼乐，何至因循寄人篱下？

——出自《南史·张融传》

①张融，南齐时期文学家、书法家，出身于士族大家，曾在南宋、南齐两个朝代为官。

②南齐君主萧道成对张融很是欣赏，一日二人聊天，得知张融和家人竟然住在一艘破船上。

③又一次聊天，萧道成认为张融的书法缺少名家法度，张融却反驳是名家缺少他的法度。

④张融并不是自大，只是觉得写文章要形成自己的风格，不要像鸟雀那样寄居在篱笆下。

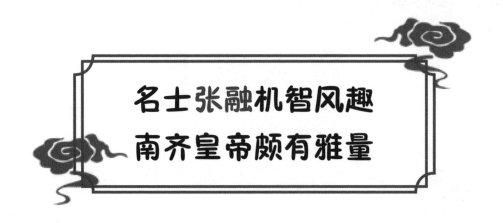

名士张融机智风趣
南齐皇帝颇有雅量

南齐是继刘宋之后，南朝的第二个朝代，由萧道成所建立，虽只存在了二十多年，历史上没什么存在感，但涌现出了许多有才华之人。文学家、思想家张融便是一个才华横溢、机智有趣的人。

前事不忘，后事之师。

萧道成

（公元427年—482年）南朝齐开国皇帝，博学而有文采，勤奋而又节俭。

张融这个人不仅长得其貌不扬，行为举止也十分奇特，走路时喜欢昂首挺胸，回答问题时则机智有趣。萧道成在还没做皇帝时，就很欣赏张融的才学。一次，萧道成询问张融家住何处，张融想都没想便说道："我住在陆地上，但不住在房屋里；住在小船上，但不住在水上。"

萧道成完全不知道张融在说什么，于是便向旁人询问。原来，张融并没有固定的住处，他和家人就住在一艘停在陆地的小船上。听了旁人的解释，萧道成不禁哈哈大笑起来。

又一次，萧道成与张融探讨书法艺术，他对张融说："你的书法颇有骨力，但缺少'二王'的法度。"张融听了萧道成的话，回答道："您不该说我的书法缺少'二王'的法度，而应该说'二王'缺少我的法度。"

其实，张融这么说并不是觉得自己可以比肩书法大家王羲之、王献之，而是觉得在写文章时，要有自己的独特风格，要像孔子删编《诗》《书》、制定《礼》《乐》那样发挥创造性，而不是一味模仿别人。

成语有意思

近义成语

傍人门户：比喻依赖别人，不能自主或自立。
仰人鼻息：比喻依赖别人或看别人的脸色行事。

反义成语

自食其力：指依靠自己的能力而生活。

成语造句

　　小杰长期过着寄人篱下的生活，导致后来他的性格内向孤僻。

成语延伸

量体裁衣
释义：比喻办事从实际情况出发。
讲解：张融深受齐太祖萧道成的器重。一次，萧道成派人给他送来一
　　　　件旧衣服，说是自己以前穿的，叫裁缝根据张融的身材改好
　　　　了，一定会合身的。
出处：见卿衣服粗故，诚乃素怀有本；交尔蓝缕，亦亏朝望。今送一
　　　　通故衣，意谓虽故乃胜新也，是吾所著，已令裁减称卿之
　　　　体。——《南史·张融传》

孔老师，寄人篱下是用来形容诗文创作抄袭他人风格而无独创的成语吗？

没错，这正是这个成语原有的意思，但现在更多使用它的引申意思。

 那它的引申意思是什么呢？

现在寄人篱下多用来指依附别人而生活，不能自立，与"傍人门户"意思相近。

🎤 ＋ [   ] 发送

以人为镜

张融虽然其貌不扬，但是十分有个性，而且他既有才华，为人又风趣幽默，是一位很受欢迎的人。在日常生活中，我们要学习张融那种自信豁达的态度，不要只在乎自己的外表，应注意提升我们的内在，这样才能获得他人的尊重。

以史为镜

在南方，南朝的统治基础始终不稳定，皇族宗室、镇守地方的贵族和将领都有很大的势力，因此政权更迭频繁，相继出现了宋、齐、梁、陈四个王朝，这些王朝都定都在建康，因此历史上统称为"南朝"。南朝时宋朝的国力最为强盛，梁朝时经历了侯景之乱，南方在与北方的实力对比中开始落于下风。

bèi xìn qì yì
背信弃义

成语释义：不守信用，不讲道义。

来，跟我学这个成语。

伪主高纬，放命燕齐，怠慢典刑，俶（chù）扰天纪，加以背惠怒邻，弃信忘义。朕应天从物，伐罪吊民，一鼓而荡平阳，再举而摧勍（qíng）敌。

——出自《北史·周纪下·高祖武帝》

①北周武帝宇文邕，北周政权的第三位皇帝，有智谋，有远见，知百姓贫苦，懂治国之道。

②宇文邕决定出兵伐齐，出兵前还特意发布伐齐诏令，痛陈高纬罪行，鼓舞士气。

③北齐在位的皇帝正是昏庸至极的高纬，反观宇文邕凭一己之力夺取政权，还励精图治。

④宇文邕首次伐齐时突发疾病被迫收兵。二次伐齐时，北周攻破邺城，北齐至此灭亡。

高纬无道北齐灭亡
北周强大统一北方

北周的建立与北齐有异曲同工之处，当高欢（北齐奠基人）掌控东魏大权时，宇文泰（北周奠基人）则掌控着西魏政权。两位权臣虽未建立新的政权，却都为子孙后代铺平了道路。公元556年，宇文泰去世，其子宇文觉建立北周。此后数年，宇文泰的侄子宇文护先后杀掉孝闵帝宇文觉、明帝宇文毓，立宇文泰第四子宇文邕为帝，独揽北周大权。

顺我者昌，逆我者亡。

宇文护

（公元513年—公元572年）北周初期权臣，早年跟随宇文泰与东魏多次交战，屡建战功。

公元572年，宇文护被周武帝宇文邕设计诛杀，北周大权又落到了宇文邕手中。经过几年时间的休整，宇文邕决定趁北齐朝政混乱之时，出兵伐齐。在出兵之前，宇文邕特意发布伐齐诏令，痛斥北齐后主高纬违背承诺，不讲道义。做好充分准备后，北周开始发兵攻齐。

北齐在孝昭帝高演统治时期，国力相对强盛，但到了武成帝高湛统治时，国力便出现衰退。后主高纬更是少见的昏君，不仅荒淫无道，而且还滥杀忠臣。即便如此，北齐的军事实力依然不容小觑。

在第一次伐齐时，宇文邕亲自率兵攻打金墉城，却久攻不下，因突发疾病，只得鸣金收兵。在第二次伐齐时，北周军队虽先行攻下平阳城，却被北齐军队包围在城中，陷入绝境。但在北齐后主高纬的昏庸指挥下，北齐军队错失攻城时机，等到北周主力赶到后，北齐军便彻底失去了优势。

最终在晋阳一战中，北齐主力大败。北周军又在此后攻破邺城，攻灭北齐。至此，北周完成了统一北方的大业，为隋朝统一天下奠定了坚实基础。

成语有意思

近义成语

言而无信：说话不算数，没有信用。

食言而肥：说话不算数，只图私利。

反义成语

一言为定：一句话说定了，不再更改。比喻说话算数，绝不反悔。

信誓旦旦：誓言恳切诚挚。

成语造句

　　他背信弃义，为了一点蝇头小利就背叛了朋友，最后落得个孤家寡人的下场。

成语延伸

亡命之徒

释义：原来指逃亡以保全性命的人，后来指不顾性命，犯法作恶的坏人。

讲解：北周名将郭彦，在他统治的地区引导人民耕种土地，让人民安居乐业，因为局势安定，连那些因为战乱逃亡的人都回家了。有这样的名将在，北周何愁不能强大。

出处：彦劝以耕稼，禁共游猎，民皆务本，家有余粮。亡命之徒，咸从赋役。——《周书·郭彦传》

成语快问快答

孔老师，背信弃义和忘恩负义表达的是同样的意思吗？

这两个成语都有背弃正义、不顾道义的意思，但表意的侧重点有所不同。

哦？不同在哪里呢？

背信弃义更偏重于"背信"这一行为，而忘恩负义则更偏重于"忘恩"这种行为。

🎤 ＋ [   ] 发送

以人为镜

我们要学习北周武帝宇文邕的能谋善战，在面对掌握朝政大权的宇文护时，宇文邕懂得隐忍、善于谋划，最终成功夺回大权；在面对强敌之时，宇文邕不言败、敢作战，取得了最后的胜利。我们也要发挥不怕艰难困苦的精神，克服学习中的挑战，成为一个更加优秀的自己。

以史为镜

在南朝经历王朝更迭时，北朝也在经历动荡与混乱。北魏经历皇室内斗、武将叛乱，大权逐渐被掌控长安的宇文泰和掌控洛阳的高欢掌控，北魏因此分裂为东魏和西魏。此后，宇文氏和高氏又分别取代东魏和西魏，建立了北周和北齐。最终，北周又灭亡北齐，统一了北方。

成语历史
年代线

望梅止渴
约公元197年

三顾茅庐
约公元207年

万事俱备
约公元208年

吴下阿蒙
约公元210年

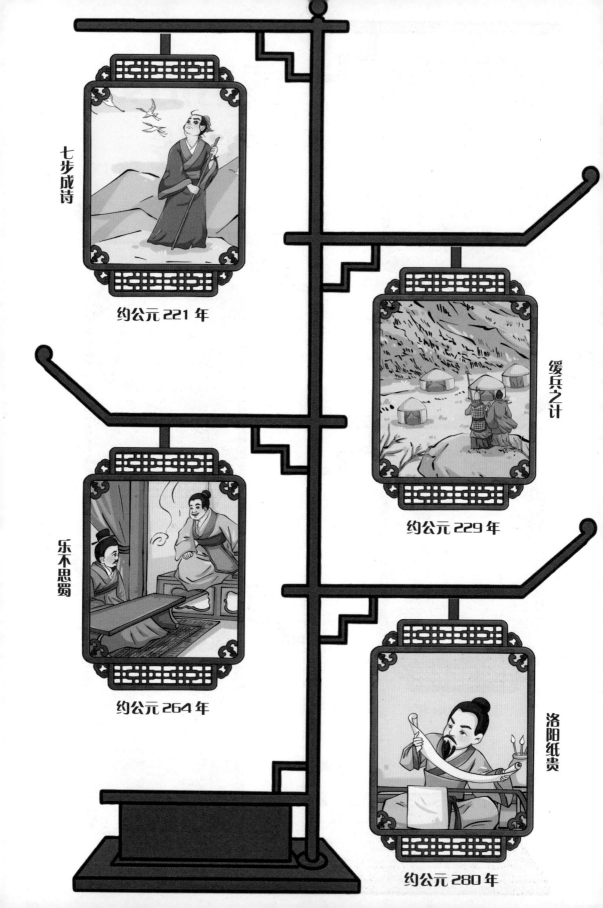

七步成诗
约公元 221 年

缓兵之计
约公元 229 年

乐不思蜀
约公元 264 年

洛阳纸贵
约公元 280 年

势如破竹

约公元 280 年

拨云见日

约公元 303 年

沧海横流

约公元 312 年

闻鸡起舞

公元 289 年—公元 320 年

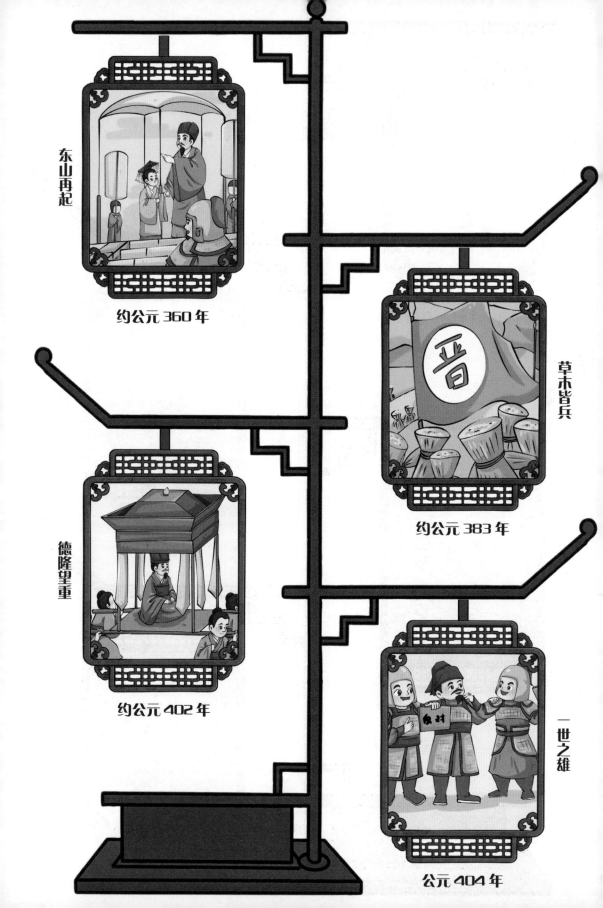

东山再起

约公元 360 年

草木皆兵

约公元 383 年

德隆望重

约公元 402 年

一世之雄

公元 404 年

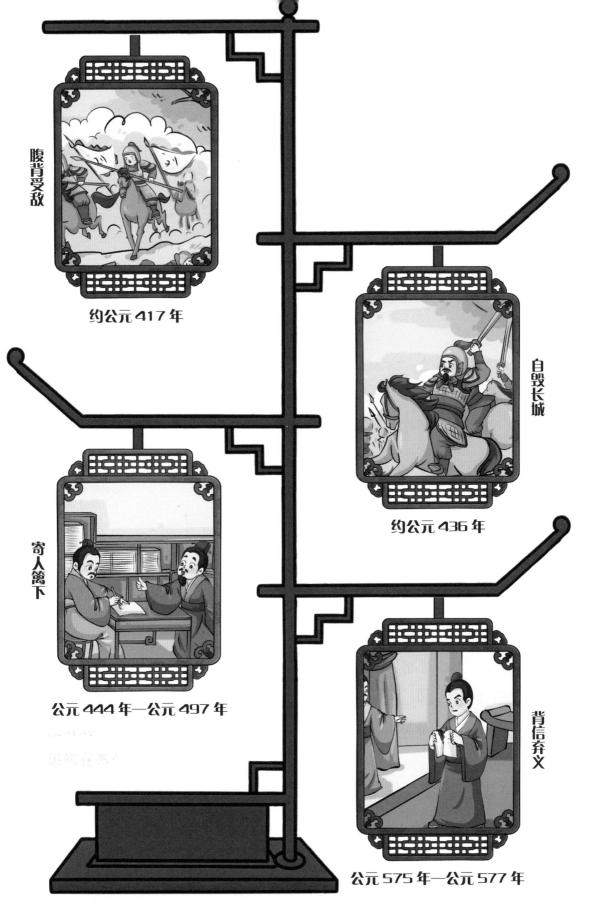

腹背受敌

约公元 417 年

自毁长城

约公元 436 年

寄人篱下

公元 444 年—公元 497 年

背信弃义

公元 575 年—公元 577 年

让成语带孩子疯狂学历史

黄志有◎著　云图小小岛◎绘

（隋唐卷）

北京理工大学出版社

BEIJING INSTITUTE OF TECHNOLOGY PRESS

图书在版编目（CIP）数据

让成语带孩子疯狂学历史.隋唐卷／黄志有著；云
图小小岛绘. -- 北京：北京理工大学出版社，2025.3.
ISBN 978 - 7 - 5763 - 5100 - 2

Ⅰ.K209；H136.31-49

中国国家版本馆CIP数据核字第2025E1C688号

责任编辑：王晓莉　　**文案编辑：**王晓莉
责任校对：刘亚男　　**责任印制：**李志强

出版发行／北京理工大学出版社有限责任公司
社　　址／北京市丰台区四合庄路 6 号
邮　　编／100070
电　　话／（010）68944451（大众售后服务热线）
　　　　　　（010）68912824（大众售后服务热线）
网　　址／http://www.bitpress.com.cn

版 印 次／2025 年 3 月第 1 版第 1 次印刷
印　　刷／天津睿和印艺科技有限公司
开　　本／710 mm × 1000 mm　1/16
印　　张／7
字　　数／76 千字
定　　价／149.00 元（全 6 册）

图书出现印装质量问题，请拨打售后服务热线，负责调换

前言

　　读者朋友们，成语是中国历史文化的瑰宝，它以极其简洁的形式，凝聚了中华民族几千年的历史智慧和生活经验。我们日常接触的很多喜闻乐见的成语，都蕴含着一个或多个历史故事，这些故事为我们讲述了历史变迁、文化传承、政权更迭、英雄事迹、百姓生活等诸多方面。

　　例如，在"退避三舍"这一成语背后，是晋文公的言而有信，是争霸之战的上兵伐谋，更是周王室统治权威的衰落；在"望梅止渴"这一成语背后，是分裂动荡的三国时期，是一代枭雄曹操的治军智慧，也是成王败寇的命运抉择。这些成语已经深深地镶嵌在我们的语言和文化中。由此可见，学习和理解这些成语，就是在学习和理解我们祖国伟大的历史和文化。

　　历史并不是一本尘封的旧书，而是活生生的故事，是一堂堂丰富的人生课程。本套图书将以生动、有趣的方式，通过一个个成语将上下五千年的中华历史串联起来。通过这种方式，我们可以更轻松地接触到历史，感受历史的趣味性和魅力。

本套图书共有6卷，每卷包括20个主线成语，通过阅读这些成语背后的故事，读者朋友将了解特定时期的重要历史。为了让读者朋友更好地了解成语背后的故事，本套图书还针对每一个主线成语绘制了精美的四格漫画，以幽默风趣的语言，对成语故事进行介绍。此外，本套图书还加入了拓展延伸的内容，围绕主线成语拓展了一些其他成语，并以"以史为镜""以人为镜""成语快问快答"等板块，对主线成语进行进一步延伸，最大限度地丰富了图书的内容。

我们希望通过这套图书，让读者朋友在学习成语的同时，也能感受到历史的生动性和趣味性。这样，历史便不再是一堆枯燥无味的事实和日期，而是一个个鲜活的故事、一幅幅生动的画面。

愿每一个读者朋友在阅读这套图书的过程中，都能感受那些智慧的闪光，从而在学习和生活中都能"疯狂"而又充满热情。最后，愿这套图书能帮助孩子们建立对历史的深刻理解和对成语的真挚热爱。

让我们一起，以成语为载体，揭开历史的神秘面纱，开启一场精彩的历史之旅吧！

目 录

唐朝

yī yī dài shuǐ

一 衣 带 水

成语释义：形容两岸虽然为水面所隔，但相距很近，往来方便。

来，跟我学这个成语。

我为百姓父母，岂可限一衣带水不拯之乎？

——出自《南史·陈后主纪》

我要跨过长江，统一天下。

①杨坚代周称帝后，推行强兵政策，希望以武力统一天下。

有长江天险，我什么都不怕。

②陈后主沉迷于享乐，认为有长江阻隔，丝毫不把杨坚放在眼里。

③高颎（jiǒng）建议杨坚寻找机会烧掉陈朝粮仓，削弱他们的国力。

④晋王杨广带兵南下攻入陈朝都城建康，至此隋文帝完成统一大业。

杨坚建隋强国力
建康城破终统一

公元 581 年，北周静帝让位于丞相杨坚，杨坚将国号定为"隋"。隋文帝杨坚立志统一天下，所以在北方进行了以强兵富国为目的的改革。而长江南岸的陈朝君主陈叔宝却荒废朝政，只顾享乐，依仗着长江这条天然的保护屏障，一直没有将隋朝对自己的威胁放在心上。

杨　坚

（公元 541 年—公元 604 年）隋朝开国皇帝，代周称帝后，勤于政事，平定四方，缔造了开皇盛世。

隋文帝有心征伐陈朝，就向身边的仆射高颎询问计策，高颎说："江南的庄稼比我们成熟得早，我们可以在他们收获庄稼的时候，扬言要出兵攻打，他们一定会为了驻兵防守而放弃农事。等他们做好了准备我们就将军队撤回，这样多骗他们几次，他们就不会再相信了。等他们真的不再做准备了，我们就可以发兵打他们一个措手不及。而且，江南的粮食都存放在用茅、竹修建的仓库里，我们如果偷偷烧掉他们的粮食，就可以让他们的国力大减。"

　　隋文帝按照高颎的计策做了多年的准备，终于在公元 588 年开始发兵伐陈。临行前，隋文帝告诉高颎："百姓正过着苦日子，我作为天子，怎么能因为一条窄得像衣服带子一样的长江的阻隔，就不去拯救他们呢！"

　　最终，晋王杨广带领五十万隋军南下，很快就攻下了陈朝的都城建康。随着陈朝的覆灭，华夏结束了自西晋末年以来长达近三百年的分裂局面。统一华夏后，隋文帝继续励精图治，为隋朝开创了"开皇之治"的繁荣盛世。

成语有意思

近义成语

近在咫尺：形容距离非常近。
朝发夕至：早晨出发，晚上到达，形容距离较近，路程不远。

反义成语

天各一方：指各在天底下的一个地方，形容距离非常遥远。
天南海北：形容距离遥远的不同地区，也形容谈话等漫无边际。

成语造句

中日韩三国，一衣带水，地缘相近，文缘相通，是搬不走的近邻。

成语延伸

十羊九牧
释义：意为十头羊要用九个人放牧，比喻官多民少，赋税很重；也比喻使令不一，无所适从。
讲解：隋文帝时期的州郡数目极多，杨尚希告诉他这种官多民少的状况会加重赋税，增加国家负担。
出处：所谓民少官多，十羊九牧。——唐·魏徵《隋书·杨尚希传》

孔老师，一衣带水中的"水"指的是哪一条河？

隋文帝口中所说的"水"指的是长江。

长江不是中国第一大河吗？为什么说它像衣带一样宽呢？

长江再宽，再险，在隋文帝眼中也如小河一般。为了完成统一华夏大业，他会克服所有艰难险阻的。

发送

以人为镜

我们要像隋文帝杨坚一样善于听取他人意见。隋文帝建立隋朝后，没有急着攻打陈朝，而是养精蓄锐，增强国力。在做决策时，他也善于听取身边大臣的意见，不会一意孤行。

以史为镜

北周末年，外戚杨坚掌握大权。公元581年，杨坚建立隋朝，以长安为都城。此时割据南方的是陈朝，陈后主不问政事，沉迷于享乐。公元589年，隋文帝灭陈朝，统一华夏。隋的统一结束了长期分裂的局面，顺应了统一多民族国家的历史发展大趋势。

bīng xiāo wǎ jiě
冰消瓦解

成语释义：像冰一样融化，像瓦片一样粉碎。比喻事物彻底消失或崩溃。

来，跟我学这个成语。

公以深谋，出其不意，雾廓云除，冰消瓦解。

——出自《隋书·杨素传》

背靠大树好乘凉……

①隋文帝晚年时，想要废除太子杨广，但杨素支持太子杨广继承皇位。

②隋文帝突然去世，之后杨广登基，史称隋炀帝。

你敢反叛，我就敢动手！

③汉王杨谅起兵征讨隋炀帝，杨素率兵平叛，最终以巧妙战术取胜。

④平定汉王叛乱后，隋炀帝十分高兴，特封杨素为楚国公。

杨广登基有争议
杨素平叛获进封

公元604年，隋文帝病重卧床，这时，太子杨广便开始给杨素写信，向其询问处理皇帝后事以及登基的相关事宜。杨素与杨广一向交好，便回信与杨广探讨起皇帝的后事来。不料，送信的人不小心将杨素的信送到了隋文帝手中，隋文帝愤怒地拍床大骂，立即命人拟诏要废除杨广的太子之位。

杨 素

（？—公元606年）北周重臣，跟随杨坚建隋灭陈，屡立战功。灭陈后初封越国公。后因平定汉王杨谅叛乱，又被杨广封为楚国公。

得知消息的杨广将拟诏书的大臣关进狱中，并将为隋文帝侍疾的侍从都打发走了。没过多久，隋文帝驾崩，杨广登基为帝，史称隋炀帝。许多宗室大臣认为杨广是利用卑鄙手段获得皇位的，因此纷纷谴责他德不配位，但杨素依然坚定地站在杨广这边。

汉王杨谅得知消息后，在并州起兵征讨杨广，杨广立即派出了杨素与其对抗。杨素出身贵族，文武双全，在建立隋朝时便立下了汗马功劳，被隋文帝封为越国公。此次与汉王对抗，杨素虽然在兵力上不占优势，但他利用各种巧妙的战术与汉王军队周旋，最终以少胜多，打败了汉王。

很快，汉王投降的消息传到了隋炀帝的耳中，他高兴地写下诏书称赞杨素，说他善于谋划，骁勇无畏，所到之处敌人皆被消灭，可谓"雾廓云除，冰消瓦解"。

大胜而归的杨素被隋炀帝晋封为楚国公，他的儿子、侄子也都获得了封赏，这使得本就位高权重的杨素声威更盛。不过，杨素很清楚，臣子的声威过盛并非好事，他与隋炀帝的交情，也随着隋炀帝坐稳皇位而日渐淡薄。

成语有意思

近义成语

土崩瓦解：像土块散开、瓦片破碎一样。形容彻底崩溃，不可收拾。

烟消云散：像烟雾和云气一样消散，比喻消失得无影无踪。

反义成语

固若金汤：坚固得像金属铸成的城墙和防守严密的护城河。形容城防非常严密。

成语造句

　　他们当初是因为误会而绝交的，误会解除，双方的矛盾自然就冰消瓦解了。

成语延伸

逸群绝伦

释义：逸，超过，超出。指远超出世人和同辈。也写作超群绝伦。

讲解：杨素小时候，他的堂叔祖就认为他的才能远超一般人，不是他的同辈可以比得上的。

出处：处道当逸群绝伦，非常之器，非汝曹所逮也。——唐·魏徵《隋书·杨素传》

孔老师，冰消瓦解和涣然冰释是不是都可以用来表示误会解除？

你说得没错，但这两个成语还可以表示一些其他意义。

能表示哪些其他意义呢？

冰消瓦解还可以表示事物的崩溃，而涣然冰释则可以表示疑虑完全消除。

🎤 ＋ [   ] 发送

以人为镜

　　我们不能像隋炀帝杨广那样为达目的不择手段，过于追求权力和享乐。在日常生活中，真正的成功不能建立在牺牲他人或损害公众利益的基础上，而应该靠自身努力脚踏实地去争取。

以史为镜

　　隋文帝励精图治，但他喜欢猜疑，因此在挑选继承人的问题上犯了错误，废掉长子杨勇，将皇位传给次子杨广，从而引发了一番政治风波。更关键的是，继位的杨广为人刚愎自用，又好大喜功、穷奢极欲，正是在他的统治下，强大的隋朝很快就走上了末路。

发生年代：约公元609年
历史事件：隋炀帝考察官员
相关人物：薛道衡、敬肃

隋朝

tiě shí xīn cháng

铁石心肠

成语释义：形容心秉性刚强，不为感情所动。

来，跟我学这个成语。

道衡状称肃曰："心如铁石，老而弥笃。"
——出自《隋书·敬肃传》

做人不能心太软，做官必须讲原则。

①敬肃，为人正直，秉公执法，在隋文帝时期素有盛名。

我给敬肃点赞！

②薛道衡受命考察官员，发现敬肃为人正直，就向隋炀帝称赞敬肃的品性。

③宇文述让敬肃庇护自己的亲人朋友，遭到拒绝，就向隋炀帝说敬肃坏话。

④听信谗言的隋炀帝开始疏远敬肃，转而任用一批奸臣，最终导致朝政荒废。

敬肃刚正受称赞
炀帝昏庸信谗言

隋炀帝坐稳皇帝宝座后，想要对全天下的官员进行考察。因为薛道衡做事认真可靠，所以隋炀帝就将考察的任务交给了他。薛道衡为了不辜负皇帝的信任，公平公正地考察了各地的官员，事后，他将结果如实禀告给了隋炀帝。

真金不怕火炼，好官不怕考验！

敬 肃

（生卒年不详）隋朝大臣，以正直、清廉著称，在隋文帝时期展现出了不俗的治理能力，但在隋炀帝时期因奸人谗言而未受重用。

在颍川，有一个叫敬肃的郡宰，为人非常正直，从来不接受任何人的笼络。所以，薛道衡称赞他"心如铁石，老而弥笃"，对皇帝非常忠心。

当时，朝中宠臣宇文述的老家也在颍川，于是他多次写信给敬肃，希望他能帮忙照顾自己家乡的亲朋好友。

　　敬肃每次收到信后都不拆开就将信原封不动地交给送信人，让他退回去。但送信人害怕宇文述怪他办事不力，所以一直没有把这件事进行回禀。不知情的宇文述亲友以为自己有了当地的官员保护，就开始在颍川地区胡作非为，丝毫不把官府放在眼里。

　　结果，这些犯下罪行的人都被敬肃抓起来关进牢房。敬肃全然不顾宇文述面子的行为让宇文述非常恼火，他因此记恨上了敬肃，于是常常在隋文帝面前诋毁敬肃不是好官。

　　其实，隋炀帝在听过薛道衡对敬肃的评价后，对敬肃非常敬佩，也想要重用他。可是隋炀帝每次想要给敬肃提升官职，宇文述都会站出来强烈反对，时间一长，隋炀帝的内心也开始动摇。最终，他放弃了提拔敬肃，转而任用起一众奸臣。满朝奸臣，加上隋炀帝自身的刚愎自用，让隋朝政局江河日下，最终走上了灭亡的道路。

成语有意思

近义成语

心如铁石：心像铁石一样坚硬，比喻人意志坚定或坚守贞操，不易改动。

木人石心：比喻人不受诱惑，不动心。也比喻人不动感情。

反义成语

菩萨心肠：常用以比喻心地善良的人。

心慈面软：指心地慈善，面貌温和，容易同情或迁就别人。

成语造句

了解了这个顽强与命运抗争之人的故事，即使再铁石心肠的人，也会为之动容。

成语延伸

位极人臣

释义：在君主时期指大臣中地位最高的人。

讲解：宇文述十一岁时，一个看相的人对他说，你以后注定会担任高官。

出处：年十一时，有相者谓述曰："公子善自爱，后当位极人臣。"
——唐·魏徵《隋书·宇文述列传》

成语快问快答 ☆

 孔老师，铁石心肠和心如铁石表达的是不是一种意思？

它们虽有一定的相似性，但在意义和用法上有一些不同。

 有哪些不同呢？

铁石心肠更多是形容心肠很硬，不为感情所影响；而心如铁石则多用来形容意志坚定，不会受他人的话语影响。

🎤 ＋ ［　　　　　　　　　　　　　　　　　　　　　　］ 发送

以人为镜

　　我们要像敬肃一样为人正直，克己奉公，始终坚守道德底线。在日常生活中，我们应该有一颗公正无私的心，对待工作全力以赴，确保把每一件事都做到最好。在与人交往中，我们则应该秉持正直的原则，公平对待每一个人，不偏袒，不徇私。

以史为镜

　　隋朝虽然短暂，在中国历史上的影响却非常深远，其中官吏选拔制度的改变，一直影响了此后的1300多年。隋朝废除了魏晋南北朝时期由士族垄断的官吏选拔制度，改为通过考试选拔人才，隋炀帝更首创了进士科，标志着科举制的正式确立。

qīng zhú nán shū
罄竹难书

成语释义：把竹子都用完了都写不完。形容罪行多，难以尽述。

来，跟我学这个成语。

罄南山之竹，书罪未穷。决东海之波，流恶难尽。

——出自《旧唐书·李密传》

我就是大隋最靓的崽。

①李密出身贵族，文武双全，志向远大，常以救世济民为己任。

②李密年轻的时候就喜欢读书，经常一边骑牛，一边看书。

③隋炀帝残暴无道，天下大乱，李密加入瓦岗军，发布讨伐隋炀帝的檄文。

④隋炀帝死后，李密割据一方，后投降唐朝，结果又因为反叛唐朝而被杀。

李密瓦岗发檄文
天下英雄反炀帝

隋炀帝统治后期残暴昏庸，大将杨玄感因此造反（公元613年），李密也加入了杨玄感的造反军。杨玄感兵败后，李密被隋军拘捕，不过他在押送途中成功逃脱，并于大业十二年（公元616年）加入了瓦岗起义军。

这支军队的首领叫翟让，李密劝说翟让联合其他起义军一起反隋，最终，起义军取得了胜利，李密也因此取得翟让的信任，成为军队的领袖。

翟让这家伙有勇无谋，格局不够大。

李 密

（公元582年—公元619年）隋末唐初割据群雄之一，于瓦岗起兵，败王世充后降唐，后又因叛唐被杀。

见农民起义军迅猛发展，隋炀帝便派表哥李渊率军镇压起义，可是李渊明白，起义军现在早已遍布全国，根本无法镇压，而且隋炀帝昏庸多疑，稍不小心就可能性命不保。想到这里，李渊索性和次子李世民发动兵变进攻隋军。

这个时候，李密的势力开始不断壮大，为了吸引更多的起义军加入他们，李密就在进攻隋都洛阳时发布了一篇声讨隋炀帝的檄文，文中一一列举了隋炀帝的十大残暴罪状，之后更是总结道："把南山所有的竹子制成竹简也写不完杨广的罪过，决出东海所有的水也冲洗不清杨广的恶行！"

檄文一经发出就引起了巨大的轰动，李密的名声也越来越大，瓦岗军的人数也不断增加。公元618年，宇文化及在江都杀死隋炀帝，随后，率十万大军北上洛阳。李密在讨伐宇文化及过程中损兵折将，而后又遭王世充偷袭，只得西逃长安，投奔李渊。

李渊对李密以厚礼相待，李密却不甘居于人下，他私下里四处拉拢旧部，想要东山再起。在一次安抚旧部过程中，李密不顾左武卫将军王伯当劝阻，起兵反唐。不过，此次反叛李密显然准备不足，以至于在行军途中被唐军熊州副将盛彦师设伏擒杀。

李密死后，李渊借其威望招拢瓦岗旧部，并一步步将分裂的江山统一起来，建立了大唐王朝。

成语有意思

近义成语

罪大恶极：罪恶大到了极点。

罪恶如山：犯下的罪像山一样高。形容罪恶极深。

反义成语

丰功伟绩：指对社会做出突出贡献，创造过巨大业绩。

成语造句

一些工厂只顾盈利，肆意破坏生态环境，他们的所作所为真是罄竹难书。

成语延伸

牛角挂书

释义：比喻读书十分勤奋刻苦。

讲解：李密很爱学习，常在牛角上挂着一卷《汉书》，边走边看书。

出处：闻包恺在缑（gōu）山，往从之。以蒲鞯（jiān）乘牛，挂《汉书》一帙（zhì）角上，行且读。——宋·欧阳修《新唐书·李密传》

成语快问快答

孔老师，罄竹难书的罄是什么意思？

罄本来是表示器皿被掏空的意思，用在这个成语里，意思就是砍光、砍尽。

罄竹难书这个成语用的是一种什么修辞呢？

罄竹难书用的是夸张的修辞方法，砍尽南山的竹子，也写不尽隋炀帝的罪恶，人的罪恶怎么可能有那么多呢？所以是夸张。

🎤 ＋ [　　　　　　　　　　　　　　　　] 发送

以人为镜

　　我们不能像李密那样取得一点成绩就骄傲自满、目中无人。真正的成功需要持续的努力和学习，不能因为短暂的成就而忘记初心、放松警惕。我们应该始终保持谦虚的态度，不断提升自我，以确保长久的成功。

以史为镜

　　隋炀帝不恤民力，奢侈无度，在位时期营造了一系列重大工程，屡次发动战争，致使民不聊生，社会矛盾激化，终于爆发了大规模的农民起义。在起义军的打击下，隋朝的统治面临瓦解，公元618年，隋炀帝被叛军杀死，隋朝随之灭亡。

雀屏中选

que píng zhòng xuǎn

成语释义：指被选为女婿。

来，跟我学这个成语。

乃于门屏画二孔雀，诸公子有求婚者，辄与两箭射之，潜约中目者许之。前后数十辈莫能中。高祖（李渊）后至，两发各中一目。毅大悦，遂归于我帝。

——出自《旧唐书·高祖窦皇后传》

先成家，再立业，一切都是最好的安排。

①李渊出身于北周关陇贵族，年少有为，心思颇深，很善于抓住机会。

别来这些虚的，亮出你的真本事来。

②北周神武郡开国公窦毅想为女儿挑选女婿，便以雀屏射箭考验求亲者。

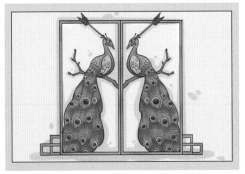

③李渊在众多求亲者中脱颖而出，用箭射中了屏风上两只孔雀的眼睛。

④窦毅认定李渊将来会有前途，于是将女儿嫁给了他。

李渊箭中雀屏
成就统一大业

　　李渊出身于北周著名的关陇贵族，他的祖父李虎曾在西魏时期立下赫赫战功，被追封为唐国公。他的父亲李昞（bǐng）在袭封唐国公的同时，又迎娶了北周"八柱国"之一独孤信的四女儿，进而生下李渊。

成功等于1%的背景加上99%的努力！

李 渊

（公元566年—公元635年）唐朝开国皇帝，隋末起兵于晋阳，依靠武力与谋略击破各方势力，建立大唐王朝。

　　李渊并不是那种躺在祖辈的功劳簿上享受生活的人，他需要继续维持那显赫的家族关系，并延续关陇贵族的辉煌，为此，他不仅努力干出一番事业，还要给自己结一门靠谱的姻亲。

　　北周武帝的姐姐在嫁给隋朝大臣窦毅后，生下了一个女儿。这个女孩儿不仅长得特别美丽，而且还非常有才华。所以，当她到了适婚年纪时，前来她家提亲的青年才俊数不胜数。为了从众多提亲者中挑选出最满意的一个，窦毅想了个方法：他在屏风间画了两只孔雀，谁能射中孔雀的两只眼睛，他就将女儿许配给那个人。可是，一连来了好几十个求亲的人射箭都没有达到窦毅的标准，正当窦毅失望摇头的时候，突然，两支箭"嗖嗖"地飞出射中了孔雀的两只眼睛。

这位射中孔雀眼睛的年轻人正是李渊，窦毅认为李渊不是等闲之辈，于是就将女儿嫁给了他。

李渊确实没有辜负窦毅的期望，后来，他在隋末天下大乱之际攻入长安，建立了唐朝。

可惜，李渊的妻子窦氏在公元617年就已经去世了，在称帝之后，李渊追封窦氏为太穆皇后，以表自己的哀思。

成语有意思

近义成语

东床坦腹：女婿的美称。

反义成语

同床异梦：睡在一张床上，却做着不同的梦。原指夫妻感情不和，现在也比喻两人虽做同一件事，但心里各有打算。

分钗断带：发钗分开，衣带断裂，比喻夫妻离别或离异。

成语造句

　　与朋友一起来相亲角游览的小明没有想到，他竟然幸运地雀屏中选了。

成语延伸

适如其分

释义：指办事或说话正好合乎分寸。

讲解：李渊认为掌握权力的人，要掌握好办事说话的分寸。

出处：权者，轻重适如其分之准也。——清·王夫之《读通鉴论·唐高祖》

孔老师，雀屏是指孔雀开屏吗？

 并非如此，雀屏指的是画有孔雀的屏风。谁能射中屏风上孔雀的眼睛，谁就能被选为乘龙快婿。

 原来如此，如果吕布来参加，一定能获得冠军。

 吕布能以辕门射戟平息一场战争，射中屏风上的孔雀双目，应该也没什么问题。

🎤 ➕ ［　　　　　　　　　　　　　　　］ 发送

以人为镜

我们要像李渊一样善于抓住机遇，在关键时刻展现出卓越的判断力和行动力。在日常生活中，我们应该培养这种对机遇保持敏感的能力，不畏困难，敢于迎接挑战，从而实现自己的目标和理想。

以史为镜

在隋末农民大起义中，原镇守太原的隋朝官僚李渊趁机起兵反隋。李渊是隋炀帝杨广的表兄弟，在杨广登基后一直积蓄力量。公元618年，李渊得知杨广被杀，于是称帝，定都长安，建立了唐朝。此后李渊消灭了各支起义军和割据势力，统一了华夏。

fáng móu dù duàn
房谋杜断

成语释义：比喻相互配合，取长补短。

来，跟我学这个成语。

世传太宗尝与文昭图事，则曰："非如晦莫能筹之。"及如晦至焉，竟从龄之策也。盖房知杜之能断大事，杜知房之善建嘉谋。

——出自《旧唐书·房玄龄杜如晦传论》

①房玄龄和杜如晦是李世民的重要参谋，曾帮助李世民开创了著名的"贞观之治"。

②太子李建成对屡立战功的李世民非常不满，于是两人之间经常发生冲突。

③玄武门之变时，李世民在房玄龄、杜如晦的帮助下取胜，李建成则被射杀。

④李世民成为皇帝后，遇到大事需要拿主意时总会找来房玄龄和杜如晦商量。

房杜联手出谋划策
太宗治国政绩斐然

李渊登基为帝后，其嫡长子李建成被册立为太子，其次子李世民被封为秦王。李世民长期在外征战，而且屡立战功，因此，他对李建成被立为太子这件事感到很不满。与此同时，李建成也因李世民的战功和威信对他产生了忌惮，双方冲突不断。

李建成

（公元 589 年—公元 626 年）唐朝开国太子，多次防御突厥入侵，剿灭刘黑闼（tà），平定山东地区，在玄武门之变中被李世民所杀。

在李世民的身边有两个得力的帮手，一个叫房玄龄，一个叫杜如晦。房玄龄在李世民跟随李渊反隋时就投奔了李世民，并一直为其出谋划策，算得上唐朝的开国功臣。杜如晦在李世民成为秦王后，经常跟随他出征，协助他处理军队里的事务，并且，他总能立即对事情进行分析决断。

李建成为了削弱李世民的实力，就将秦王府的幕僚悉数调任到其他地方，房玄龄和杜如晦自然也在这调任名单中。为求自保，房玄龄和杜如晦便为李世民出谋划策，诛杀太子李建成和齐王李元吉。公元626年，李世民在玄武门附近发动了政变，太子李建成被其亲手射杀，而后李世民被立为太子。同年九月，李渊退位，李世民登基为帝，是为唐太宗。

玄武门之变后，房玄龄主管朝中政事长达二十二年，被称为大唐的第一名相。不过，每次唐太宗与房玄龄议事后都要再与杜如晦讨论，杜如晦则都会采用房玄龄的计策。房玄龄善于谋划而杜如晦善于决断，李世民在二人的帮助下开创了中国历史上著名的"贞观之治"，这一时期的大唐国泰民安，为后世津津乐道。

成语有意思

近义成语

珠联璧合：珍珠联成串，与美玉放在一起。比喻杰出的人才或美好的事物聚集在一起。

相得益彰：相互帮助、互相补充，更能显出长处。

反义成语

狼狈为奸：狼和狈合伙作恶，比喻坏人互相勾结一起干坏事。

势不两立：敌对的双方不能同时存在，比喻矛盾不可调和。

成语造句

在这个项目中，他们二人房谋杜断，齐心协力，为公司带来了很大的收益。

成语延伸

小鸟依人

释义：原指像小鸟一样依偎着人，比喻依附权贵，或在困境下依附于人。后多用于形容女子或小孩子娇小可爱的模样。

讲解：唐太宗说褚遂良像小鸟一样栖息在自己的身边。

出处：褚遂良学问稍长，性亦坚正，既写忠诚，甚亲附于朕，譬如飞鸟依人，自加怜爱。——后晋·刘昫《旧唐书·长孙无忌传》

孔老师，房谋杜断和当机立断一样吗？

这两个成语是不一样的，房谋杜断是两个人，当机立断是一个人。

 噢，我明白了，所以房谋杜断多用在团体里？

对，你说得没错。

发送

以人为镜

我们要像房玄龄和杜如晦一样，善于与他人合作，取他人之长，补自己之短。在现代社会中，单打独斗往往难以取得长远的成功，团队合作、互相支持才是走向成功的关键。我们应该学会倾听，尊重他人的意见，与家人、朋友共同努力，实现人生目标。

以史为镜

在李渊的势力中，他的次子李世民能力出众，在平定天下中功劳最大，因此逐渐掌握了大权。李世民注意吸纳人才，如房玄龄、杜如晦等都心甘情愿为他效力，最终他凭借着亲信势力发动了争夺皇太子之位的玄武门之变，随后成为唐朝第二个皇帝。

jiān tīng zé míng
兼听则明

成语释义：听取各方面的意见，就能把事情或道理弄明白。

来，跟我学这个成语。

上问魏徵曰："人主何为而明，何为而暗？"

对曰："兼听则明，偏信则暗。"

——出自《资治通鉴》

只要是皇帝喜欢的，我就反对！

①魏徵，唐朝著名的政治家、思想家，被后世之人尊称为"一代名相"。

②魏徵常劝说李建成打压李世民，可李建成没有听从，最后失败而亡。

反对

③李世民知道魏徵是个敢于直言的贤人，于是放心任用他，还常常听取他的意见。

④魏徵告诉李世民："明君会听从来自各处的意见，但昏君只偏信某一个人。"

太宗宽宏用贤臣
魏徵直言敢进谏

在李世民与李建成争斗时，有一个名叫魏徵的人常常劝谏李建成，劝他把李世民调派到其他地方去，以打压其势力。于是，唐太宗在登上皇位后立即对魏徵进行了问责。没想到魏徵十分刚直，他直言说："如果先太子当初按我所说的做了就不会落得如今的下场。"

李世民

（公元 599 年—公元 649 年）唐朝第二位皇帝，文武双全，雄才大略，开创了贞观盛世。

唐太宗见魏徵是一个敢于直言的人，于是就赦免了他。唐太宗非常欣赏魏徵的才华和行事作风，于是常常召见魏徵询问政事，而魏徵的谏言他也会悉数采纳。

一天，唐太宗问魏徵，怎样才算得上一个明君。魏徵回答说："一个贤明的君主一定会听取多方意见后再作出判断，而不会光听信一面之词。过去，帝尧因为在民众那里清晰地了解情况，所以才能及时掌握三苗作恶的事情；帝舜眼观四路耳听八方，所以他的手下都蒙蔽不了他。而昏君秦二世却因为只听信赵高的话，为自己惹来了杀身之祸；梁武帝因为听信朱异的话，而自取台城之辱；隋炀帝也是因为偏信虞世基的话，才导致了彭成阁之变。"

可见，如果君主一味偏信奸佞小人的谗言，就会导致严重的后果。君主只有多了解真实情况，多听取他人的意见，才能够避免一些灾祸发生，而这样才算得上明君。唐太宗听完魏徵的话，心中豁然开朗。

魏徵作为一位敢进谏、会进谏的贤臣，为唐太宗提出了许多有用的建议，唐太宗缔造的盛世，也有魏徵的一份功劳。

成语有意思

近义成语

广开言路：扩大、扩充进言的途径，形容尽量给人们创造发表意见的机会，从而吸收好意见，取得好效果。

博采众长：广泛地吸取各家或各方面的优点、长处。

反义成语

偏听偏信：只片面地听信一方面的意见。

先入为主：先接受了一种思想或说法，就不易再接受不同的思想或说法，即怀有成见。

成语造句

　　老师说"兼听则明，偏信则暗"，可见我们不能只听信别人的一面之词。

成语延伸

集思广益

释义：指集中群众的智慧，广泛吸收有益的意见。

讲解：魏徵告诉唐太宗要集思广益，才能发现更多好的治国之策。

出处：夫参署者，集众思，广忠益也。——三国·蜀·诸葛亮《教与军师长史参军掾属》

孔老师，兼听则明后面是不是要接偏听则暗？

不对哟，不是偏听则暗而是偏信则暗。

 是"信"不是"听"吗？

没错！兼听则明与偏信则暗是一对表示反义意义的成语。

发送

以人为镜

　　我们要像李世民一样善于听取他人的意见，不因自己的地位或成就而闭目塞听。在当今时代，无论我们身处何种位置，都应该保持开放的心态，认识到自己的局限，勇于接受他人的建议和批评，这样才能不断进步，做出更明智的决策。

以史为镜

　　公元 626 年，李世民即位，次年改年号为"贞观"。李世民就是中国历史上著名的唐太宗。唐太宗在位二十多年，开创了唐朝的盛世局面，他勤于政事，虚心纳谏，从善如流，广纳贤才，知人善任，"贞观之治"也成为中国历史上政治清明的典范。

牝鸡司晨

pìn jī sī chén

成语释义：雌鸡像雄鸡般鸣啼。比喻女性专权。

来，跟我学这个成语。

太宗常与后论及赏罚之事。对曰："牝鸡之晨，惟家之索。妾以妇人，岂敢豫闻政事？"

——出自《旧唐书·列传第一·后妃上》

男女搭配，治国不累。

①长孙皇后，唐太宗发妻，协助太宗改正政治失误，保护正直大臣，被誉为"千古贤后"。

②长孙氏从小就特别喜欢看书，这些书中的知识为她将来辅佐李世民提供了很大帮助。

③长孙氏十三岁嫁给李世民，随着李世民的"晋升"，她也从秦王妃成为皇后。

④长孙皇后为了避免外戚干政，甚至劝说亲哥哥放弃当大官。

大唐贤后长孙·氏
明理庇贤扬美名

唐太宗能够将国事治理得井井有条，除了身边有一众贤臣帮助外，还离不开他后宫中的一位得力"贤内助"——长孙皇后。

长孙皇后是长孙无忌的亲妹妹，她在十三岁时便嫁给了李世民，两人在皇室争斗中相互扶持，所以感情非常深厚。长孙皇后自幼喜欢读书，常常在梳妆时还拿着书本，所以，她有着全然不输男子的学识和见解。唐太宗登基后，她被册立为皇后，常以勤俭宽宥的态度管理后宫，赢得了宫中众人的敬重。

伴君如伴虎，万千功绩都化土。

长孙无忌

（公元594年—公元659年）唐太宗心腹谋臣，参与过玄武门之变的策划，反对册立武则天为后。后被宰相许敬宗诬陷，最终自缢而亡。

唐太宗拥有这样一位贤能的皇后，自然对其敬爱有加，他还常常和长孙皇后讨论朝中的赏罚之事，可长孙皇后却对他说：母鸡报晓就好比妇女做了男人该做的事，自古以来，各朝各代都规定后宫不能干政，她如果妄议朝政就是妇女窃权乱政。

长孙皇后虽然这么说，但她并非完全不管朝中政事，为了防止外戚干政，她让自己的亲哥哥长孙无忌拒绝做"大官"，并且还在临终前替栋梁之材说情，希望唐玄宗能重用能人。虽然长孙皇后的这些行为也属于"干政"，但是她的出发点都是为了大唐。

长孙皇后虽然为后宫嫔妃做出了榜样，但在她去世仅两年后，一位姓武的才人便进入了后宫。公元655年，这位武姓女子被唐高宗李治立为皇后，并逐渐开始代管朝政。至此，唐朝开启了长达约半个世纪的女子掌权时代。

成语有意思

近义成语

越俎代庖：比喻超出自己业务范围去处理别人所管的事。

反义成语

牝鸡无晨：母鸡不报晓，比喻妇女不掌握政权。
各司其职：各自负责所管理的事务，各自负责履行自己的职责。

成语造句

　　武则天是历史上牝鸡司晨的代表，她夺取李唐天下，做了万人之上的女皇。

成语延伸

生死有命

释义：指人的生死都是命中注定的。

讲解：长孙皇后病重时不让太子大费周章祈福，认为自己的生死早已上天注定。

出处：死生有命，非智力所移。若为善有福，则吾不为恶。如其不然，妄求何益！——北宋·司马光《资治通鉴·唐纪·长孙皇后》

孔老师，牝鸡司晨中的"牝鸡"不是公鸡吗？

不是的，"牝鸡"指的是母鸡。

 母鸡怎么可能在早晨打鸣呢？

正因为这种事不寻常，所以古人才会用这个成语来比喻女子掌握皇权啊。

🎤 ＋ [   ] 发送

以人为镜

　　我们要像长孙皇后一样知书达理，待人温和，具有较高的智慧和修养。在现代社会中，我们应该追求全面的个人发展，不仅在专业领域有所建树，还要注重个人品德的修养，这样才能在各种环境中都展现出优雅和智慧，赢得他人的尊重和信赖。

以史为镜

　　唐太宗死后，唐高宗继位。唐高宗多病，因此政务多倚仗妃子武则天的帮助。武则天多谋善断，在成为皇后后，与唐高宗共掌朝政，并在唐高宗死后自立为皇帝，改国号为周。

请君入瓮
qǐng jūn rù wèng

成语释义：比喻用某人整治别人的办法来整治他自己。

来，跟我学这个成语。

兴曰："此甚易尔！取大瓮，以炭四周炙之，令囚入中，何事不承！"俊臣乃索大瓮，火围如兴法，因起谓兴曰："有内状推兄，请兄入此瓮。"兴惶恐叩头伏罪。

——出自《资治通鉴·唐纪·则天皇后天授二年》

君如虎，我为虎之爪牙。

① 来俊臣，武则天时期的酷吏，他制造残酷刑具，大兴牢狱，深受武则天重用。

② 武则天为巩固皇位，开始支持官员间相互举报，被告的人会被酷吏抓起来严刑拷打。

③ 有人举报一个叫周兴的酷吏要造反，武则天便派来俊臣去审问周兴。

④ 来俊臣假装请周兴喝酒，讨教审问犯人的方法，之后照他自己所说的来审问他。

来俊臣设下陷阱
周兴中计忙求饶

武则天登上皇位，在当时的很多人看来都是一件大逆不道的事，为了维护自己的统治，武则天采取了很多残酷的政治手段，其中就包括采用一种名叫"铜匦（guǐ）"的东西。它的作用相当于今天的检举箱，告密的人只需要把控告的事情投入铜匦之中，就会有酷吏将被告发的人抓起来严刑拷打。

谁说女子不如男！

武则天

（公元624年—公元705年）中国历史上唯一的正统女皇帝，主政期间任用了一批有才能的人才。"神龙政变"后退位，还政于李唐。

有一个名叫来俊臣的酷吏名气非常大。他原本只是一个无赖混混，因为非常善于告密，且刑讯手段非常残忍而受到了武则天的重用。

当时，有一个名叫周兴的人，他和来俊臣一样都是十分残暴的酷吏。一次，武则天收到了周兴谋反的密告，她便派来俊臣去审问周兴。来俊臣知道周兴是一个狡诈的人，一定不会轻易招供，于是，他将周兴请到家里来喝酒，酒过三巡，来俊臣说道："我最近常常遇到一些不愿意认罪的犯人，不知道兄弟你有没有什么好办法？"

此时的周兴并不知道来俊臣的目的，于是回答说："这还不简单？只需要把犯人装进用火烤的大瓮中，他就什么都会认了。"

来俊臣听完，便命人搬来一个大瓮，并在四周架上炭火，然后笑着对周兴说道："宫里有人密告兄弟你谋反，我是奉命来审问你的，现在，就请兄弟你自己进到瓮里去吧。"

周兴吓得双腿一软，立即就跪了下去，他一边磕头一边说道："我承认我有罪！我什么都招！"就这样，周兴被自己发明的刑罚吓破了胆，真可以说是自食苦果了。

成语有意思

近义成语

以牙还牙：比喻针锋相对地进行回击。

以毒攻毒：用有毒的药物来治疗因毒而起的疾病，现指利用某一种有坏处的事物来抵制另一种有坏处的事物。

反义成语

与人为善：跟别人一同做好事，泛指善意地帮助别人。

成语造句

为了将犯罪分子捉拿归案，警察已经布下了天罗地网，准备请君入瓮了。

成语延伸

模棱两可

释义：指不表明自己的态度，或没有明确的主张。

讲解：武则天在一次视察中，发现了牢狱中的苏味道，认为他是个人才，便特赦了他。但出狱后的苏味道变得非常消极、圆融，成了一个处事不决、只求自保的人。

出处：处事不欲决断明白，若有错误，必贻咎谴，但模棱以持两端可矣。——后晋·刘昫《旧唐书·苏味道传》

孔老师，请君入瓮的"瓮"是指大坛子吗？

没错，这里的"瓮"指的是一种口小腹大的陶制坛子。

那瓮中捉鳖的"瓮"也是这种陶制坛子吗？

你说得没错！

🎤 ＋ ⬚ 发送

以人为镜

  我们不能像来俊臣一样为达目的不择手段，他的行为虽然可能为自己带来暂时的成功，但从长远来看，却会损害人际关系，失去他人的信赖，最终导致自身被孤立。在与人交往中，我们应该保持真诚，尊重他人，坦率地表达自己的观点，这样才能建立稳固的人际关系。

以史为镜

  武则天统治时期，打击敌对的官僚势力，大力发展科举制，创立殿试制度，不拘一格选拔人才，扩大了统治基础。她注意减轻人民负担，重视发展生产，为后来的"开元盛世"奠定了基础。但她任用酷吏加强统治，也曾让朝廷上下人人自危。

táo lǐ tiān xià
桃李天下

成语释义：比喻培养出来的学生多，遍布各地。

来，跟我学这个成语。

或谓仁杰曰："天下桃李，悉在公门矣。"
仁杰曰："荐贤为国，非为私也。"
——出自《资治通鉴·唐则天皇后·久视元年》

①狄仁杰，武则天时期两次拜相，力劝武则天复立李显，让李唐江山得以延续。

②狄仁杰第一次拜相期间被来俊臣诬告，后虽洗脱嫌疑，但仍遭到了贬职。

③营州之乱时狄仁杰再次拜相，后来他向武则天举荐了张柬之等一众人才。

④狄仁杰举荐的人后来成了国家栋梁，大家夸他举荐的人才遍布天下各地。

狄仁杰洗脱罪名
荐能人光复李唐

在来俊臣等酷吏的迫害下，朝中大臣每天都过着提心吊胆的生活，生怕哪天被人诬告谋反，落入来俊臣的手里。大家都知道，只要落在他手里，十有八九都是死路一条。

除恶不尽，
后患无穷。

张柬之

（公元 625 年—公元 706 年）唐朝名相，于武则天晚年发动"神龙政变"，复辟李唐，后遭武三思等人排挤，气愤而死。

公元 692 年，来俊臣诬告狄仁杰等人谋反，狄仁杰为了活命当场就认了罪，然后他偷偷让人给儿子送去帛书，让儿子把帛书呈给武则天申冤。武则天看到帛书后立即召见了来俊臣，最终，狄仁杰等人洗脱嫌疑免去死罪，不过都被贬去了外地。

在武则天心里，狄仁杰是一位德才兼备的人才，所以，虽然魏王武承嗣多次劝说武则天杀掉狄仁杰但都被她拒绝。后来，狄仁杰被武则天重新起用，官至宰相。在此期间，狄仁杰正直清廉，执法严明，不仅深受百姓爱戴，还十分受武则天器重。一次，武则天让狄仁杰推举贤能人才担当将相，狄仁杰就向她推举了张柬之。

武则天随即将张柬之提拔为洛州司马，狄仁杰却说："我推荐张柬之是要他担任宰相，而不是洛州司马。"听了他的话，武则天真的将张柬之任命为宰相。在此之后，狄仁杰又陆续推举了姚元崇、桓彦范以及敬晖等人。

有人称赞狄仁杰说："如今朝廷内外的官员大多都是您培养举荐的，您就像种了遍及天下的桃李。"

狄仁杰说："我这是为国家举荐人才，不是为了私人利益。"

狄仁杰作为李唐的朝臣，却为武周朝廷引入了大批人才，不过他举荐的张柬之、桓彦范、敬晖等人，为日后光复李唐作出了不可磨灭的贡献，所以说这其中也有狄仁杰的功劳。

成语有意思

近义成语

春风化雨：适宜草木生长的自然条件，比喻良好教育，现也用来称颂师长的教诲。

反义成语

误人子弟：耽误、阻碍学生和弟子的进步，形容人学识浅薄、不负责任。

成语造句

李老师已经执教五十多年了，他的学生遍布五湖四海，真可谓是桃李满天下。

成语延伸

沧海遗珠

释义：意思是大海里的珍珠被采珠人遗漏。比喻埋没人才或被埋没的人才。

讲解：阎立本在任河南道黜陟使时，称赞狄仁杰是一个没有被发现的人才。

出处：仲尼称观过知仁，君可谓沧海遗珠矣。——北宋·欧阳修《新唐书·狄仁杰传》

孔老师，桃李满天下中的"桃李"是指桃树和李树吗？

没错，"桃李"本意确实指桃树和李树，但这里用的是它的引申意义。

那它的引申意义是什么呢？

这个成语中的"桃李"比喻的是老师教的学生，意思是这位老师的学生遍布天下。

发送

以人为镜

我们要向狄仁杰学习，善于发现别人身上的优点，能够识别人才。在现实生活中，这种慧眼识人的能力对于建立真诚的人际关系、避免被欺骗以及做出明智的决策都有重要的作用。

以史为镜

唐朝中前期名臣辈出，这与科举制的发展是分不开的，很多人都是通过科举走上政治舞台的，名臣狄仁杰就是在科举中明经及第。狄仁杰两次官拜宰相，深受女皇帝武则天的信赖，他也借此机会保护了太子李显，让唐朝得以延续。

发生年代：约公元710年

历史事件：李元纮秉公判案

相关人物：李元纮、窦怀贞

唐朝

tiě àn rú shān
铁案如山

成语释义：证据确凿的案件，像山那样无法动摇、推翻。

来，跟我学这个成语。

窦怀贞为雍州长史，大惧太平势，促令元纮改断。元纮大署判后曰："南山或可改移，此判终无摇动。"

——出自《旧唐书·李元纮（hóng）传》

南山可移，判不可摇也！

①李元纮，为人公正，处事笃厚，担任雍州司户参军时颇有政绩，深受百姓称颂。

②太平公主协助李隆基夺得政权后比过去更为嚣张，她的手下也常常仗势欺压百姓。

③一次，太平公主的侍从抢了一座寺庙的碾石，公正的李元纮判公主归还碾石。

④李元纮的上司窦怀贞害怕得罪太平公主，劝他重新判决，但李元纮拒绝改判。

李元纮不畏公主
坚持判决护正义

公元 705 年，张柬之、敬晖、桓彦范等大臣结交禁军统领李多祚（zuò），发动兵变逼迫武则天退位，随后唐中宗李显即位。公元 710 年唐中宗驾崩，太子李重茂登基，随即，李旦之子李隆基与太平公主联手发动政变，逼迫李重茂禅位于其叔父李旦，是为唐睿宗。

太平公主

（约公元 665 年—公元 713 年）唐高宗李治与武则天之女，联合李隆基发动唐隆政变后拥立唐睿宗复位，权倾一时。

李旦父子能赢得皇位，太平公主在其中起到了很大的作用。而且，武则天在世时，太平公主就因为备受母亲宠爱而骄纵万分，在协助唐睿宗登上皇位后，她就更加蛮横跋扈了，还经常私吞百姓的财物，百姓们慑于太平公主的权势，大多敢怒不敢言。

有一次，太平公主的侍从抢走了一座寺院里的碾石，于是寺院里的和尚就到雍州官府状告太平公主。太平公主自然没有把这件事放在心上，毕竟朝中大臣都不敢轻易得罪她，一个小小的地方官员更不可能敢判她有罪。可雍州司户参军李元纮是一个非常正直的人，他查清事情的来龙去脉后，便判决太平公主将碾石还给寺院。

李元纮的上司长史窦怀贞听到这个判决可吓坏了，他急忙对李元纮说："太平公主可不是我们这些人得罪得起的！你还是重新判决吧！"

李元纮却坚定地维持了原判决，并说："南山可移，判不可摇也。"

李元纮不畏强权，坚持维护正义的行为非常值得称赞。太平公主最终也为自己仗势欺人的行为付出了代价。

成语有意思

近义成语

有案可稽： 有记载可查。指事情是有根据的。

铁证如山： 形容证据确凿，像山一样不能动摇。

反义成语

凭空捏造： 毫无根据地虚构、假造。

子虚乌有： 假设的、不真实的或不存在的事情。

成语造句

　　嫌疑人虽然一直在狡辩，但终归铁案如山，在证据面前，法官给出了公正的判决。

成语延伸

利害得失

释义： 好处、坏处、得益、损失各个方面。

讲解： 李元纮对皇帝讲解了行政当中的好处与坏处、得益与损失，皇帝因此器重李元纮，想提拔他做丞相。

出处： 条陈利害及政得失，帝才之，谓可丞辅，赐衣一称、绢二百四。
　　　　——北宋·欧阳修《新唐书·李元纮传》

成语快问快答

 孔老师，南山可移中的"南山"指的是哪座山？

 这个成语中的"南山"指的是位于陕西省境内秦岭山脉中段的终南山。

 为什么不说其他的山难以移动，非要说终南山难移呢？

 因为终南山是唐朝有名的圣地，而且正好位于长安城的南面，拱卫着大唐长安城，所以唐朝人提到南山就是在说终南山了。

🎤 ＋ [   ] 发送

以人为镜

我们要像李元纮一样不畏强权，坚守原则，即使面临巨大的压力和挑战，也不轻易妥协。在日常生活中，无论遭遇何种困境，我们都要坚持自己的价值观和信仰，为真理和公正而努力。这样，我们不仅能够赢得他人的尊重，更能确保自己的人生不偏离正确的轨迹。

以史为镜

武则天死后，唐中宗和唐睿宗相继继位，唐朝中央政权仍然混乱，各派势力不断斗争。最终，李隆基在斗争中胜出，他就是后来的唐玄宗。唐玄宗多才多艺，治理国家也很有才能，他整顿吏治，裁汰冗员，发展经济，注重文教，最终让唐朝进入了鼎盛时期，历史上称为"开元盛世"。

kǒu mì fù jiàn
口蜜腹剑

成语释义：形容嘴甜心狠，狡诈阴险。

来，跟我学这个成语。

尤忌文学之士，或阳与之善，啖以甘言，而阴陷之。世谓李林甫"口有蜜，腹有剑"。

——出自《资治通鉴·唐玄宗·天宝元年》

嘴上抹蜜，腰中藏剑。

①李林甫，唐朝宰相，为人奸诈伪善，很懂得讨好君王。

②李隆基在统治后期满足于当前政绩，并十分宠信会迎合其心意的李林甫。

③李林甫为了不让卢绚危及自己的地位，就假意为他好，实际上是想坑害他。

④李林甫在朝为相期间，为排除异己不择手段，最后独揽大权、残害忠良。

表里不一李林甫
残害忠良埋祸患

唐睿宗称帝后将第三子李隆基立为太子。太平公主因为拥立唐玄宗有功，经常干预政事。随着李隆基的势力日益壮大，太平公主与李隆基之间产生了矛盾。公元712年，唐睿宗禅位于太子李隆基，是为唐玄宗。

吾家朝堂干汝何事？敢迫吾骑从！

李隆基

（公元685年—公元762年）唐朝在位时间最长的皇帝，在位前期拨乱反正，任用贤臣；在位后期逐渐懈怠，宠信奸佞，引发安史之乱。

唐玄宗为全面掌握政权，于公元713年发动了"先天政变"，消灭了太平公主的党羽，并将其赐死。唐玄宗在统治前期勤于朝政，这一时期的唐朝政治清明、经济发达，全面进入了鼎盛时期。而他在统治后期，满足于当前的政绩，开始宠信一些奸佞小人，其中一个便是李林甫。

李林甫出身于唐朝宗室，他因为很会迎合唐玄宗的心意而备受宠信。李林甫总是面露和善，用动听的语言为竞争对手提"好建议"，实际上却是将对方引入自己的圈套之中。

李林甫在听闻唐玄宗称赞兵部侍郎卢绚后，担心卢绚会威胁到自己的地位，于是就对卢绚的儿子说："皇上有意将你父亲调去岭南之地做官，岭南偏远，如果你父亲不去肯定会被贬官，这样的话，他不如去洛阳做太子的宾客或詹事这样的亲贵显职。"

不愿意前往岭南的卢绚按照李林甫的建议，主动请求调往了洛阳。卢绚被任命为华州刺史没过多久，李林甫便对唐玄宗称卢绚生病不能管理事务，最终，卢绚被贬为太子员外詹事。

李林甫用这样的方式在朝中排除了许多异己，他担任宰相一职长达十九年，任职期间独揽大权、排斥贤臣、祸乱纲纪。在他的建议下，唐玄宗重用安禄山，使之势力壮大，为后来盛唐的衰败埋下了祸患。

成语有意思

近义成语

佛口蛇心：比喻话虽说得好听，心肠却极为狠毒。

笑里藏刀：脸上挂着笑容，心中藏着杀人的尖刀；比喻外表和善，内心却十分阴险毒辣。

反义成语

心慈面软：心地善良，面貌温和，容易同情或迁就人。

心慈手软：形容对犯有错误或罪行的人处置不严厉、不坚决。

成语造句

我们一定要远离那些口蜜腹剑的小人，千万别被他们的甜言蜜语迷惑。

成语延伸

仗马寒蝉

释义：仗马，给皇帝做仪仗的马；寒蝉，深秋的知了。比喻一句话也不敢说的人。

讲解：李林甫为保证自己的权位，要求官员不要向皇上谏言，要像仪仗马那样永远闭嘴。

出处："君等独不见立仗马乎？终日无声而饫三品刍豆，一鸣则黜之矣。"——北宋·欧阳修《新唐书·李林甫传》

孔老师，口蜜腹剑和笑里藏刀表达的是同样的意思吗？

这两个成语都可以用来形容人阴险狡诈，但在表意的侧重点上会有所不同。

 哦？有什么不同呢？

口蜜腹剑重在表达嘴上说的和心里想的不一样，而笑里藏刀的语意更重，阴险程度也要更高。

🎤 ＋ [＿＿＿＿＿＿＿＿＿＿＿＿＿＿] 发送

以人为镜

　　我们不能像李林甫一样表里不一，一心只想陷害他人。在与人交往过程中，我们不能两面三刀、表里不一，更不能为了自己的利益而坑害他人，只有友善待人、真诚待人，才能收获他人的尊重。

以史为镜

　　开元末年以后，唐玄宗追求享乐，任人唯亲，朝政日趋腐败。社会上的各种矛盾越来越尖锐，边疆形势也日益紧张。唐玄宗信任宰相李林甫，把朝政大权交给了他。李林甫把持朝政十多年，排斥异己，所用大臣都是庸庸碌碌之辈。在他死后不久，边将安禄山、史思明造反，经此安史之乱，唐朝由盛转衰。

发生年代：公元742年——公元756年

历史事件：安史之乱

相关人物：安禄山、李隆基

唐朝

tiān cháng dì jiǔ
天长地久

成语释义：像天地一样长久，指时间久远。

来，跟我学这个成语。

天长地久有时尽，此恨绵绵无绝期。

——出自《长恨歌》

装傻充愣我在行。

①安禄山，伪燕国开国皇帝，杨贵妃的干儿子，深受唐玄宗喜爱。

②李隆基非常宠爱杨玉环，为讨她欢心不仅给了很多赏赐，还让她的族兄杨国忠当上了宰相。

③杨国忠和安禄山关系不好，安禄山以讨伐杨国忠为借口发动了叛乱。

④李隆基带着宠臣宠妃逃到了马嵬驿，在随行将士的逼迫下，将杨贵妃赐死。

唐玄宗宠信奸佞
安史之变乱大唐

公元742年，唐玄宗将年号从开元改为天宝，伴随着唐朝盛世达到极致，唐玄宗渐渐开始沉迷于奢华和享乐。

天生丽质难自弃，一入宫门深似海。

杨玉环

（公元719年—公元756年）唐玄宗宠妃，中国古代四大美女之一。安史之乱后跟随唐玄宗出逃，在马嵬驿兵变中被玄宗赐死。

唐玄宗的宠妃武惠妃病死，这对唐玄宗造成了很大的打击。不过很快，美艳无双、精通音律的杨玉环便出现了，唐玄宗在公元745年将其册封为贵妃，对其宠爱有加。为了讨杨贵妃欢心，唐玄宗大大封赏了她的兄弟姐妹，她的堂兄杨国忠甚至一路平步青云地做到了宰相。飞黄腾达的杨国忠专权误国、败坏朝纲，他与安禄山为了争夺权力，一直以来都在明争暗斗，而他们之间的矛盾正是"安史之乱"爆发的重要缘由。

　　天宝十四年（公元755年），安禄山以讨伐杨国忠为借口，与史思明一同发起了反唐叛乱，持续八年之久的"安史之乱"由此开始。公元756年，叛军攻入长安，安史之乱达到顶点。在长安沦陷前，李隆基带着宠臣宠妃仓皇出逃，途中，饥饿疲惫的随行将士十分愤怒，认为是杨国忠祸乱朝廷才导致了安禄山造反，于是，在到达马嵬坡时，他们设计杀死了杨国忠，并逼迫唐玄宗缢死杨贵妃。同年，太子李亨在灵武登基，是为唐肃宗，尊唐玄宗为太上皇。

　　安史之乱对唐朝统治带来了重创，使唐朝人口锐减、国力凋敝，因此，这场内乱便成了唐朝由盛转衰的重要转折。而后，人们在追忆天宝年间的大唐盛况时，难免会为其之后的没落而感到惋惜。

成语有意思

近义成语

天荒地老：比喻时间长久。

天长日久：时间长、日子久。

反义成语

一朝一夕：一个早上或一个晚上。形容时间很短。

俯仰之间：一低头，一抬头的工夫。形容时间极短。

成语造句

相聚的时光总是短暂的，但同学之间的友谊却会天长地久。

成语延伸

渔阳鼙（pí）鼓

释义：指外族入侵，有战事发生。

讲解：安禄山的军队在渔阳敲响了战鼓，发起了叛唐战争。

出处：渔阳鼙鼓动地来，惊破霓裳羽衣曲。——唐·白居易《长恨歌》

孔老师，天宝当年中的"天宝"指的是唐玄宗李隆基的年号吗？

天宝是年号，年号是中国封建王朝用来纪年的一种名号，一个君主可以有一个或几个年号。

 所以，年号的变迁就可以代指时代的变迁了吧？

是的，唐玄宗有三个年号，分别是先天、开元和天宝，等到他去世后，后人怀念他和他那个时代，于是有了"天宝当年"这个成语。

🎤 ＋ [　　　　　　　　　　　　　　　] 发送

以人为镜

　　执政者不能像晚年的唐玄宗一样安于享乐，忽视国家大事，导致政治腐败和国家动荡。在日常生活中，无论我们身处何种位置，都应该保持警觉和责任感，不被短暂的舒适和享乐迷惑，始终坚守自己的职责和使命，确保不失去方向和初心。

以史为镜

　　公元 755 年，边将安禄山借口朝廷出现奸臣，和部将史思明一起发动叛乱，史称"安史之乱"。安史叛军从河北大举南下，先攻占东都洛阳，又攻下潼关，逼近长安。唐玄宗仓皇逃往四川，后又将帝位让给了太子李亨，大唐王朝从此一蹶不振，再也没有往日的荣光了。

发生年代：约公元755年—
公元773年

历史事件：郭子仪平叛

相关人物：郭子仪、唐德宗

liào dí rú shén
料敌如神

成语释义：形容人预测事情非常准确。

来，跟我学这个成语。

　　故太尉、兼中书令、上柱国、汾阳郡王、尚父子仪，天降人杰，生知王佐，训师如子，料敌若神。

——出自《旧唐书·郭子仪传》

本人从不打无准备之仗。

①郭子仪，唐代著名军事家，在危难之际受命讨伐安禄山。

②郭子仪斩杀叛将、收复失地，后来又收复了长安。

③宦官鱼朝恩设计剥夺了郭子仪兵权，唐肃宗变得无人可用。

④郭子仪战功赫赫，他去世时，唐德宗悲痛万分。

遇危难朝廷遣将
郭子仪料敌如神

安史之乱爆发时，大唐朝廷启用了许多将领来抗击叛军，其中有一个叫郭子仪的人，为平定安史之乱，收复长安、洛阳作出了卓越的贡献。

郭子仪被朝廷启用时正在家中守孝，他虽然早年通过参加武举而入仕从军，但一直以来并未受到重用。这一次，他奉命率军讨伐安禄山，斩杀了叛将周万顷，收复了静边军以及云中、马邑，还开通了东陉关。

论治军，子仪不如我；论倒霉，我不如子仪。

李光弼

（公元 708 年—公元 764 年）唐朝中期名将，曾参与平定安史之乱，并镇压了台州人袁晁领导的农民起义。

公元 756 年，叛军占领了河北，郭子仪和李光弼一同打败了史思明的军队，平定了藁（gǎo）城并攻下了赵郡。之后，史思明在郭子仪返回常山时，集结了数万兵马跟随其后，结果，郭子仪到行唐县后就派出了五百精骑与之对抗，等到敌军疲惫时便在沙河将其击败。

公元 757 年，郭子仪与广平王李豫（后继承唐肃宗皇位，是为唐代宗）率军收复了长安。这一年，河东、河西、河南等大部分失地均被收复，郭子仪因此受到了唐肃宗的赞赏。公元 759 年，唐肃宗又命郭子仪等七位节度使讨伐叛军，不料唐军兵败。于是，一直嫉妒郭子仪的观军容宣慰处置使（宦官担任的监军使职）鱼朝恩，便将此次兵败的责任都推到了郭子仪身上，剥夺了他的兵权。而后，叛军攻陷汴州、郑州、河洛，唐肃宗再将兵权交予郭子仪，并在病榻上将战事指挥全权托付于他。

郭子仪在多年平叛生涯中，展现了自己的军事才能，唐肃宗甚至在慰劳他时称他对大唐有"再造之恩"。他去世时，唐代宗之子唐德宗非常悲痛，称他"天降人杰，生知王佐，训师如子，料敌若神"。

成语有意思

近义成语

先见之明：事先看清问题的能力，对事物发展的预见性。

未卜先知：没有占卜便能事先知道，形容有预见性。

反义成语

后知后觉：对事情的敏感度迟钝。

不知不觉：没有意识到，没有觉察到。

成语造句

　　抗日将领准确预判了敌人的进攻方向，做到了防患于未然，真是料敌如神啊。

成语延伸

权倾天下

释义：权力可以压倾天下，形容拥有的权力非常大。

讲解：郭子仪平定安史之乱的时候，权倾天下，却没有遭到皇帝的猜忌，确实是将领的楷模。

出处：（郭子仪）权倾天下而朝不忌，功盖一世而上不疑，侈穷人欲而议者不之贬。——北宋·欧阳修《新唐书·郭子仪传》

孔老师，料敌如神和料事如神表达的是同样的意思吗？

这两个成语都可以表示预测得很准确，但预测的对象有所不同。

哦？有什么不同呢？

料敌如神预测的是敌方的行动，而料事如神预测的则是事情的发展。

发送

以人为镜

　　我们要像郭子仪一样忠诚勇敢，在关键时刻挺身而出，为国家和民众的利益付出一切。在日常生活中，我们应该培养这种为大局着想的精神，面对困难和挑战时，勇敢地站出来，为国家兴亡和民族大义而奋斗。

以史为镜

　　安史之乱爆发后，唐朝军队一度连遭败仗，然而唐朝毕竟是人民心中的正统，在经历了早期的混乱之后，以郭子仪为代表的一批将领开始崛起，他们获得了朝廷和百姓的支持，相继在对叛军的战斗中获得胜利，最终扭转了危局，让唐朝统治得以延续。

礼贤下士

lǐ xián xià shì

成语释义：指帝王或大臣尊待贤人，以招揽群士。

来，跟我学这个成语。

其在朝廷，鲠（gěng）亮廉介，为宗臣表，礼贤下士有始终，尝引李巡、张参在幕府。

——出自《新唐书·李勉传》

总有小人想害我。

①李勉，唐朝宰相，清正廉洁，刚正不阿，深受唐肃宗的器重。

②李勉性情淡泊，不愿攀附权贵，所以先后遭到李辅国和鱼朝恩的陷害排挤。

③被排挤到岭南的李勉听说有一个叫王晬（zuì）的县尉很有才干，亲自面见唐代宗，救下了被权贵陷害的王晬。

④后来，李勉成了宰相，他为官正直，对待下属非常温和有礼，因此大家都很尊敬他。

鱼朝恩仗势欺人
李宰相礼贤下士

公元762年，唐肃宗因病逝世，太子李豫（即广平王李俶）继位，是为唐代宗，他命儿子李适统领大军打败叛军，收复了洛阳、河北诸郡，终于在第二年彻底平定了安史之乱。

危机中总藏有转机。

李 亨

（公元711年—公元762年）唐朝第七位皇帝，命郭子仪与李光弼等讨伐安史，收复长安、洛阳两京。

唐代宗在位时，为了恢复社会安定和发展生产，大力整治了漕运、盐政，还设计诛杀了一众祸乱朝纲的权宦，这其中便有鱼朝恩。鱼朝恩得势时不仅干预政事，还诋毁忠良，被他谗言陷害的人除了郭子仪外，还有一个叫李勉的人。

李勉从小就勤奋好学，为官后正直廉洁，因此受到了宦臣鱼朝恩的排挤，被调到岭南出任岭南节度使一职。

在此期间，李勉勤勤恳恳地为朝廷效力，还十分珍惜贤能之人。他发现一个叫王晔的县尉很有才能，想要予以提拔。可这时他却接到了上面拘捕王晔的命令。经过调查，李勉得知王晔是因为秉公办事得罪了权贵，被对方诬陷，于是立即回京面见唐代宗，将王晔的德行如实秉明，并直言王晔是个可以重用的人才。

见李勉如此尽心地为国家举荐人才，唐代宗很是赞赏，于是提升王晔做了县令。王晔上任后也没有辜负唐代宗和李勉的信任，成为深受百姓爱戴的好官。后来，李勉成为宰相，居于高位的他仍旧保持着正直清廉的作风，而且对待下属非常亲和，常常亲自到他们的家里去慰问。因此，人们都说李勉不仅善于提拔人才，而且还能做到礼贤下士，是个值得尊敬的好官。

成语有意思

近义成语

求贤若渴：寻求贤才像口渴寻找水那样，比喻寻求贤才的心情迫切。

爱才好士：爱护、重视人才。

反义成语

嫉贤妒能：嫉妒有才能的人，因为别人比自己好而怨恨。

为渊驱鱼：比喻残暴的统治迫使百姓投向敌方。现多比喻不会团结
人，把本可以团结过来的人赶到敌人那里去。

成语造句

　　他虽然身居高位，却很懂得礼贤下士，这种风度获得了员工们的
称赞。

成语延伸

爱才若渴

释义：爱慕人才，就像口渴要喝水一样。形容非常珍惜爱护人才。

讲解：李勉与韩愈一样，都很重视人才的培养，对下属非常好。

出处：嫉恶甚严，爱才若渴，此韩愈之面目也。——清·叶燮《原
诗·外篇上》

成语快问快答

孔老师，今天小华被我礼贤下士的行为感动了。

对同学是不能用礼贤下士的。

这是为什么呢?

因为礼贤下士是身份较高的人对身份较低的人使用的成语，你跟小华是同学，当然不能使用了。

发送

以人为镜

    我们要像李勉一样正直敢言、待人和善，在复杂的政治环境中仍能保持清白之心，不受权势的腐蚀。在日常生活中，我们也应该追求这种高尚的人格，不为私利所动摇，同时对待他人要真诚和友善，这样才能赢得他人的尊重和信任。

以史为镜

    唐代宗时期，安史之乱已经接近尾声。唐代宗为人谦和，任用贤能，锐意改革，能够解决一些唐朝政治的弊端。然而他过于软弱，没有抓住彻底解决藩镇武力的时机，为后来困扰唐朝的藩镇割据埋下了隐患。

sī kōng jiàn guàn
司空见惯

成语释义：指某事常常见到，不足为奇。

来，跟我学这个成语。

高髻云鬟宫样妆，春风一曲杜韦娘。司空见惯浑闲事，断尽苏州刺史肠。

——出自《赠李司空妓》

①李绅，唐朝宰相、诗人，是新乐府运动的倡导者和参与者。

②唐德宗后期，因为官府税收增加，农民们辛苦种地也还是吃不饱饭，李绅十分同情他们。

③李绅在当了大官后却变得非常奢侈，不仅瞧不起贫苦百姓，而且对待百姓还非常残酷无情。

④李绅的宴会上常有大鱼大肉、美艳舞姬，刘禹锡看到他见惯这个场面的样子，不由得叹气。

入仕前悲悯天下·入仕后鱼肉百姓

公元779年，唐代宗驾崩，其长子李适（kuò）即位，是为唐德宗。唐德宗在统治前期废除租庸调制，改行"两税法"，减轻了贫苦人家的税收负担。不过在统治后期，唐德宗又因为增收杂税而使得政局转坏。

收税真是一门学问啊!

李 适

（公元742年—公元805年）唐朝第十位皇帝，执政前期有中兴气象，后任用卢杞等人，导致政局转坏。

杂税的增收自然会加重百姓的负担，在繁重的赋税下，农民们即使辛勤劳作，最终到手的也只有一点儿连肚子也填不饱的粮食。一个叫李绅的人见此情景对农民产生了同情，于是写下了《悯农》一诗："锄禾日当午，汗滴禾下土。谁知盘中餐，粒粒皆辛苦。"

可是，李绅在步入仕途、逐渐获得权势后，却忘记了当年的"悯农"之心，过上了骄奢淫逸的生活。据说，他吃一顿饭就会花掉数百甚至上千贯的钱。不仅如此，发达后的李绅还非常残暴无情，在他的治理下，百姓们不但要承受贫困之苦，还要整日担惊受怕，因此很多百姓都从他管理的地方逃难到了别处。

一次，刘禹锡受邀参加李绅的宴会，他看着宴会上那些奢华的美食和美艳的歌妓，不由得心生感慨，这些贫苦百姓不敢想象的东西，李司空却好像已经习以为常了。见此情景，刘禹锡便作了一首《赠李司空妓》，讽刺李绅奢侈享乐的行为。

因为唐德宗后期姑息藩镇、大肆征收、宠信奸佞，朝堂上下多是与李绅一样的贪官污吏，以致这一时期的官场，奢靡腐败之风大为盛行。

成语有意思

近义成语

不足为奇：多指某种事物或现象很平常，没有新奇之处。

见怪不怪：看到怪异的现象也不惊讶，指遇到不常见的事物或意外情
况，沉着镇静。

反义成语

前所未有：以前从未有过的。表示某种新出现的事物。

绝无仅有：只有这一个，没有其他的。形容极其少有。

成语造句

　　交通事故对交警来说是司空见惯的事，但王警官每次看见交通事
故，还是会心痛万分。

成语延伸

故态复萌

释义：老样子又逐渐恢复，形容老毛病重犯。

讲解：生锈的刀经过（磨刀石）打磨，能够让它恢复光辉，刘禹锡借
磨刀石来表达变法的重要性。

出处：故态复还，宝心再起。既赋形而终用，一蒙垢焉何耻？
　　　　——唐·刘禹锡《陋室铭》

孔老师，司空见惯和习以为常表达的是同样的意思吗？

这两个成语都有看惯了、不觉得奇怪之意，但在具体用法上有所不同。

 哦？有什么不同呢？

司空见惯常用于书面语，可以在写作中使用；习以为常多用于口语，在日常交流中使用得比较多。

🎤 ＋ [　　　　　　　　　　　　　　　] 发送

以人为镜

　　我们不能像李绅一样说一套做一套，表面上关心民间疾苦，实际上却奢侈享乐、压榨百姓。在日常生活中，我们应该与人为善，表里如一，确保自己的行为和言辞始终一致，这样才能赢得他人的尊重和信赖。

以史为镜

　　唐德宗时期，安史之乱已经被平定，整个唐朝一派百废待兴的景象。唐德宗锐意改革，力图让国家中兴，然而他改革之心太过急切，经常更换高管，导致中央政权很难稳定，加上各级官员的腐败，民怨在全国范围内蔓延，国家局面依然动荡不安。

qiān zǎi nán féng
千 载 难 逢

成语释义：形容机会非常难得和宝贵。

来，跟我学这个成语。

当此之际，所谓千载一时不可逢之嘉会，而臣负罪婴，自拘海岛……瞻望宸极，魂神飞去。

——出自《潮州刺史谢上表》

千里马常有，伯乐却不常有。

①韩愈，是"唐宋八大家之首"，有"文章巨公"和"百代文宗"之名。

②唐宪宗崇尚佛教，韩愈因反对他派遣使者去迎佛骨，被贬到潮州。

元和盛世，千载难逢。

③被贬后，韩愈写信给唐宪宗为自己辩解，称颂唐宪宗开创的"元和中兴"是千载难逢的，并再次向唐宪宗进谏。

长安

④接到韩愈上表之后，唐宪宗就原谅了他。后来韩愈重新回到了长安。

韩愈劝谏不成后变脸
皇帝宠信宦官反被害

公元 805 年，唐德宗驾崩，太子李诵登基，是为唐顺宗。唐顺宗的太子生涯长达二十六年，在此期间他的生活一直谨慎压抑，身体状况很不好。同年八月，唐顺宗禅位于太子李纯（本名李淳），是为唐宪宗。

李　纯

（公元 778 年—公元 820 年）唐朝第十二位皇帝，即位之初励精图治，后期追求长生，疏于政事，最终死于宦官谋杀。

唐宪宗即位后任贤用能，对割据的藩镇势力进行了有效的打击，朝廷的威望得以振兴，唐朝得到了中兴，他的统治因此也被后世称为"元和中兴"。然而，唐宪宗在取得一些政绩后逐渐变得骄傲，不仅重用宦官，而且热衷于寻仙问佛，妄图长生不老。公元 819 年，唐宪宗派遣使者去凤翔迎佛骨，这时，一个叫韩愈的人站出来劝谏，说供奉佛骨是一件荒唐的事，皇帝如果带头这样做就是在误导天下人。韩愈的谏言让唐宪宗非常生气，于是他将韩愈贬去了潮州。

　　韩愈到达潮州后，写了一篇《潮州刺史谢上表》为自己辩白。他在文章中赞誉了唐宪宗的政绩"千载难逢"，建议他像历史上的那些贤明帝王一样，去泰山举行封禅仪式。此外，韩愈还表示，希望自己能有幸参与这场盛大封禅典礼，不然他一定会抱憾终身，死不瞑目。

　　看韩愈将自己称作贤明君主，唐宪宗心里自然十分高兴，于是将韩愈暂时调去了袁州。直到后来唐穆宗召韩愈入朝任国子祭酒，韩愈这才重新回到了长安。唐宪宗因为服用"长生药"而变得性情暴躁，常常诛杀身边的宦官，搞得朝廷内部人心惶惶。

　　公元 820 年，王守澄、陈弘志等宦官潜入寝宫谋杀了唐宪宗，并谎称他是因为误食了丹药而暴亡。唐宪宗死在了自己宠信的宦官手中，自此以后，大唐皇帝的废立便都由宦官牢牢把持。

成语有意思

近义成语

千载一遇：一千年里也难遇到。形容机会极其难得和宝贵。

百年不遇：上百年也碰不到一次。形容非常罕见。

反义成语

俯拾皆是：弯腰就可以捡到。形容事物数量多且易得。

成语造句

　　非常向往南极风光的我，有幸被单位安排到南极去考察，这真是一次千载难逢的机会。

成语延伸

虚张声势

释义：指假装出强大的气势，借以吓唬或迷惑对方。

讲解：韩愈坚决主张对淮西用兵，他分析淮西形势，认为淄青、恒冀的叛军是虚张声势，并不会真的救助吴元济。

出处：淄青、恒冀两道，与蔡州气类略同，今闻讨伐元济，人情必有救助之意，然皆暗弱，自保无暇，虚张声势，则必有之。

　　　　——唐·韩愈《论淮西事宜状》

孔老师，千载难逢与千载一时表达的是同样的意思吗？

这两个成语都可以用来形容机会难得，但在表意的侧重点上有所不同。

 哦？有什么不同呢？

千载难逢偏重于"难逢"，即眼前的机会很难遇到；而千载一时则偏重于"一时"，即时机会稍纵即逝。

🎤 ＋ [　　　　　　　　　　　　　　　　] 发送

以人为镜

  我们要像韩愈一样懂得审时度势，在坚持原则的同时，也能够根据时势的变迁和环境的变化作出反应。在日常生活中，我们也应该培养这种灵活的思维方式，思考问题时不要"一根筋"，要在各种挑战和机遇面前，多思考一些，做出最佳决策。

以史为镜

  唐德宗死后，进入了漫长和腐朽的中唐时期，这一时期中央权力衰微，地方藩镇势力强大，往往能够对抗中央政令。与此同时，统治阶级生活腐朽，相继登上皇位的唐顺宗、唐宪宗、唐穆宗等，不是只知享乐就是改革失败，再加上战火不休，人民生活十分困苦。

发生年代：约公元825年

历史事件：唐敬宗昏庸误国

相关人物：杜牧、唐敬宗

唐朝

gōu xīn dòu jiǎo
钩心斗角

成语释义：原形容宫室建筑的结构精巧工致。现比喻各用心机，互相争斗、排挤。

来，跟我学这个成语。

五步一楼，十步一阁；廊腰缦回，檐牙高啄；各抱地势，钩心斗角。

——出自《阿房宫赋》

以史为鉴可以知兴替。

①杜牧，唐朝诗人、散文家，与李商隐并称为"小李杜"。杜牧为官期间深受百姓爱戴。

②唐敬宗昏庸无能，整日沉迷于享乐，大兴土木，不理朝政，把国家大事都交给奸臣管理。

③唐敬宗很喜欢修房子，工匠们叫苦连天，最终发生了染坊役夫张韶作乱事件。

④杜牧十分担心当下的朝堂，于是就写了一篇《阿房宫赋》，希望以此劝谏皇帝。

杜牧作惊世之文进谏
皇帝却荒淫无度不听

王守澄、陈弘志等宦官谋杀唐宪宗后，拥立李恒（初名李宥）为帝，是为唐穆宗。即位后的唐穆宗昏庸无能，任由奸佞祸乱国事，而且还和唐宪宗一样迷恋丹药，最终因为服用丹药过度，于公元824年病逝。此后，其子李湛继位，是为唐敬宗。

人生虽短，玩乐不止。

李 湛

（公元809年—公元827年）唐朝第十四位皇帝，在位时间较短，好玩乐，最终为宦官刘克明等人所杀。

唐敬宗的昏庸程度和他父亲比起来有过之而无不及，他不仅和父亲一样任由宦官把持朝政，迷信长生不老，而且还沉迷蹴鞠、贪恋美色，甚至还会半夜在宫中捉狐狸。他整日只知享乐，常常日上三竿还不上朝。

不仅如此，唐敬宗还喜欢大规模地盖房子，从他登上皇位以来，各级工匠官员就没有休息过一天，忍无可忍的染坊役夫张韶便与好友苏玄明联合数百名染工杀入了右银台门，而此时，唐敬宗正在打马球。

唐敬宗的昏聩统治使得朝堂上下人人自危，对国事政治向来十分关心的杜牧，对此自然也感到非常忧虑。于是，二十三岁的杜牧作了一篇《阿房宫赋》，他用"各抱地势，钩心斗角"的描述突显阿房宫建造得精巧恢宏，然后通过写宫中的美人珍宝来暗指秦朝统治者的奢侈，最后，对六国及秦朝的灭亡原因进行了总结。

杜牧在《上知己文章启》中写道："宝历大起宫室，广声色，故作《阿房宫赋》。"可见，他作此文章的目的就是希望警示唐敬宗不要重蹈六国和秦朝灭亡的覆辙。可惜，沉湎于无度享乐之中的唐敬宗并没有听见杜牧的"声音"。

成语有意思

近义成语

明争暗斗：表面上和暗地里都在进行争斗。形容各用心思，互相排挤、争斗。

貌合神离：形容表面上关系很融洽，实际上各怀心思。

反义成语

肝胆相照：表示对人忠诚，以真心相见。

披肝沥胆：剖露肝脏，滴下胆汁，比喻真心对待，倾吐心里话。也形容十分忠诚。

成语造句

　　朝堂之上，钩心斗角的现象可谓是屡见不鲜，不少人都为了一己私利而抨击他人。

成语延伸

娉娉袅袅

释义：形容女子苗条俊美，体态轻盈。也写作袅袅婷婷。

讲解：杜牧形容十三岁的女子姿态美好。

出处：娉娉袅袅十三余，豆蔻梢头二月初。——唐·杜牧《赠别二首》

孔老师，钩心斗角和明争暗斗表达的是同样的意思吗？

这两个成语都有耍心机、相互斗争排挤的意思，但在具体表意上有所不同。

 哦？不同在哪里呢？

钩心斗角更偏重于暗地里争斗，表面上争斗得并不明显；而明争暗斗则是表面和暗地里都在争斗。

🎤 ＋ ⬜⬜⬜⬜⬜⬜⬜⬜⬜⬜ 发送

以人为镜

　　我们不能像唐敬宗一样只知享乐，不务正业，沉迷于奢侈和宴乐，忽视国家的治理和百姓的疾苦。在日常生活中，我们认识到自己的责任和使命，不被短暂的享乐迷惑，始终关注并努力完成自己的职责和使命，这样才能真正实现个人价值。

以史为镜

　　唐朝中后期，另一个困扰唐朝的问题开始出现，那就是宦官专权。唐朝皇帝宠信宦官，甚至有将兵权交给宦官的先例，因而宦官势力逐渐壮大，后来出现了谋害和替换皇帝的极端事件。在宦官、奸臣和藩镇的共同破坏下，唐朝基业已经摇摇欲坠了。

发生年代：约公元828年

历史事件：刘禹锡重回洛阳

相关人物：刘禹锡

唐朝

qián dù liú láng
前度刘郎

成语释义：比喻离去以后又回来的人。也指有过经验的人。

来，跟我学这个成语。

百亩庭中半是苔，桃花净尽菜花开。种桃道士归何处，前度刘郎今又来。

——出自《再游玄都观》

陋室可居，意志不屈。

①刘禹锡，唐代著名的文学家、哲学家，有"诗豪"之称。

②刘禹锡与柳宗元同为改革派的主要人物，革新失败后两人都遭到了贬谪。

③十年后，回京的刘禹锡观赏桃花时，写了一首将桃花隐喻成小人的诗，因此再次被贬。

④被贬生涯结束后，再次回到京城的刘禹锡又作一首《再游玄都观》，以此来彰显自己的不屈意志。

作诗被贬志不屈
唐朝走向下坡路

公元 826 年，唐敬宗在一次玩乐回宫后被宦官谋杀，其弟李昂（本名李涵）被立为皇帝，即唐文宗。唐文宗和他的父亲、哥哥不一样，他在位期间励精图治，不好女色，严禁奢靡风气，甚至企图改变宦官弄权的状况。可是，他在与宰相宋申锡策划除掉宦官时，被对方探听到了风声，事败后，唐文宗被宦官软禁，最终因为常年积郁而病重到无法下床。

有心搞政事，无力除奸臣。

李 昂

（公元 809 年—公元 840 年）唐朝第十五位皇帝，在位期间党争不断，官员调动频繁，政局混乱。

唐文宗登基那年，被贬时间长达二十一年之久的刘禹锡终于奉诏回到了洛阳，并在东都尚书省任职。刘禹锡第一次被贬是因为参与了王叔文、柳宗元等人的革新活动（即"永贞革新"）。十年后，刘禹锡与柳宗元等人奉诏回京，刘禹锡在玄都观赏桃花时写了一首《玄都观桃花》："紫陌红尘拂面来，无人不道看花回；玄都观里桃千树，尽是刘郎去后栽！"因在诗中以桃花隐喻奸佞小人，刘禹锡得罪了执政者，再次遭到贬谪。

公元 828 年，刘禹锡再次来到玄都观时，写下了一首《再游玄都观》，这首诗表达了刘禹锡不愿屈服于权贵小人的决心，和面对多次的贬谪打击仍不低头的意志，"前度刘郎今又来"的精神也感染了和他一样有着斗争精神的后辈。

公元 842 年，七十一岁的刘禹锡在洛阳病逝，此时的唐朝已处于晚期，宦官专权、朋党相争，已经表现出了灭亡的迹象。

成语有意思

近义成语

重操旧业：重新干以前从事过的职业。

死灰复燃：原比喻失去权势者重新得势。现比喻恶势力或坏思想等在小时候又重新活跃起来。

反义成语

泥牛入海：泥做的牛像，一旦沉入海底就会消融，不复存在。比喻一去不回，杳无音信。

成语造句

张强对公司来说算是前度刘郎了，几年前他在这里做过经理，这次是老板请他回来的。

成语延伸

甘棠遗爱

释义：周朝时，召公在甘棠树下为人民主持公道，获得人们尊敬，召公死后人们为纪念他不再砍伐甘棠树。指称颂官吏的政绩。

讲解：刘禹锡被贬谪到地方后依然为民造福，因此在民间拥有像召公一样的口碑。

出处：闻道天台有遗爱，人将琪树比甘棠。——唐·刘禹锡《将赴汝州途出浚下留辞李相公》

孔老师，前度刘郎中的"刘郎"是指刘禹锡本人吗？

没错，这个"刘郎"就是指刘禹锡本人。

 那这个成语的意思就是"上次来过的刘禹锡又来了"吗？

是的，刘禹锡在诗文中要表达的就是这个意思，现在这个成语也用来表示去了又来的人。

🎤 ＋ [   ] 发送

以人为镜

我们要像刘禹锡一样自信豁达，不向权贵低头，在风云变幻的时代中，仍保持独立的人格和高尚的品性。在日常生活中，我们也应该有这种勇气和骨气，不为利益所动，不畏强权，坚守自己的信仰和原则。

以史为镜

在唐朝中后期，也曾有皇帝和文臣锐意改革，力图通过改革拯救危局的情况，如刘禹锡参加的永贞革新就是一例。然而因为改革所要面对的对抗势力过于强大，几乎每一次改革都草草收场，甚至还发生了改革不成反而皇帝遭到劫持的甘露之变。

duō shì zhī qiū
多事之秋

成语释义：变故很多的时期。多形容国家不安定。

来，跟我学这个成语。

况逢多事之秋，而乃有令患风。

——出自《前宣州当涂县令王翱摄扬子县令》

日是大唐好，月是故乡明。

①崔致远，朝鲜汉文学开山鼻祖，十二岁那年来到大唐学习并游历洛阳。

②进士及第后崔致远被任命为溧水县尉，在随后的几年里，崔致远常常以文会友。

③任职期满的崔致远在回京路上遇到了黄巢起义军，于是他便投入高骈（pián）的门下。

④唐朝末期战事不断，高骈也渐渐拥兵自重，迷信方术。崔致远经过一番思考，最终决定回到朝鲜。

崔致远两国为官
唐哀帝见证亡国

唐僖宗李儇（xuān）在位时期，大量国土遭到了兼并，统治阶级的奢靡无度还为平民百姓带来了繁重的赋役。在惨无人道的压迫下，人民大众为求生存，纷纷揭竿而起，很快，各地相继爆发了大规模的农民起义。

李 儇

（公元862年—公元888年）唐朝第十九位皇帝，热衷于游乐，在位期间政局混乱，发生了王仙芝、黄巢起义。

公元880年，黄巢起义军击败唐朝将领后，就向东都洛阳发起了进攻。很快，起义军一路往西到达了潼关城下，唐僖宗立即派军据守潼关。可是在当地群众的帮助下，起义军只花了六天时间就攻下了潼关。眼看长安就要失守，唐僖宗赶紧带着身边的宦官逃亡到四川成都。

黄巢起义军占领长安后，杀掉了城中的贵族和官员，建立起了新的农民政权。

这一年，在溧（lì）水任职期满的崔致远正要回长安，却在途中遇到了黄巢起义军，见长安被起义军攻破，崔致远只好投入扬州高骈的门下。崔致远十二岁那年从朝鲜新罗来到大唐，在这处于多事之秋的异国，高骈的知遇之恩让他非常感激，但高骈晚年迷信方术的行为也让崔致远很不认同，为此他陷入了深深的纠结之中。最终崔致远选择回到故国。归国后，他凭借自己在大唐的显赫官衔与声望，得到了朝鲜君主的重用。

公元 884 年，黄巢部将朱温叛乱，起义军力量被削弱，这场长达六年的战乱终于得以平定。公元 903 年，朱温杀掉了数百名宦官，结束了唐末宦官专权的局面。公元 907 年，他废掉唐哀帝李柷（chù），自立为帝，同时改国号为梁，定都汴州。至此，持续统治华夏近三百年的大唐宣告灭亡。

成语有意思

近义成语

风雨飘摇： 比喻局势动荡不安，很不稳定。

内忧外患： 指国家内部的变乱和外部的侵略。

反义成语

太平盛世： 比喻非常兴盛安定的社会。

成语造句

　　太守告诉军民，目前正处于多事之秋，大家一定要坚定信念，守卫城池。

成语延伸

烟波浩渺

释义： 指水波渺茫，像烟雾笼罩。

讲解： 烟波浩渺的江湖水面极其辽阔，东山横亘在海面上美不胜收。

出处： 目极烟波浩渺间，晓乌飞处认乡关。——唐·崔致远《将归海东巉（chán）山春望》

成语快问快答

 孔老师，多事之秋中的"秋"是指秋天吗？

不是的，这里的"秋"指的是年岁、时期。

 原来如此，那"自古逢秋悲寂寥"的"秋"指的也是年岁、时期吗？

你又错了！这句诗文中的"秋"指的才是秋天。

🎤 ＋ ⬚⬚⬚⬚⬚⬚⬚⬚⬚⬚⬚⬚⬚⬚⬚⬚⬚⬚⬚⬚⬚⬚⬚⬚⬚ 〔发送〕

 以人为镜

　　我们要像崔致远一样拥有清醒的头脑，既要知恩不忘报，又要坚守自己的原则和底线，当二者发生冲突时，要冷静地作出决断。

以史为镜

　　唐朝末年，人民赋役繁重，生活困苦，又遇到连年的灾荒，无以为生，因而发生了大规模的起义。起义军在黄巢的率领下，转战南北，并攻入长安，建立政权，虽然最后遭到镇压功败垂成，但给唐朝统治以致命的打击，统治中国近三百年的唐朝就这样走向了末日。

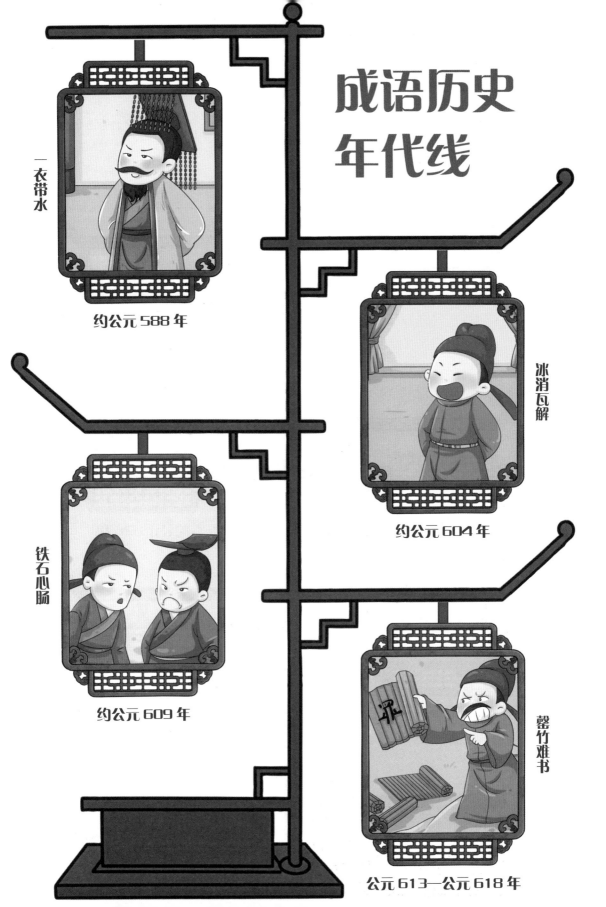

成语历史
年代线

一衣带水
约公元588年

冰消瓦解
约公元604年

铁石心肠
约公元609年

罄竹难书
公元613—公元618年

雀屏中选

公元 581—公元 618 年

房谋杜断

约公元 626 年

兼听则明

约公元 628 年

牝鸡司晨

约公元 634 年

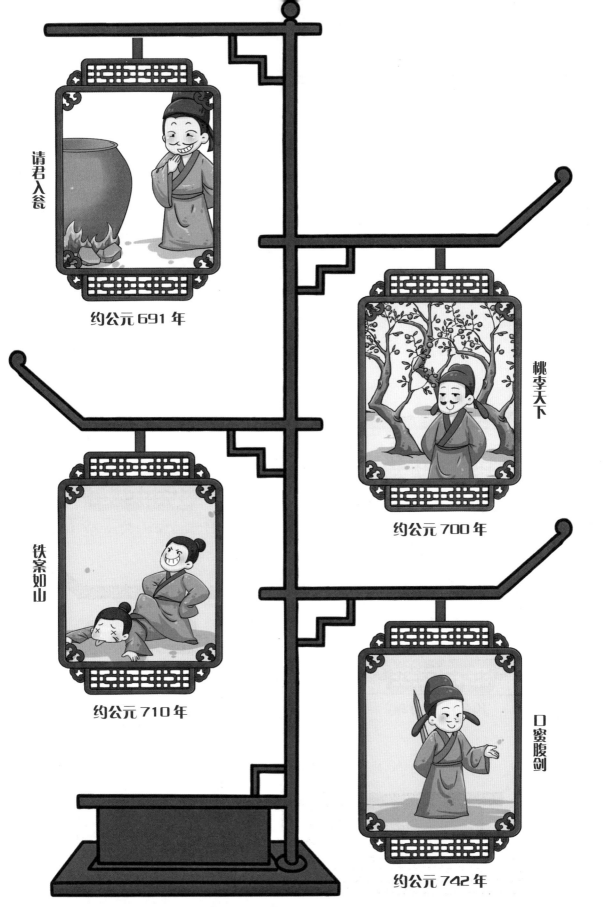

请君入瓮

约公元 691 年

桃李天下

约公元 700 年

铁案如山

约公元 710 年

口蜜腹剑

约公元 742 年

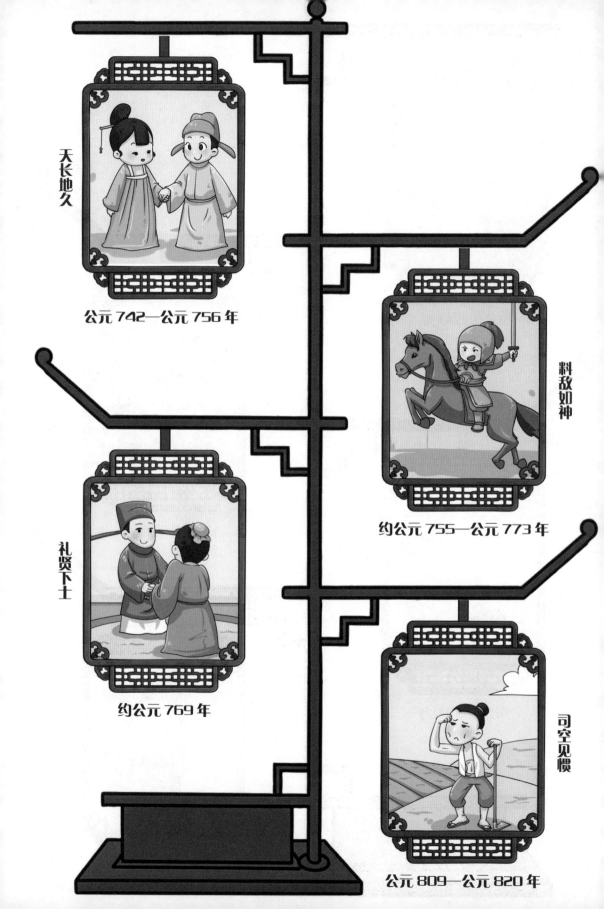

天长地久

公元 742—公元 756 年

料敌如神

约公元 755—公元 773 年

礼贤下士

约公元 769 年

司空见惯

公元 809—公元 820 年

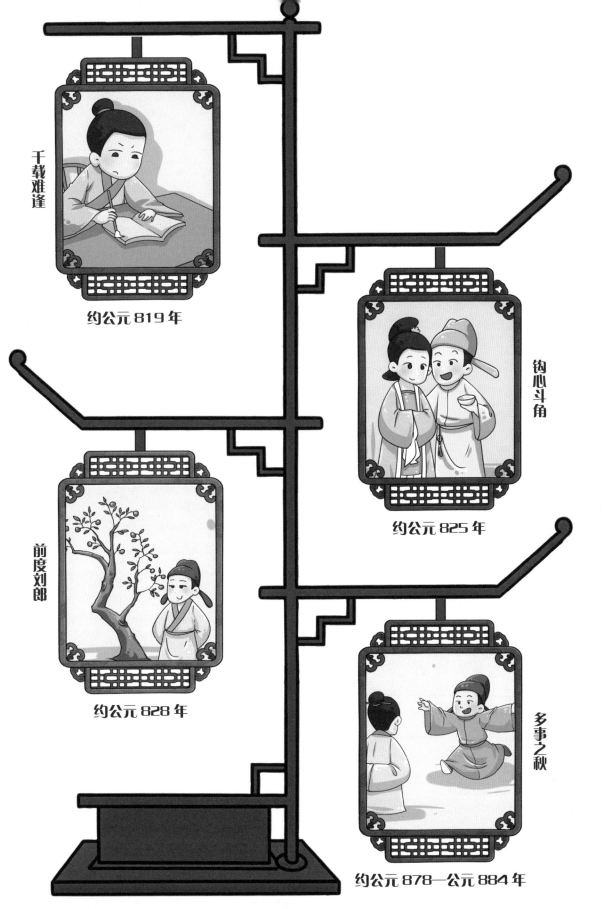

千载难逢　约公元819年

钩心斗角　约公元825年

前度刘郎　约公元828年

多事之秋　约公元878—公元884年

让成语带孩子疯狂学历史

黄志有◎著　云图小小岛◎绘

（南北宋卷）

北京理工大学出版社
BEIJING INSTITUTE OF TECHNOLOGY PRESS

图书在版编目（CIP）数据

让成语带孩子疯狂学历史.南北宋卷／黄志有著；
云图小小岛绘. -- 北京：北京理工大学出版社，2025.3.
ISBN 978-7-5763-5100-2

Ⅰ.K209；H136.31-49

中国国家版本馆CIP数据核字第2025MW5333号

责任编辑： 王晓莉　　　**文案编辑：** 王晓莉
责任校对： 刘亚男　　　**责任印制：** 李志强

出版发行／北京理工大学出版社有限责任公司
社　　址／北京市丰台区四合庄路 6 号
邮　　编／100070
电　　话／（010）68944451（大众售后服务热线）
　　　　　　（010）68912824（大众售后服务热线）
网　　址／http://www.bitpress.com.cn

版 印 次／2025 年 3 月第 1 版第 1 次印刷
印　　刷／天津睿和印艺科技有限公司
开　　本／710 mm×1000 mm　1/16
印　　张／7
字　　数／76 千字
定　　价／149.00 元（全6册）

图书出现印装质量问题，请拨打售后服务热线，负责调换

前言

读者朋友们，成语是中国历史文化的瑰宝，它以极其简洁的形式，凝聚了中华民族几千年的历史智慧和生活经验。我们日常接触的很多喜闻乐见的成语，都蕴含着一个或多个历史故事，这些故事为我们讲述了历史变迁、文化传承、政权更迭、英雄事迹、百姓生活等诸多方面。

例如，在"退避三舍"这一成语背后，是晋文公的言而有信，是争霸之战的上兵伐谋，更是周王室统治权威的衰落；在"望梅止渴"这一成语背后，是分裂动荡的三国时期，是一代枭雄曹操的治军智慧，也是成王败寇的命运抉择。这些成语已经深深地镶嵌在我们的语言和文化中。由此可见，学习和理解这些成语，就是在学习和理解我们祖国伟大的历史和文化。

历史并不是一本尘封的旧书，而是活生生的故事，是一堂堂丰富的人生课程。本套图书将以生动、有趣的方式，通过一个个成语将上下五千年的中华历史串联起来。通过这种方式，我们可以更轻松地接触到历史，感受历史的趣味性和魅力。

本套图书共有 6 卷，每卷包括 20 个主线成语，通过阅读这些成语背后的故事，读者朋友将了解特定时期的重要历史。为了让读者朋友更好地了解成语背后的故事，本套图书还针对每一个主线成语绘制了精美的四格漫画，以幽默风趣的语言，对成语故事进行介绍。此外，本套图书还加入了拓展延伸的内容，围绕主线成语拓展了一些其他成语，并以"以史为镜""以人为镜""成语快问快答"等板块，对主线成语进行进一步延伸，最大限度地丰富了图书的内容。

　　我们希望通过这套图书，让读者朋友在学习成语的同时，也能感受到历史的生动性和趣味性。这样，历史便不再是一堆枯燥无味的事实和日期，而是一个个鲜活的故事、一幅幅生动的画面。

　　愿每一个读者朋友在阅读这套图书的过程中，都能感受那些智慧的闪光，从而在学习和生活中都能"疯狂"而又充满热情。最后，愿这套图书能帮助孩子们建立对历史的深刻理解和对成语的真挚热爱。

　　让我们一起，以成语为载体，揭开历史的神秘面纱，开启一场精彩的历史之旅吧！

目 录

颐指气使
yí zhǐ qì shǐ

成语释义：用面部表情示意、指使别人。形容有权有势人的傲慢态度。

来，跟我学这个成语。

振皆颐指气使，旁若无人，朋附者非次奖升，私晋者沈弃。

——出自《新五代史·李振传》

①李振，唐朝司空李抱真曾孙，唐末乱世，投入朱温帐下。

②因说服朱温拥立唐昭宗复位，李振深得朱温器重。

③李振作为朱温的"代言人"，根本瞧不起那些唐末大臣，经常随意使唤他们。

④后梁灭亡之时，李振屈膝求降，依然被后唐庄宗李存勖（xù）处死。

身居高位作威作福
国破祈降枉为丈夫

李振本生于贵族世家，却没有顺利走上仕途。在一次次科举失败后，他拜入朱温帐下，成了朱温的谋臣。在为朱温谋事期间，李振尽显其能，深得朱温信任。

心狠手辣，才能称霸！

朱 温

（公元852年—公元912年）后梁开国皇帝，唐末时割据一方，进入关中后灭唐建立后梁，后因继立问题，被亲子朱友珪所杀。

李振投靠朱温时，大唐江山风雨飘摇，已经快要分崩离析了。宦官刘季述在发动政变前，曾派人与李振联络，希望朱温能给予其支持。李振不仅拒绝了刘季述的请求，反而在刘季述发动政变后，说服朱温诛杀刘季述，拥立唐昭宗复位。经此一事，朱温更加器重李振。

唐昭宗复位后，并没什么实权，一切政事都由朱温说了算，而李振作为朱温的"全权代表",自然成为唐末诸臣竞相巴结的对象。李振每次去洛阳时,都以十分高傲的姿态示人,而且总是按照自己的喜好任意提拔对他恭敬服从的人或罢黜那些他不喜欢的人。

仅罢黜这些大臣,李振似乎觉得不够过瘾,于是他建议朱温将这些大臣全部杀掉。此后,朱温矫诏将多位大臣诛杀,并投入黄河之中。自这次事件之后,忠于大唐的势力被尽数扫清,朱温得以大权独揽,唐朝的灭亡也进入倒计时阶段。

在朱温灭唐建立后梁后,李振连连升官,成为后梁重臣。即使朱温死后,李振也一直受到重用。不过随着后梁的灭亡,李振的好日子也走到了尽头。龙德三年,后唐灭梁,李振屈膝投降,可最后还是被处死了。

成语有意思

近义成语

盛气凌人：用骄横气势欺压别人。形容傲慢自大，气势逼人。

趾高气扬：走路时将脚抬高，神气十足。形容骄傲自满、得意忘形的样子。

反义成语

唯唯诺诺：形容自己没有主意，一味附和，恭顺听从别人的样子。

低三下四：形容态度或工作性质卑贱低下，也指媚态十足，讨好别人。

成语造句

　　张经理颐指气使、盛气凌人的态度，让下属们非常反感，大家纷纷表示要向公司上层反映。

成语延伸

百万雄师

释义：为数众多、威武雄壮的军队。

讲解：李振认为梁王（朱温）坐拥百万大军，这正是成事的资本。

出处：振骇然曰：百岁奴事三岁主，而敢尔邪！今梁王百万之师，方仗大义尊天子，君等无为此不祥也！——北宋·欧阳修《新五代史·李振传》

孔老师，颐指气使和发号施令表达的是同样的意思吗？

这两个成语都有指挥别人的意思，但在表意的侧重点上有所不同。

 哦？有什么不同呢？

颐指气使偏重于表现指挥别人时傲慢的态度，而发号施令则更偏重于发布具体命令，感情色彩较弱。

🎤 ＋ [　　　　　　　　　　　　　　] 发送

以人为镜

　　我们不能像李振一样得势之时作威作福，失势之后又毫无士大夫气节，这样的行为不仅会失去他人的尊重和信任，还会让自己在困境中孤立无援。我们应该在任何情况下都保持坚定的原则和高尚的品质，不为权力和地位所动摇，更不应在逆境中失去尊严和骨气。

以史为镜

　　唐朝灭亡后，北方黄河流域出现后梁、后唐、后晋、后汉和后周五个政权，史称"五代"。五代是唐末藩镇割据局面的延续，它们的开国君主都是掌握兵权的武将，其中后梁的开国君主朱温先是参加了黄巢起义，后来投降唐朝成了藩镇。后唐的君主李存勖则是唐朝的河东节度使。

人死留名

rén sǐ liú míng

成语释义：指人生前建立了功绩，死后才能留下好名声。

来，跟我学这个成语。

彦章武人不知书，常为俚语谓人曰：豹死留皮，人死留名。其于忠义，盖天性也。

——出自《新五代史·王彦章传》

①王彦章，五代时期后梁名将，骁勇善战，是后梁对抗后唐的重要将领。

②王彦章在朱温帐下时，屡立战功，到了后梁末帝朱友贞时，却被冷落、疏远。

③在德胜口一战中，王彦章率军攻破南城，却未获奖赏，反而被迫回家赋闲。

④再次出山后，王彦章因寡不敌众被俘，宁死不屈，后遭斩首。

忠肝义胆王彦章
宁死不降大丈夫

王彦章是五代时期后梁名将，曾跟随朱温冲锋陷阵，因擅使一柄长枪，遂得"王铁枪"之称。后梁建立后，王彦章受命为后梁先锋，率军与李存勖军对抗。

李存勖

（公元885年—公元926年）后唐开国皇帝，为人勇武有智谋，在位时南征北战，震动四方，但此后沉湎于酒色，荒废政事。

到后梁末帝朱友贞时，王彦章虽仍为先锋大将，却在一伙奸臣的主导下，被后梁末帝疏远，以至于在进军时，无法得到朝廷的有力支持，很多战术策略也不被认可。即使如此，王彦章依然凭借自身勇武，屡立战功。

在德胜口一战中，王彦章率兵攻破南城，对后唐军队造成极大威胁。

但由于战功被隐瞒，王彦章不仅未获奖赏，反而丢掉了兵权，被迫回家赋闲。

不久之后，后唐军队发兵攻梁，后梁末帝再次启用王彦章，却只给他几百名士兵。最终，在与后唐军队交战时，王彦章受伤被俘。

后唐庄宗李存勖深知王彦章的能力，便派人劝说王彦章投降，可王彦章忠于后梁，他认为投降便会遭到后世唾骂，豹死尚且留皮，人死了也要留下好名声，作为顶天立地的大丈夫，绝不能苟且偷生。

见无法劝降王彦章，李存勖只得下令将其斩首。一代勇将就此陨落，后梁的命运也进入了倒计时阶段。很快，在后唐军队的进攻下，后梁守将不战而降，后梁灭亡。

成语有意思

近义成语

永垂不朽：指光辉事迹和伟大精神永远流传，不会磨灭。

流芳百世：好的名声永远流传下去。

反义成语

遗臭万年：死后坏名声一直流传下去。

默默无闻：无声无息，没人知道，没有什么名声。

成语造句

    身为七尺男儿，应当不求锦衣玉食、荣华富贵，只求豹死留皮，人死留名。

成语延伸

骁勇善战

释义：矫健勇猛，善于作战。形容战将英勇出色。

讲解：王彦章少小从军，因骁勇善战而闻名，能够光着脚在荆棘上走。

出处：彦章为人骁勇有力，能跣足履棘行百步。——北宋·欧阳修
      《新五代史·王彦章传》

成语快问快答

孔老师，人死留名与豹死留皮有什么关联呢？

这两个成语通常会连在一起使用，表示将好名声留传于后世。

那它们的意思不是与流芳千古一样吗？

你说得没错。

🎤 ＋ _____ 发送

以人为镜

我们要像王彦章一样忠肝义胆，无论在任何环境下都坚守自己的信仰和原则，为国家、为信念付出一切，不求回报，只为内心的正义。

以史为镜

五代时期，北方各政权都有统一天下的野心，因此战乱不断，政局动荡不安，政权更迭频繁，五个政权在五十年里相继灭亡。王朝的频繁变换，导致中原地区经济破坏严重，百姓流离失所，人心开始渴望统一。

发生年代：约公元934年—
公元950年

历史事件：孟昶治后蜀

相关人物：孟昶

民脂民膏

mín zhī mín gāo

成语释义：指人民用血汗换来的财富。

来，跟我学这个成语。

尔俸尔禄，民膏民脂。为人父母，罔不仁慈。特为尔戒，体朕深思。

——出自《戒石文》

①孟昶（chǎng），后蜀末代皇帝，后蜀高祖孟知祥之子，曾为东川节度使、同中书门下平章事。

②孟昶继位后，诛杀了一些骄奢成性的大臣，而后又劝课农桑，促进了后蜀经济的发展。

③孟昶为了更好地了解民情，在朝堂上设置了接收臣民投书的匣子，让臣民踊跃进言。

④孟昶在《戒石文》中要求官员对百姓仁慈，因为他们的俸禄都是百姓用血汗创造的。

重农事得民众爱戴
亲小人葬后蜀江山

　　公元934年，后唐明宗病逝，蜀王孟知祥割据自立，建立后蜀政权。不过在位不到半年，孟知祥便病死了，后蜀的皇权传到了他的儿子孟昶手中。

屁股还没坐热，皇位就传下去了。

孟知祥

（公元874年—公元934年）后蜀开国皇帝，早年跟随李克用征战四方，后据地自立，建立后蜀。

　　孟昶自小过着衣食无忧的生活，即使在五代乱世之中，也没饿过一天肚子。不过，他跟那些只知道花天酒地的纨绔子弟不一样，在登基之后，先是处理了那些骄奢成性的大臣，而后又在朝堂上设置接收臣民投书的匣子，以了解民情。

　　在此之外，孟昶还创作了一篇《戒石文》，希望以此来约束官员们的行为，确保后蜀政权稳定。在这篇文章中，孟昶提出："官员们的俸禄都是百姓用血汗创造的，作为百姓的父母官，怎么能对他们不仁慈呢？"

不得不说，孟昶的这篇文章确实算得上治世良策，但想让当时的每一个后蜀官员都这样做，显然是不可能的。孟昶希望以文学的力量劝导官员们行仁政，同样也是不现实的。

不过，拥有这般美好愿望的孟昶，确实做到了自己在位期间，为百姓带去安稳平和的生活，以至于后蜀兵败于北宋，孟昶离开成都时，数万百姓都来为他痛哭送行。

一位亡国之君能如此受到百姓爱戴，在中国历史上可以说是绝无仅有的。孟昶之所以能如此，完全是其勤政爱民的回报。

成语有意思

近义成语

苛捐杂税： 指统治阶级压榨劳动人民而强行征收的各种繁重捐税。

反义成语

自食其力： 依靠自己的劳动来维持生活。

成语造句

　　封建社会中，贪官污吏横行霸道，经常搜刮民脂民膏，以致人民生活困苦。

成语延伸

冰肌玉骨

释义： 像冰一样的肌肤，像玉一样的骨骼。形容女子肌肤洁白光滑。
也形容梅、水仙、荷花等鲜艳洁净。

讲解： 孟昶与花蕊夫人夜间于摩诃池上游玩时，看到清丽高洁的荷花，
觉得甚是美丽，忍不住作诗一首。

出处： 冰肌玉骨清无汗，水殿风来暗香满。——后蜀·孟昶《玉楼春·
夜起避暑摩诃池上作》

成语快问快答

 孔老师，民脂民膏指的是劳动人民的血与汗吗？

不对，这个成语形容的是劳动人民用血汗换来的财富。

 哦，那就是劳动人民的"血汗钱"喽！

这么说倒也不能算错。

发送

以人为镜

我们要像孟昶一样懂得体恤百姓、关心他人，始终将民众的福祉放在首位，不仅在言语上表示关心，更要在实际行动中付诸实践。在日常生活中，我们应该多关注周围的人，尤其是那些需要帮助的人，用实际行动去温暖他们。

以史为镜

与北方的五代同时期，南方地区出现了吴、南唐、吴越、前蜀、后蜀、楚、闽、南汉、南平九个政权，再加上北方割据太原的北汉，历史上将它们与北方五代并称为"五代十国"。相比于北方的动荡不安，南方政局却相对稳定，经济在原有基础上也有一定的发展。

sì mǎ nán zhuī

驷马难追

成语释义：比喻已说的话，难于收回；既成的事实，不能挽回。

来，跟我学这个成语。

兵戈屡动，驷马难追，戚实自贻，咎将谁执！

——出自《新五代史·晋高祖皇后传》

①石敬瑭，后晋开国皇帝，因割让燕云十六州，向契丹称"儿国"，而深受世人诟病。

②石敬瑭的继任者石重贵并没有把国家治理好，突如其来的蝗灾让后晋百姓苦不堪言。

③面对契丹军队的强大攻势，后晋军队无力抵抗，后晋朝堂也陷入混乱之中。

④无奈之下，石重贵只得让范质为自己和太后写降表，请求契丹能够准许投降。

石重贵上表求宽恕
辽太宗无力治中原

后唐是五代十国时期最为繁盛、实力最强的政权，其先后攻灭后梁、前蜀等政权，在后唐明宗时，实现中兴局面。不过，在中兴之后，后唐逐渐走下坡路，随着后唐末帝李从珂自焚而亡，后唐也灭亡了。

石敬瑭这小子，两面三刀，认贼作父。

李嗣源

（公元867年—公元933年）后唐第二位皇帝，在位期间改革税制与军制，推行新法，使中原经济逐渐复苏。

有意思的是，对后唐给予致命打击的，正是后唐明宗的女婿、后晋高祖石敬瑭。说起石敬瑭，更为人熟知的，应该是他认契丹耶律德光为"父皇帝"这件事。

在成为"儿皇帝"后，石敬瑭虽然攻灭了后唐，却并未能治理好自己的国家，以至于后晋传到其侄石重贵手中时，依然孱弱不堪。更为糟糕的是，这位新晋皇帝同样不懂治国，再加上突如其来的蝗灾，后晋的百姓可谓苦不堪言，道路两旁经常可以见到饿死之人。

公元 944 年，契丹进犯后晋，后晋军民奋力抵抗，虽取得了几场战争的胜利，但依然敌不过契丹的屡次进攻。待契丹先锋骑兵来到后晋都城汴梁明德门外时，后晋朝堂瞬间陷入一派混乱之中。无奈之下，石重贵只得召来学士范质，为自己和太后向契丹写降表。

在为太后所写的降表中，范质写到后晋沦落到了今天这步田地，已经没有办法挽回，只希望契丹皇帝能够准许投降。这封降表写得足够恳切，但也没能挽回后晋的危局。

公元 947 年，契丹攻破汴梁，后晋灭亡。此后，辽太宗耶律德光妄图统治中原，却在中原人民的反抗下，匆忙北返，病逝于途中。

成语有意思

近义成语

驷不及舌：话说出后，四匹马拉的车也追不回来，指说话应当慎重。

一言为定：一句话说定了，不再更改，比喻说话算数，决不反悔。

反义成语

自食其言：自己把自己说出的话吞掉。形容说话不算数，不守信用。

言而无信：说话不算数，没有信用。

成语造句

　　放学后，李华对我说道："君子一言，驷马难追，咱们明天早上在公园南门不见不散。"

成语延伸

兵强马壮

释义：兵力强盛，马匹肥壮。形容军队战斗力强，也可比喻其他队伍力量强大。

讲解：安重荣在投靠石敬瑭后，得到后晋的兵马援助，内心膨胀，自立为王，最后兵败被杀。

出处：尝谓人曰：天子宁有种耶？兵强马壮者为之尔。——北宋·欧阳修《新五代史·安重荣传》

孔老师，驷马难追和一言为定表达的是同样的意思吗？

这两个成语都可以表示说话要有信用，但它们强调的重点有所不同。

哦？有什么不同呢？

驷马难追强调的是说过的话收不回去，而一言为定强调的是话说过之后不许悔改。

发送

以人为镜

我们不能像石敬瑭、石重贵一样，只知道依附于别人，却不知励精图治。真正的成功来自自己努力和不断创新，而不是依赖他人的恩惠。我们应该有自己的目标和追求，勇敢面对挑战，只有这样，我们才能实现自己的价值，赢得他人的尊重和认可。

以史为镜

五代十国时期一个重要的历史事件是后晋开国皇帝石敬瑭向契丹割让幽云十六州。幽云十六州是中原地区防御北方游牧民族的天然屏障，失去了这个屏障，中原地区完全暴露在了北方游牧民族的兵锋之下，这一事件也导致后来的北宋在与契丹的对峙中处于劣势。

发生年代：约公元948年

历史事件：刘知远建后汉

相关人物：侯益、刘知远

迟疑不决

chí yí bù jué

成语释义：指犹犹豫豫，拿不定主意。

来，跟我学这个成语。

尔往至彼，如益来，即置勿问，苟迟疑不决，即以便宜从事。

——出自《宋史·侯益传》

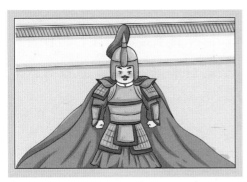

①侯益，曾先后效力于李存勖、李嗣源、石敬瑭，契丹灭后晋后，还接受了契丹人的任命。

②刘知远称帝后，曾下诏让侯益入朝为官，但侯益怕被问罪，所以迟迟没有入朝受封。

③得知刘知远派王景崇前来召自己入朝，侯益先是派人游说王景崇，而后又自己奔入朝中，向后汉隐帝刘承祐解释。

④后周建立后，侯益归降郭威，成为后周臣子。而后在北宋时，还获得了耆（qí）旧老臣的待遇，得以安度晚年。

生逢乱世却左右逢源
历侍多主仍安享晚年

后晋被契丹攻灭后，许多大臣都接受了契丹的任命，侯益也获封凤翔节度使。后汉刘知远称帝后，下诏加封侯益为侍中，但侯益因自己曾接受契丹的任命，而害怕被刘知远问罪，所以一直没有入朝受封。

刘知远

（公元895年—公元948年）后汉开国皇帝，勇武善战，曾跟随李嗣源、石敬瑭等人，屡立战功，称帝后曾多次击退契丹进攻。

此时，恰好后蜀孟昶派人招降侯益，侯益便打算带着家人一起归降后蜀，但还未能成行，就被后汉高祖刘知远所知。刘知远派王景崇率兵召侯益入朝，并在自己病危时对王景崇说："你去召侯益入朝，如果他肯来，就当无事发生，如果他有一丝迟疑，你就可以直接把他杀掉。"

侯益得知王景崇率兵前来，便打算奉诏入朝，但又害怕王景崇会杀掉自己。因此，他先是派人去游说王景崇放过自己，没成功后赶忙奔入朝中。此时后汉高祖刘知远已经病逝，其子后汉隐帝刘承祐便派人询问侯益降蜀原因。侯益一番辩解后，又买通诸多大臣，最后被封为开封尹兼中书令。

要是比官运，五代十国时期应该没人敢与侯益较量。从最初效忠后唐，然后改投后晋，之后又归顺后汉，中途还投靠契丹，暗通后蜀，在郭威起兵后，又投降郭威，成了后周的臣子。甚至在宋太祖赵匡胤称帝后，侯益依然获得了耆旧老臣的待遇，每年仅上朝一次。

侯益在公元965年病亡，终年80岁，这一年龄在古代，尤其是动乱不断的五代十国时期，可以说是相当高寿了。

成语有意思

近义成语

举棋不定：拿着棋子不知如何下好。比喻做事犹豫不决，拿不定主意。

踌躇不决：犹豫不能作出决定。

反义成语

当机立断：抓住时机，立刻作出决断。

毅然决然：形容坚决果断、毫不犹豫的样子。

成语造句

遇事一定不能迟疑不决，如果前怕狼，后怕虎，那往往会错过最佳时机。

成语延伸

招兵买马

释义：招揽士兵，购买战马。旧指组织或扩充武装力量，现比喻组织或扩充人力。

讲解：刘知远招兵买马，从贫苦百姓一跃成为皇帝，实在是非常具有传奇性。

出处：老夫我打听太原并州岳节度使招兵买马，积草囤粮；你（刘知远）武艺过人，如何不去？——明·毛晋《六十种曲》

孔老师，迟疑不决与优柔寡断表达的是同样的意思吗？

这两个成语都有拿不定主意的意思，但在用法上并不相同。

 哦？有什么不同呢？

迟疑不决多指人在具体事情上迟疑犹豫，无法作出决定，不能指人的性格；而优柔寡断则指人在处理事情时缺乏决断力，可以用来形容人的性格。

🎤 ╋ [   ] 发送

以人为镜

我们要像侯益一样懂得顺势而为，在乱世之中保全自己。在复杂的环境中，我们不仅要能够识别和利用有利的机会，还要有足够的定力和策略来避免不必要的冲突和风险。

以史为镜

五代十国时期，虽然政权分立，但唐朝长期政治统一的历史影响和各地经济发展的密切联系，使统一始终是客观存在的必然趋势。在这一趋势中，既有士人对政治稳定的需要，也有百姓对颠沛流离生活的厌弃。

沉默寡言

成语释义：深沉而少言语。

来，跟我学这个成语。

（柴荣）器貌英奇，善骑射，略通书史黄老，性沉重寡言。

——出自《新五代史·世宗本纪》

①柴荣，后周第二位皇帝，他善骑射，通书史，深沉而少言语，是一代英主。

②柴荣即位之初，便率兵击破北汉，稳定了后周基业，并提拔了一批有能力的将领。

以十年开拓天下

十年养百姓

十年致太平

③"以十年开拓天下，十年养百姓，十年致太平"。这些目标虽然没能实现，但柴荣为此付出了不少努力。

④在柴荣统治时期，后周制瓷业的成就颇为突出，在宋朝流行的"天青釉"，便是自此发展而来的。

后周世宗功盖当世
神武雄略一代英主

柴荣是后周的第二位皇帝,在后汉时期曾跟随后周太祖郭威南征北战,后周建立后被委任治理澶州,而后又入朝任开封府尹,进封晋王。公元954年,后周太祖郭威驾崩,柴荣作为其养子接过帝位,成为后周之主。

我儿颇有我当年的风范。

郭 威

(公元904年—公元954年)后周开国皇帝,出身将门,勇武过人,以黄袍加身登上帝位,在位期间改革弊政,虚心纳谏。

柴荣即位之初,北汉刘崇带兵来犯,柴荣领兵亲征,大破北汉,奠定了自己的君主之位,也稳定了后周的基业。此战之中,柴荣斩杀了多位临阵脱逃的后周将领,提拔了一批作战有功的将领,代后周建立大宋的赵匡胤也是在此时被提拔、重用的。

此后，柴荣励精图治，并立下三十年壮志，即"以十年开拓天下，十年养百姓，十年致太平"的宏伟目标。为此，柴荣对内整饬（chì）军纪，裁汰冗员，减少税赋，招抚流亡，制定了一系列制度规范；对外则南征北战，败西蜀，摧南唐，破辽国。史书称其"神武雄略，乃一代之英主也"。

在柴荣统治时期，后周一派祥和景象。一次，大臣向柴荣请示釉彩颜色，柴荣认为那种青中带蓝、釉色莹润为最佳，所以答复道："雨过天青云破处，这般颜色作将来。"后世所说的"天青色"，便是柴荣所形容的"雨过天青"的颜色。

公元 959 年，柴荣突发疾病去世，壮志未酬。其幼子柴宗训继位，但很快被赵匡胤取而代之，后周也就此灭亡。

成语有意思

近义成语

默不作声：沉默着，不作声，不说话。
寡言少语：形容说话很少。

反义成语

口若悬河：说话滔滔不绝，像瀑布倾泻一样。形容能说善辩，话语不断。
夸夸其谈：形容说话、写文章浮夸，不切实际。

成语造句

小张这个人沉默寡言，但心里的主意却一点也不少。

成语延伸

纸衣瓦棺

释义：指陵寝只以砖代之、用瓦棺纸衣的一种薄葬形式。
讲解：后周太祖郭威崇尚节俭，他在临终前嘱咐柴荣，自己的陵寝用砖石、瓦棺、纸衣即可。
出处：我若不起此疾，汝即速治山陵……陵寝无须用石柱，费人工，只以砖代之，用瓦棺纸衣。——北宋·欧阳修《新五代史·周书》

成语快问快答

孔老师，沉默寡言是褒义词还是贬义词呢？

沉默寡言描述的是人不爱说话的性格特点，是一个中性词，不过，中性词在不同的语境中，可以被赋予不同的感情色彩。

您可以举个例子吗？

比如"劳模张师傅老成持重、沉默寡言，把全部的精力都放在了工作上。"这个句子中，沉默寡言就被赋予了正面情感。

🎤 ＋ ⬚ 发送

以人为镜

我们要像柴荣一样勇于开拓、志存高远、不畏困难、勇往直前。在面对挑战时，我们应该保持坚韧不拔的决心，始终追求卓越，不满足于现状，努力去实现自己的理想抱负。

以史为镜

五代时期中原最后一个王朝后周国力强盛，与后周并立的政权有后蜀、南唐、吴越、南汉和北汉，这些政权都没有抗衡后周的实力，因此中国统一的曙光已经隐隐出现。

发生年代：约公元960年

历史事件：赵匡胤代周建宋

相关人物：赵匡胤

huáng páo jiā shēn

黄袍加身

成语释义：指发动政变，谋夺皇位成功，被拥立称帝。

来，跟我学这个成语。

诸校露刃列于庭，曰："诸军无主，愿策太尉为天子。"未及对，有以黄衣加太祖身，众皆罗拜，呼万岁。

——出自《宋史·太祖本纪》

①赵匡胤，宋朝开国皇帝，后周时期跟随柴荣南征北战，功勋卓著，成为禁军最高统帅。

②赵匡胤于陈桥驿扎营休息，将领们一致拥立他为皇帝，并将黄袍披在他的身上。

③穿上黄袍的赵匡胤，在将士们的拥戴下，飞奔回后周朝廷。

④小皇帝将皇位让给赵匡胤。赵匡胤登基，建立宋朝。

赵匡胤黄袍加身
小皇帝无奈让位

柴荣死后，他的儿子柴宗训继位，此时的柴宗训只有七岁，后周的政事主要由宰相范质、王溥处理。这时，赵匡胤看到夺取后周政权的条件已经成熟，于是精心策划了一场历史上有名的"陈桥兵变"。公元960年，朝廷收到急报，称契丹与北汉组成联军，要合力攻打后周。宰相范质、王溥并未核实军情，便派赵匡胤率领诸军外出迎敌。

范 质

（公元911年—公元964年）五代时期后周宰相，后周世宗托孤之臣，学识渊博，为人忠义。

赵匡胤作为殿前都点检，手握兵权，自然应当率兵迎敌，但让后周朝廷没想到的是，他们面对的敌人并不是契丹与北汉，而是这位手握重兵的殿前都点检。

在领兵迎击契丹与北汉联军途中，赵匡胤率军在京城外二十里的陈桥驿扎营休息。夜晚，几位将领聚在一起，商议着拥立赵匡胤做皇帝。这一消息很快传遍军营，将士们一大早就围在赵匡胤的营帐外，见赵匡胤还未起床，便将一件早就准备好的黄袍披在了他的身上。

赵匡胤刚一起床，见身上披着皇帝才能穿的黄袍，还未来得及说话，营帐内的将领与士兵就不断高呼着"万岁"，并行跪拜礼。没人知道此时赵匡胤的内心在想什么，虽然他在行为上表现得并不是很想接受这件黄袍，但最后依然被将士们扶上马，飞奔回了京城。

朝臣们见到这种情形，自然知道发生了什么事，小皇帝柴宗训也无法改变当前的事态，只能让位。赵匡胤成了大宋的开国皇帝，是为"宋太祖"。

成语有意思

近义成语

称王称霸： 自封为帝王或霸王，比喻专横跋扈，也比喻狂妄地以首脑自居。

反义成语

北面称臣： 古代君主面南而坐，臣子朝见时面北，指臣服于人。

成语造句

古往今来，有多少野心家都梦想着能够黄袍加身，但真正成功的又能有几人呢？

成语延伸

推心置腹

释义： 把自己的心放在别人的肚子里。比喻诚信待人，实心实意。

讲解： 宋太祖待人诚恳，即便是对投降的北汉君主刘铱，也能做到实心实意。

出处： 帝笑而谓之（刘铱）曰：朕推赤心于人腹中，宁肯尔耶？

——元·脱脱《宋史·太祖本纪》

成语快问快答

 孔老师，黄袍加身的"黄袍"指的是龙袍吗？

没错，这里的"黄袍"指的正是黄色的龙袍。

 那龙袍为何是"黄色"的呢？

其实，古代早期的龙袍并没有特定颜色，到了隋唐时期，服装"黄袍"才成了帝王的专用衣着。

🎤 ＋ [　　　　　　　　　　　] 发送

以人为镜

我们要像赵匡胤一样善于把握时机，敏锐地洞察时局，果断地作出决策。在人生的每一个关键时刻，我们都应该有足够的勇气与智慧，像赵匡胤一样，既能顺应大势，又能勇挑重担。

以史为镜

后周时期国力强盛，正当后周世宗柴荣打算统一中原时，却突发疾病去世，留下年幼的儿子继位。后周大将赵匡胤在陈桥驿发动兵变，自立为皇帝，篡夺了后周政权。赵匡胤以开封为东京，作为都城，建国号为宋，史称"北宋"。

kāi juàn yǒu yì

开卷有益

成语释义：只要读书就会有所收益。

来，跟我学这个成语。

太宗日阅《御览》二卷，因事有阙，暇日追补之，尝曰：开卷有益，朕不以为劳也。

——出自《渑水燕谈录》

①赵光义，宋太祖赵匡胤的弟弟，赵匡胤驾崩后，继承皇位，继续推进统一大业。

②赵光义成为皇帝后，非常重视文化的发展，不仅自己爱读书，还常常号召百官多读书。

③赵光义让李昉等人编了一部叫《太平总类》的百科全书，规定自己要在一年之内看完。

④赵光义每天坚持看书，最终在一年内看完了《太平总类》，之后就把书名改成了《太平御览》。

太宗皇帝平定四方
太平御览开卷有益

宋太祖赵匡胤死后，其弟赵光义继位，是为"宋太宗"。此时北宋的内外形势并不算稳定，宋太宗对内以自己是太祖皇帝的继承人为名，稳定了政局；对外南征北战，继续进行兄长统一中原的事业。

赵光义

（公元939年—公元997年）宋朝第二位皇帝，在位期间进一步加强中央集权，改变了前代重武轻文的状况。

相比于北宋末年的一些皇帝，宋太宗应该算是位明君，他不仅重视军事力量的建设，还很重视文化的作用。宋太祖赵匡胤在位时，就时常要求文武百官多读书，宋太宗继位后，也很重视书的作用，他自己读书更是到了手不释卷的地步。

宋太宗曾命李昉等人编写过一部规模宏大的百科全书，名为《太平总类》。书编成后，宋太宗很高兴，对大臣们说自己每天都要读完三卷，争取在一年时间内将这部书读完。大臣们担心皇帝日理万机，每天再花费时间读书会操劳过度。但宋太宗说："读书能够获得很多乐趣，每次展开书卷，都能有所收益。"

此后一段时间，宋太宗每天都会读上三卷书，即使某一天国事繁忙没来得及看，过后有空时也会及时补上。最后，宋太宗果然用一年时间看完了《太平总类》，而后便将这部书改名为《太平御览》。

通过读书，宋太宗了解了许多史实，这些历史知识让他在处理国家大事时，更加游刃有余。看到皇帝如此勤奋读书，当时的大臣们也纷纷效仿，一有时间便会读上几卷书。在宋太宗的影响下，宋朝"重文"的风气也逐渐加强了。

成语有意思

近义成语

手不释卷：书本不离手，形容勤奋好学。

反义成语

不学无术：原指不学古则所行不合道术。现多形容人没有学问，没有
本领。

成语造句

　　我这些手工制作方法都是从书上学来的，古人说开卷有益，看来
这话一点也不假。

成语延伸

雪中送炭

释义：指的是下雪天给人送炭取暖，比喻在危急时刻给人物质或精神
上的帮助。

讲解：在滴水成冰的寒冬，宋太宗想到挨饿受冻的百姓，便为鳏寡孤
独及贫穷者送去钱粮米炭。

出处：不是雪中须送炭，聊装风景要诗来。——南宋·范成大《大学
送炭与芥隐》

成语快问快答

孔老师，开卷有益的"卷"指的是考试用的试卷吗？

不对，这里的"卷"指的是书卷。

那这个成语的意思就是经常看书就有益处喽！

没错，你说得很对！

🎤 ＋ [   ] 发送

以人为镜

我们要像赵光义一样爱读书，注重书本的力量，深知知识可以改变命运的道理。在日常生活中，我们应该珍惜每一次学习的机会，不断充实自己，开阔眼界，让书中的智慧为我们提供指导与帮助。

以史为镜

北宋经过太祖、太宗两朝完成了对中原和南方的统一，与北方的契丹形成了对峙局面。鉴于五代时期经常发生武将叛乱的局面，太祖、太宗两朝都非常注意约束武将权力，将权力的中心转移到文官身上，因而导致民间形成重视科举做官的风气，读书成为宋朝人的正途。

发生年代：约公元1005年

历史事件：宋辽澶渊之盟

相关人物：寇準（zhǔn）、
　　　　　赵恒、王钦若

gū zhù yī zhì
孤注一掷

成语释义：在输急时把所有的钱一次押上去，决一输赢。比喻在危机时把所有力量拿出来做最后一次冒险。

来，跟我学这个成语。

陛下闻博乎？博者输钱欲尽，乃罄所有出之，谓之孤注。陛下，寇準之孤注也，斯亦危矣。

——出自《宋史·寇準传》

①赵恒，宋朝的第三位皇帝，宋太宗第三子，即位之初重用贤臣，后期疏于政事。

②赵恒听从寇準建议御驾亲征，与辽国在澶渊结盟和解。

③王钦若在赵恒面前说了不少寇準的坏话，成功引起了赵恒对寇準的不满。

④在王钦若的怂恿下，赵恒经常举办各种盛大活动，几乎花光了国库中的钱。

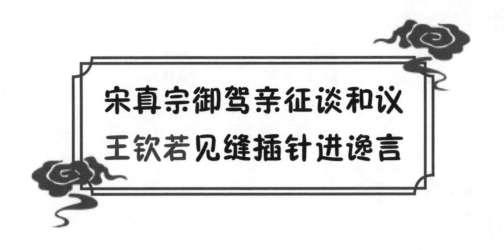

宋真宗御驾亲征谈和议
王钦若见缝插针进谗言

宋太宗驾崩后，宋真宗赵恒继位。即位之初，赵恒还算努力，他先后处理了一些奸臣，采纳了一些治国良策，启用了一批贤臣。在与辽军的对抗中，赵恒采纳寇準的建议，御驾亲征，在澶渊与辽国议和，实现了宋辽之间的百年和平。不过，在与辽国签订"澶渊之盟"后，赵恒听信小人谗言，罢免了寇準的官职。

皇帝怎么就听不进去我的忠言呢?

寇 準

（公元961年—公元1023年）北宋政治家、宰相，坚决主张抗辽，促成澶渊之盟，后又几经起落，病逝于雷州。

澶渊之战后，曾经被寇準弹劾的王钦若对宋真宗说："与辽国签订的澶渊之盟，就像是春秋时诸侯签订的城下之盟，是一件应该感到耻辱的事，陛下却以此为功，臣认为这是不可取的。"在此之外，王钦若还向寇準的身上泼了盆"脏水"，指责寇準劝说宋真宗亲征，是一种赌博行为，是在拿皇帝的性命做赌注，如果作战失利，皇帝的性命就会出现危险。

听了王钦若的话，宋真宗果然大怒，寇準竟敢拿自己的生命做赌注，实在是大逆不道。为此，他将寇準从宰相降为陕州知府，同时对王钦若予以重用。

此后，在王钦若的劝说下，赵恒效仿秦皇汉武"封禅泰山"，搞了一场"天书封祀"的活动。这一番折腾下来，把他此前励精图治积累下来的财富挥霍殆尽。到了宋真宗晚年时，国库已近空虚。

不过，宋真宗赵恒在统治后期也采取了一些正确的举措，取得了一定成效，倒也算是尽职尽责了。

成语有意思

近义成语

铤而走险：在无路可走之时采取冒险行动。

反义成语

稳操胜券：指有把握取得胜利。

成语造句

    篮球比赛进行到了第四节末尾，落后的一方只能选择孤注一掷采取犯规战术了。

成语延伸

不露锋芒

释义：指一个人虽满腹才干或心机，表面上却看不出来。

讲解：寇準是个有才干却不显露在外的人。

出处：宋寇準拜相时，朝廷所下诏书有：能断大事，不拘小节；有干将之器，不露锋芒。——南宋·沈括《梦溪笔谈补》

孔老师，孤注一掷和破釜沉舟表达的是同样的意思吗？

这两个成语都有最后拼一下争取胜利的意思，但它们的词性有所不同。

 哦？有什么不同呢？

孤注一掷偏重于指用尽所有力量作最后一次冒险，含贬义；而破釜沉舟则偏重于指下定决心一决胜负，是中性成语。

🎤 ＋ [   ] 发送

以人为镜

我们不能像宋真宗赵恒一样听信谗言，没有自己的主见，始终被他人的意见左右。想成为一个真正优秀的领导者，就要有独立思考的能力，能够明辨是非，不被外界的干扰轻易影响判断。

以史为镜

北宋在与辽的对峙中一直处于劣势，宋真宗时，辽军大举攻宋，一直打到黄河岸边的澶州城下，威胁都城开封。此时，宰相寇準力劝皇帝亲征，在澶州城，宋军打退了辽军，两国议和，签订澶渊之盟，此后很长时间，宋辽之间保持着和平局面。

jìn shuǐ lóu tái
近水楼台

成语释义：在靠近水边的楼台上，能先见到月亮。比喻因条件优越，能优先得到好处。

来，跟我学这个成语。

范文正公镇钱塘，兵官皆被荐，独巡检苏麟不见录，乃献诗云：近水楼台先得月，向阳花木易逢春。

——出自《清夜录》

①范仲淹，自幼丧父，靠苦读及第，文武双全，智谋过人，为官期间推行新政，尽职尽责。

②范仲淹在北宋与西夏的战争中巩固了西北边防，得到宋仁宗赏识后推行了"庆历新政"。

③范仲淹因新政失败出京做官，常常为朝廷举荐优秀人才，有一个叫苏麟的人给他写了一首诗。

④苏麟诗中的意思是说离范仲淹近的人更有机会得到提携，范仲淹哈哈大笑，也为有才学的苏麟谋得了职位。

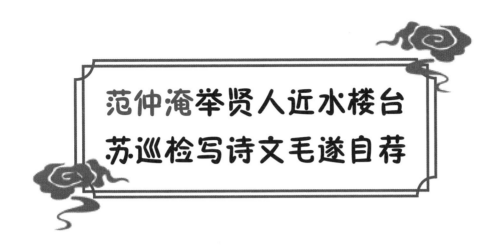

范仲淹举贤人近水楼台
苏巡检写诗文毛遂自荐

经过宋真宗一番折腾，大宋王朝财富锐减，好在接替他继位的宋仁宗是位开明君主。宋仁宗在位期间，选贤举能，使得北宋的政治、经济、文化、科技都有了很大发展。在宋仁宗任用的诸多贤人中，范仲淹算是最为出色的一个。

为人之君，
当行仁政。

赵　祯

（公元1010年—公元1063年）宋朝第四位皇帝，在位期间北宋迎来盛世，不仅经济繁荣，科学技术与文化也获得较大发展。

公元 1015 年，范仲淹苦读及第，后在各地任职，因秉公直言屡遭贬斥。此后，在宋夏之战中，范仲淹展现出了非凡的军事才能，为宋夏议和作出重要贡献，深得宋仁宗赏识。西北安宁之后，范仲淹回京任参知政事，在宋仁宗的授意下推行"庆历新政"。

庆历新政的诸多举措于北宋发展有利，但因毁谤之言众多，未能成功。此后，范仲淹被罢免参知政事一职，出京为官,先后在邠州、邓州、杭州、青州等地任职。

　　范仲淹是个很惜才的人，在职期间多次为朝廷举荐人才。他在杭州担任知府时，提拔了许多有才能的人，有一个叫苏麟的巡检官素有才能，却未能得到提拔。一日，苏麟见到范仲淹，将一首诗交到他手中，诗中有两句写着"近水楼台先得月，向阳花木易为春"。

　　原来，苏麟是在说范仲淹身边那些有才能的人更容易获得官职，而与范仲淹较少接触的人才却很难得到提携。范仲淹读完苏麟写的诗后哈哈大笑，确认苏麟有真才实学后，专门为他谋了一个职位。获得范仲淹的赏识后，苏麟终于有了一展抱负的机会。

成语有意思

近义成语

捷足先登：脚步快捷者最先登上高峰。比喻行事捷速能先人一步获得所求。

反义成语

天各一方：各在天底下的一个地方。形容分别后相距极其遥远。

成语造句

公司开会决定，优先晋升董事长的侄子做部门经理，员工们纷纷感慨道："这真是近水楼台啊。"

成语延伸

断齑（jī）画粥

释义：指食物粗简微薄，常用来形容人虽生活贫苦，但专心求学。

讲解：范仲淹年少时家贫，为了能够一直读书，便将粥和野菜分为许多小份，充饥食用。

出处：范仲淹少贫，读书长白山僧舍，作粥一器，经宿遂凝，以刀画为四块，早晚取两块，断齑数十茎啖之，如此者三年。

——北宋·释文莹《湘山野录》

孔老师，近水楼台与近火先焦表达的是同样的意思吗？

不要觉得这两个成语看上去很像，就认为它们表达的是同样的意思哟！

 难道它们表达的是相反的意思吗？

也不对，近水楼台表示处于优越位置更容易获得优先机会，而近火先焦则是说跟祸事最接近的人会先遭殃。

🎤 ＋ ［　　　　　　　　　　　　　　　］ 发送

以人为镜

　　我们要像范仲淹一样慧眼识人，善于发现自己身边的人才，善于发现他人身上的优点。在与他人交往过程中，我们应该对别人有深入的了解，看人不能只看表面，而要看到每个人深层的潜力和才干。

以史为镜

　　北宋重视文臣，削减地方权力，导致了冗官冗员等严重的问题，几代皇帝名臣都有志于改变这种局面，其中宋仁宗时期由范仲淹主持的"庆历新政"就是其中一例。但因此举措触及了朝中的保守势力，在他们的反对下，新政仅仅进行了几个月就宣告失败。

发生年代：公元1066年——
公元1084年

历史事件：司马光著史书

相关人物：司马光、宋英宗

jiǎo tà shí dì
脚踏实地

成语释义：比喻做事踏实，实事求是，不浮夸。

来，跟我学这个成语。

司马温公尝问康节（邵雍）曰：某何如人？

曰：君实（司马光）脚踏实地人也。

——出自《邵氏闻见录》

①司马光，北宋著名政治家、史学家、思想家，奉宋英宗之命主持编纂《资治通鉴》一书。

②为了让司马光顺利完成《资治通鉴》的编纂，宋英宗为司马光提供了很多帮助，还派宦官协助他。

③为了不辜负宋英宗的信任，司马光睡觉都枕着木头，生怕自己睡过头，耽误了工作。

④司马光将毕生的心血都倾注到这本著作中，在完成著述后不到两年的时间就去世了。

宋英宗选贤任能造治世
司马光脚踏实地编通鉴

在宋仁宗的治理下，北宋王朝迎来治世，到了宋英宗时，北宋依然延续着繁荣祥和的景象。宋英宗赵曙在位时，任用韩琦等人，还命司马光选聘人才编纂《资治通鉴》。

当一天皇帝撞一天钟。

赵　曙

（公元1032年—公元1067年）宋朝第五位皇帝，继位之后革除弊政，广纳贤才，非常重视书籍的编写整理工作。

为了让司马光能够更好地完成这部书的编纂，宋英宗赵曙划拨专款，并派人为司马光等人提供各类支持。司马光为了报答宋英宗的知遇之恩，在此后的近二十年时间里，苦心著述，将自己的绝大部分精力用在了《资治通鉴》的编纂上。

司马光为人刚正不阿，刻苦勤奋，是北宋为官治学的典范。在编篡《资治通鉴》时，司马光经常废寝忘食，白天黑夜都在忙碌，为了防止睡过头，他还特意制作了一个圆木警枕，虽然枕着并不舒服，但能让自己早起写作。除了要广泛搜集资料、研读史籍外，司马光还要协调多位史学家的工作，总管全局。

一次，司马光询问前来做客的理学大家邵雍："您认为我是怎样一个人？"邵雍并未犹疑，笑着说道："你是一个能够踏踏实实做学问的人，是不骄躁、更不浮夸的人。"

在《进资治通鉴表》中，司马光提到自己将所有精力都用在了这部书上，以至于身体各处都出现了问题。事实也是如此，在这部书完成后未满两年时间，司马光便因积劳成疾过世。

司马光留给后世的不仅有这部出色的史学典籍，还有他那勤奋刻苦、严谨治学的宝贵精神。

成语有意思

近义成语

兢兢业业：形容做事小心谨慎，认真踏实。

反义成语

好高骛远：指脱离实际去追求过高的、难以实现的目标。

成语造句

　　做人做事应该脚踏实地，不能好逸恶劳，好吃懒做，否则终将一事无成。

成语延伸

妇孺皆知

释义： 妇女和孩子都知道。形容事务广泛为人所知晓。

讲解： 司马光不仅著有《资治通鉴》，更是一个了不起的宰相，可谓是个名满天下的人。

出处： 凡居洛阳十五年，天下以为真宰相，田夫野老皆号为司马相公，妇人孺子亦知其为君实也。——元·脱脱《宋史·司马光传》

孔老师，脚踏实地和兢兢业业表达的是同样的意思吗？

这两个成语都有做事很踏实的意思，但在使用范围上有所不同。

 哦？有什么不同呢？

脚踏实地指的是实事求是，可以用于治学、做事等方面；而兢兢业业则是指小心、谨慎，只能用在做事上，不能用于治学。

🎤 ＋ [   ] 发送

以人为镜

我们要像司马光一样做事专心致志、脚踏实地，不为外界纷扰所动摇，始终坚守在岗位上。在日常生活中，我们应该用十足的热情与毅力，来对待每一项任务，不求速成，而是注重过程和质量。

以史为镜

宋朝注重发展文教事业，且立下"不杀士人"的祖训，所以宋朝文人地位非常高，这也在客观上促进了社会文化素养的提高，造就了宋朝科技发达、文化昌盛、人才辈出的文治局面，其中司马光、苏轼、王安石、范仲淹、欧阳修等都是青史留名的重要文人。

zhēn zhī zhuó jiàn
真知灼见

成语释义：正确而透彻的见识和见解。

来，跟我学这个成语。

真知灼见者，尚且有误，何况其他！

——出自《警世通言》

①苏轼，北宋文学家，号东坡居士，曾在多地任职，颇有政绩。

②王安石变法时，苏轼向皇帝进言反对，惹得王安石大怒，苏轼便自请离京。

③苏轼看了王安石的《咏菊》后，认为他对菊花的描写不符合事实，于是写下了反驳的诗句。

④被贬黄州后，苏轼看到了王安石诗中的景象，才知道自己错怪了他。

黄州黄花落满地
苏轼误批王安石

宋英宗英年早逝后,其长子赵顼(xū)继位,是为宋神宗。此时的北宋面临着诸多危机,都需要宋神宗来解决。为此,他任用王安石推行新法,虽招来朝野一片反对之声,但依然坚持改革,取得了一定成果。

赵 顼

(公元1048年—公元1085年)宋朝第六位皇帝,任命王安石推行变法,在政治、经济和军事等方面进行了较多改革。

改革虽然取得了一些成果,但朝野内外反对王安石推行新法的人依然很多,北宋著名文学家苏轼就是众多反对者之一。因为不认可王安石激进的变法举措,苏轼曾上书进言,引发王安石震怒,苏轼只得自请出京任职。

苏轼非常聪明，也很有学识，一次，他在看到王安石《咏菊》中"西风昨夜过园林，吹落黄花满地金"两句时，认为王安石是在胡说八道，在他看来，菊花能够耐得住秋霜，老了之后只会干燥枯烂，怎么会飘落花瓣呢？为此，苏轼提笔写下了"秋花不比春花落，说与诗人仔细吟"的诗句以反驳。

此后，苏轼因乌台诗案被贬黄州。到任黄州后，他发现黄州的菊花在凋落时，竟然真的如"满地铺金"一般。为此，他便和朋友说道："我当初被贬谪，还以为是王安石嫉恨我揭他短处，谁知道人家并没有错，错的竟是我自己。即使有真知灼见的人都会有犯错误的时候，更何况其他人呢。看来真是不能随意取笑他人啊。"

其实，苏轼不仅对变法的王安石进行过抨击，对压制变法的司马光等人，他也多不认可。正因如此，苏轼在北宋的朝堂上很难获得容身之处，只能在京城之外为官。但即使如此，他也没有改变过自己正直无畏的本色。

成语有意思

孔老师，真知灼见和远见卓识表达的是同样的意思吗？

 这两个成语表意的侧重点不同，所以意思也并不相同。

 哦？有什么不同呢？

 真知灼见侧重于形容见识真切，而远见卓识则侧重于形容目光远大。

🎤 ➕ [_____] 发送

以人为镜

　　我们要像苏轼一样勇于承认自己的错误，不逃避，不推诿。当犯下错误时，我们要及时反思并采取行动，从错误中学习，这样才能不断成长和进步。

以史为镜

　　庆历新政虽然失败，但为另一场更大的改革奠定了基础，那就是王安石变法。公元 1069 年，宋神宗任用王安石主持变法，变法涉及经济、军事和教育领域，目的是通过变法摆脱统治危机，实现富国强兵。虽然收到一定成效，但同样遭到朝中保守势力的反对，变法最终功败垂成。

shén jī miào suàn
神机妙算

成语释义：指十分高明、巧妙的计谋。

来，跟我学这个成语。

妙算神机，须信道，国手都无劲（qīng）敌。
——出自《念奴娇·御制》

①宋徽宗赵佶（jí），宋朝第八位皇帝，宋神宗赵顼之子，有艺术天分，但缺少治理国家的能力。

②宋徽宗的兄长宋哲宗即位后曾派兵多次打退了西夏的进犯，但因身体不好，二十五岁便去世了。

③宋徽宗即位后，无治国之才却热爱书画艺术，自创了"瘦金体"书法。

④宋朝在徽宗的治理下越来越衰弱，最终北宋都城被金人攻破，北宋就此灭亡。

艺术天才宋徽宗
不懂治国亡北宋

宋神宗锐意改革，却被新旧两党搞得摇摆不定，最终在忧郁中离世。在他之后，年仅十岁的宋哲宗赵煦继位。起初皇权由祖母太皇太后高氏把持，公元1093年高氏去世后，宋哲宗亲政，重启新法，并在军事方面连续打退西夏进犯，展现了大宋国威。

真不该把大宋江山交给那个不争气的弟弟！

赵　煦

（公元1077年—公元1100年）宋朝第七位皇帝，亲政后起用新党，发动了两次平定夏城之战，使西夏臣服。

不过，由于身体一直不好，宋哲宗在二十五岁时便因病崩逝，接替他的宋徽宗却并未延续他振兴北宋王朝的政治理念。

别看宋徽宗治国不行，在治国之外，尤其是在文化艺术领域，宋徽宗倒可以算是古代帝王中的佼佼者了。他利用皇权推动绘画艺术发展，使得宋代绘画艺术空前繁荣；他自创"瘦金体"书法，丰富了中华书法文化宝库。

此外，宋徽宗还崇信道教，并为此大修宫观，经常请道士给自己算命。他曾在一首诗中提到，想要拥有巧妙的谋划能力以及惊人的智力水平，就要崇信道法，如此一来，就能与围棋国手匹敌。

不过，从当时的社会背景来看，道法并没有帮宋徽宗治理好国家，内部的各种起义，加上外部的敌人入侵，北宋危机四伏。公元 1126 年，金军兵临城下，宋徽宗赶忙让位给太子赵恒，索性做起了什么事也不管的太上皇。但这样做显然无法阻挡住金军的铁蹄，最终在公元 1127 年，宋徽宗与宋钦宗一起被金人掳走，北宋王朝也就此灭亡。

成语有意思

近义成语

锦囊妙计：比喻能及时解决危急或疑难问题的好计策。

料事如神：料：推测，预料。形容人预测事情非常准确。

反义成语

束手无策：指遇到问题，就像手被捆住一样，一点办法也没有。

无计可施：没有计谋可以施展，指一点办法也没有。

成语造句

　　诸葛亮真是神机妙算，他靠聪明才智帮助刘备打赢了很多艰难的战役。

成语延伸

天遥地远

释义：指距离远，相差悬殊。也写作天悬地隔。

讲解：宋徽宗在被金兵掳往北方的途中，感叹天地间如此遥远，在千山万水的阻隔下无法知道故乡在哪里。

出处：天遥地远，万水千山，知他故宫何处。

　　　　——北宋·赵佶《燕山亭·北行见杏花》

成语快问快答

孔老师，神机妙算和锦囊妙计表达的是同样的意思吗？

这两个成语都可以形容高明、巧妙的计谋，但在表意的侧重点上有所不同。

哦？有什么不同呢？

神机妙算多指计策高明，识破了对方的计谋；而锦囊妙计则指具体的妙计，能解决突然出现的困难。

发送

以人为镜

我们不能像宋徽宗赵佶一样只知享乐，不思进取，沉迷于短暂的快乐而忽视了国家和民众的长远利益。在日常生活中，我们应该始终保持清醒的头脑，坚守职责，努力进取，在享受生活的同时，也不能忘记对社会和他人的责任。

以史为镜

王安石变法产生的一个副作用就是让宋朝陷入严重的党争之中，新党旧党互相倾轧，到宋徽宗时期，新党执政，大肆迫害旧党，让政局更加混乱，加上皇帝贪图享乐，统治更加腐败，终于在国内农民起义和北方金人入侵的内忧外患之下，北宋灭亡了。

发生年代：约公元1134年

历史事件：岳飞抗金

相关人物：岳飞、秦桧

南宋

怒发冲冠

nù fà chōng guān

成语释义：形容愤怒到了极点。

来，跟我学这个成语。

怒发冲冠，凭栏处、潇潇雨歇。抬望眼、仰天长啸，壮怀激烈。

——出自《满江红》

①岳飞，南宋抗金名将、民族英雄，为人忠勇，智谋过人。

②岳飞劝谏宋高宗收复中原，但宋高宗却采取南迁避战政策，还惩罚了岳飞。

③岳飞加入了宗泽的队伍，带领军队收复多处失地，名声越来越大。

④在与金国议和时，岳飞被秦桧等人诬陷谋反，最终死于大理寺狱中。

岳飞精忠报国却冤死
秦桧卖国求荣得重用

北宋灭亡后，宋徽宗第九子赵构，南逃至南京应天府成为南宋的开国皇帝，即宋高宗。宋高宗即位后采取了避战南迁的政策，但岳飞上书宋高宗说，此时敌穴尚未稳固，如果率军北渡一定可以收复中原。最终岳飞因为越职谏言而遭到了革除职务的处罚。

我的原则是：吃亏是福，以和为贵。

赵 构

（公元1107年—公元1187年）宋朝第十位皇帝，南宋开国皇帝，在位期间重用秦桧等主和派，处死岳飞，罢免了一众主战派大臣。

尽管如此，岳飞也没有改变抗金的决心，公元1128年，他投入抗金中心人物宗泽的麾下，带领岳家军参与了数百次征战。在岳飞及其军队的英勇作战下，建康和沦陷于伪齐政权的襄阳六郡等被先后收复，岳飞的名声越来越大。

岳飞作战如此勇猛，凭借的是他满腔的爱国之情。在岳飞小时候，他的母亲就鼓励他练就本领，将来好报效国家，为此还在他背上刺下了"精忠报国"四个字。孝顺的岳飞在母亲的影响下，将保卫国家奉为一生的宗旨。因此，当他看到满目疮痍的国土和备受屈辱的百姓时，万分悲痛地写下了"怒发冲冠，凭栏处、潇潇雨歇"的诗句，形容自己因国家危难而愤怒到头发竖起，将帽子顶飞的状态。

　　可惜，爱国善战的岳飞虽然为收复国土作出了巨大贡献，但在宋与金国议和时，岳飞却遭到秦桧等人的诬陷而蒙冤入狱。公元1142年，岳飞被宋高宗以莫须有的罪名赐死于大理寺狱中，消息一传出，城中百姓无不为之痛哭，而他的冤案，直到宋孝宗即位才终于得到平反。

成语有意思

近义成语

怒目切齿：咬紧牙齿怒视的样子。形容极其愤恨。

发指眦裂：头发上竖，眼眶欲裂。形容极度愤怒的样子。

反义成语

眉开眼笑：眉头舒展，眼含笑意。形容高兴愉快的样子。

和颜悦色：脸色和蔼喜悦。形容人和善可亲。

成语造句

战士们看到班长牺牲了，一个个怒发冲冠，冲向敌人，发誓要为班长报仇。

成语延伸

东窗事发

释义：比喻不可告人的秘密已经败露。

讲解：秦桧与妻子在东窗下设计杀害岳飞，秦桧死后方士看到他在地府受惩罚，并求转告其妻子东窗事发了。

出处：方士如言而往，果见桧与万（mò）俟（qí）高（xiè）俱荷铁枷，备受诸苦。桧曰：可烦传与夫人，东窗事发矣！

——元·刘一清《钱塘遗事》

成语快问快答

孔老师，怒发冲冠和怒气冲天表达的是同样的意思吗？

这两个成语都可以形容愤怒到了极点，但使用的范围有所不同。

哦？有什么不同呢？

怒发冲冠只能用于表现人及其神态，而怒气冲天除了用于人身上之外，还可以用于语言、文字等事物上。

🎤 ＋ [   ] 发送

以人为镜

我们要像岳飞一样精忠报国，始终把国家和民族的利益放在首位。在日常生活中，我们应该有坚定的理想信念，即使面对重重困难挑战，也要不改初心，勇往直前，这不仅是为了我们个人，也是为了整个国家和民族的繁荣强大。

以史为镜

北宋灭亡后，宋徽宗的儿子赵构登上皇位，他定都临安，史称南宋，赵构就是宋高宗。一开始金军并没有占据中原的能力，中原地区人民和宋朝官军一起抵抗金军，岳飞等将领率军北伐，曾从金军手中收复许多失地，但因为南宋朝廷采取的偏安政策，北伐最终功败垂成。

tòng kū liú tì

痛哭流涕

成语释义：形容非常伤心。

来，跟我学这个成语。

而此膝一屈，不可复伸；国势陵夷，不可复振，可为痛哭流涕长太息矣。

——出自《戊午上高宗封事》

①胡铨（quán），"南宋四大名臣"之一，曾请求处死秦桧等奸臣。

②金朝想让南宋彻底臣服，胡铨等抗金人士纷纷上疏反对与金朝议和。

③胡铨认为向金人下跪是莫大的耻辱，况且即使弯下膝盖也得不到好处。

④胡铨告诫宋高宗，向金人低头后就再也无法站直，到时候痛哭流涕也晚了。

金朝欲使大宋称臣
胡铨上疏直言劝谏

虽然有许多爱国名将为抵抗金军付出了无数心血，但仍有一众主和派在南宋的朝堂中占据重要地位，其中最具代表性的就是陷害名将岳飞的秦桧。公元 1138 年，金朝使者以"诏谕江南"的由头南下，秦桧主张议和，这让满朝上下愤怒异常。

秦 桧

（公元1090年—公元1155年）南宋奸臣，主和、投降派代表人物，以莫须有的谋反之罪将岳飞杀害，向金人示好。

所谓"诏谕江南"就是金国想让南宋臣服，这种屈辱的事怎么能不让人愤恨呢？胡铨立即上疏，请求将主和派秦桧、王伦、孙近等人处死，他在上疏中说道："敌国使臣此次前来的目的，就是要让我们对他们称臣，可是陛下的皇位是从祖宗那里继承来的，若拱手让给金人就是让祖宗蒙受侮辱！天下百姓也都会以跪拜金人为耻！即使真如王伦所说，我们这次曲一曲膝盖就能和金人修好，但这样一来，天下人将会怎么看待陛下呢？况且，这些像豺狼一般的金人贪得无厌，我们曲了膝盖也不一定能得到任何好处，一旦向敌人妥协后就再也无法挺直脊梁，永远都要受到他们的制约，那时候不管怎么伤心地痛哭叹息也无济于事了。"

　　听到胡铨的"肺腑之言"后，宋高宗十分生气，秦桧请求将胡铨贬送昭州管制，但迫于朝中其他大臣的压力，只得将胡铨派往广州监管盐仓。秦桧因为极力贬斥抗金将士，成了奸臣的代表。而胡铨正义直言，则被后世封为"南宋四名臣"之一。

成语有意思

近义成语

声泪俱下： 指一边说一边哭，形容极其悲恸或激动。

涕泗滂沱： 形容哭得很厉害，眼泪鼻涕像下雨一样。

反义成语

喜不自胜： 指喜欢得控制不了自己，形容非常高兴。

眉飞色舞： 形容人兴奋得意的样子。

成语造句

一位年近不惑的先生对着一张报纸痛哭流涕，因为报纸上一篇新闻正说到了他的伤心处。

成语延伸

市井小人

释义： 指贪图私利而不顾信义的人。也指商贩。

讲解： 胡铨上疏宋高宗，认为王伦是一个品行不端正的小人。

出处： 王伦本一狞邪小人，市井无赖。

——南宋·胡铨《戊午上高宗封事》

孔老师，痛哭流涕和痛不欲生表达的是同样的意思吗？

这两个成语都可以用来形容人很伤心，但在表意的程度上有所不同。

哦？有什么不同呢？

痛哭流涕主要指痛苦到伤心流泪，而痛不欲生则指痛苦到不想活了的地步，语气程度要更重一些。

发送

以人为镜

　　我们要像胡铨一样有一颗为国家和人民着想的心，不畏权贵，敢于直言，坚持真理与正义。在日常生活中，我们要有勇于担当的精神，为社会的进步和国家的富强出一份力。

以史为镜

　　南宋初年，朝廷以偏安为目的，宋高宗和权臣秦桧各怀鬼胎，害怕岳飞等人北伐击败金军迎回前两任皇帝宋徽宗和宋钦宗，而危及自己的权势，因此屡屡破坏北伐局面，最后举朝向金人求和。宋与金达成协议，南宋向金称臣，宋金对峙局面形成。在这个时期里，秦桧等奸臣曾一度左右朝局，使得政局十分黑暗。

发生年代：约公元1163年

历史事件：李显忠抗金

相关人物：李显忠、邵宏渊

南宋

接踵而来

jiē zhǒng ér lái

成语释义：指一个接一个地来。比喻来的人相继不断或事情不断地发生。

来，跟我学这个成语。

入城，宣布德意，不戮一人，中原归附者踵接。

——出自《宋史·李显忠传》

①李显忠，南宋抗金名将、民族英雄，胆略过人，武艺超群。

②李显忠十七岁时就跟父亲一起参军杀敌，后来被金军俘获，假意向金朝投降。

③几经波折后，李显忠回到南宋，其间不费一兵一卒就拿下了虹县。

④李显忠的才能遭到邵宏渊的嫉妒，他们之间的矛盾导致了南宋北伐失败。

忠义爱国李显忠
收复虹县惹嫉妒

岳飞被杀后，金军并未停下南侵的脚步，南宋也只得继续抵抗。在这一时期中，涌现出了许多爱国将领，他们与岳飞一样，都将抗金入侵、保家卫国作为己任。在这些爱国将领中，李显忠的经历是颇为传奇的。

一心只为除国难，千古功过任人说。

张 浚

（公元1097年—公元1164年）南宋名臣，曾平定苗刘之变，在秦桧党羽当权时谪居十余年，后因金军南侵被再度启用，奉命北伐。

李显忠出身将门，身形高大，十七岁便与父亲在沙场征战。被金军俘虏后，李显忠便与父亲假意降金，并等待返回南宋的时机。李显忠在为金东征中原时趁机回归南宋，但他的父亲和其他家人没能逃走，全部被金军杀害。

回归南宋后，李显忠便加入了抗金队伍之中，在老将张浚的指挥下，与邵宏渊一起出师北伐。在攻取灵璧后，他派遣灵璧守军劝降虹县金朝贵戚，并承诺进城之后，不杀一人。虹县的金朝贵族们听闻此言，纷纷前来投降。李显忠未费一兵一卒，便顺利拿下虹县。但他也因此引来了邵宏渊的嫉妒。

　　此后在与金军对抗过程中，李显忠孤军奋战，邵宏渊却按兵不动，最终宋军损失惨重，北伐也宣告失败。李显忠因战败而获罪，被贬为果州团练副使。后朝廷知其战败原因，又重新将其提拔重用。

　　李显忠晚年时，南宋虽外患仍在，但内政形势有所改观，宋孝宗积极整顿吏治，发展生产，让南宋出现了天下康平的景象。

成语有意思

近义成语

纷至沓来：形容接连不断的到来。

接二连三：形容一个接着一个，接连不断。

反义成语

门可罗雀：门前可张网捕雀。形容门庭冷落、宾客稀少之况。

人迹罕至：很少有人到的地方。指荒凉偏僻的地方。

成语造句

今天是刘老的七十岁寿辰，贺寿的宾客接踵而来，场面真是热闹非凡。

成语延伸

所向披靡（mí）

释义：比喻力量到达之处，一切障碍都会被清除。

讲解：李显忠挥舞着双刀，一路清除阻碍，打败了大夏军队。

出处：显忠以所部拒之，驰挥双刀，所向披靡，夏兵大溃。

——元·脱脱《宋史·李显忠传》

孔老师，接踵而来和接二连三表达的是同样的意思吗？

这两个成语都有一个接着一个、连续不断的意思，但在具体用法上有所不同。

哦？有什么不同呢？

接踵而来常用于书面语，可以在写作中使用；接二连三多用于口语，在日常交流中使用得比较多。

🎤 ＋ _____ 发送

以人为镜

　　我们要像李显忠一样忠义爱国，在国家危难之际挺身而出，为民族繁荣和国家稳定贡献自己的力量。在日常生活中，我们要结合时代特点，发挥自身专长，不断提高自身素养，为国家发展和人民幸福作出贡献。

以史为镜

　　在度过了最初的动荡之后，南宋逐渐进入稳定发展时期，宋高宗传位给养子宋孝宗，宋孝宗清理各种冤案，给岳飞等武将平反，一度组织北伐，取得了一定的成果。但因为南宋同样存在着冗官冗员等情况，导致内部问题越发严重，南宋开始步入向内发展的时期。

jié dǎng yíng sī
结党营私

成语释义：结成小集团，谋求私利干坏事。

来，跟我学这个成语。

宰相植党营私，孤负任使。

——出自《朱文公文集》

①韩侂（tuō）胄（zhuò），南宋权臣，以恩荫入仕，历任数职。

②韩侂胄拥立赵扩为帝，将阻碍自己的人全部铲除，独掌朝中大权。

③韩侂胄对朝堂上反对自己的人从不手软，对外却有一颗抗击金朝之心。

④韩侂胄所主张的北伐战争并不顺利，最终投降派将他的头颅献给了金朝。

忠奸难辨韩侂胄
北伐未捷身先死

宋孝宗死后，韩侂胄等人发动宫廷政变，废光宗，拥立皇子赵扩为皇帝，是为宋宁宗。但因时任知枢密院事赵汝愚的阻挠，韩侂胄并未在此次政变中获得多少好处。不过在此后的一段时间里，韩侂胄接连排挤掉那些阻碍他、批评他的人，将大权牢牢掌握在自己手中。

为人要忠厚，为君要果决。

赵 扩

（公元1168年—公元1224年）宋朝第十三位皇帝，虚心好学却无政治才能，打压理学学派，北伐失利后被迫签订"嘉定和议"。

对于批评自己的人，韩侂胄从不手软。朱熹曾称韩侂胄与他人勾结在一起谋求私利，最终获罪被贬。而后，韩侂胄又大肆实行党禁，压制言论，攻击赵汝愚、朱熹等人。

在朝堂之上，韩侂胄是一个不折不扣的权臣，为了自己能够掌握实权，不择手段攻击对手。但在朝堂之外，韩侂胄与岳飞一样，是个力主抗金、收复国土的名臣。

在解决完朝廷内部之事后，韩侂胄起用那些主战派官员部署北伐之事。除了主战派官员外，陆游、辛弃疾等人也参与到了这次北伐之中。不过，由于一些南宋官员的叛逃，此次北伐进行得并不顺利。

正如辛弃疾所料，此时的金朝已经处于衰亡前夕，虽然尚可与南宋相对峙，却很难再让南宋俯首称臣。正当韩侂胄准备再次筹划北伐，给金军以致命一击时，他却被史弥远等人截杀于上朝的路上。

史弥远等投降派按照金朝要求，将韩侂胄的头颅献给金朝，再一次屈膝投降。不过，《宋史》并没有将史弥远列入《奸臣传》，可见，这个人虽然是投降派，还是有一些功绩在身上的。

成语有意思

近义成语

党同伐异：指结帮分派，偏向同伙，打击持不同意见的人。

朋比为奸：指（坏人）勾结在一起做坏事。

反义成语

无偏无党：形容处事公正，没有偏向。

独善其身：原意是独自提高自己的品德修养。现指只顾自己，不关心集体。

成语造句

　　管理者不应该结党营私，不能为了自己小团体的利益而损害人民的利益。

成语延伸

天道好还

释义：原指上天可以主持公道，善恶终有报应。现多用于劝诫他人。

讲解：韩侂胄北伐金朝是符合天理公道的，天意向着南宋，所以一定要伸张真理。

出处：天道好还，盖中国有必伸之理，人心助顺，虽匹夫无不报之仇。——南宋·李璧《讨金檄文》

孔老师，结党营私和党同伐异是一样的吗？

这两个成语是近义词，都有建立小团体的意思，但在表意上的侧重点有所不同。

 哦？有什么不同呢？

结党营私对应着结成小团体的目的是谋取私利，而党同伐异对应的结成小团体的目的是攻击团体之外的人。

🎤 ➕ [   ] 发送

以人为镜

我们要像朱熹一样直言敢谏，说真话，即使面对强大的压力也不退缩，勇敢地表达自己的观点。在日常生活中，对人对事时要有清晰的判断，不为权势或利益所屈，始终坚守道德和原则的底线。

以史为镜

南宋中后期，朝廷陷入严重的党争之中，主战与主和成为党派斗争的重要议题，双方以此为契机互相倾轧。在这种情况下，权臣韩侂胄意图以此为口号打击异己，主导了庆元党禁和开禧北伐。在开禧北伐中，韩侂胄力图收复疆土，但因没有认真做好准备就仓促开战，结果一败涂地，连他自己也被杀死了。

yī chóu mò zhǎn
一 筹 莫 展

成语释义：一点计策也想不出。形容没有一点办法。

来，跟我学这个成语。

其极至于九重深拱而群臣尽废，多士盈庭而一筹不吐。

——出自《宋史·蔡幼学传》

①蔡幼学自小聪明好学，十八岁就成为当时最年轻的进士。

②由于为人所恶，蔡幼学在几年后才进入朝廷为官。

③宋宁宗即位后，蔡幼学常常指出朝堂上的问题，并希望皇帝能任用人才。

④蔡幼学因自己的言论而被罢官八年，韩侂胄死后，他才重新得到重用。

权臣掌政排挤能臣
蔡幼学谏言遭弹劾

在宋宁宗登基之时，虽有韩侂胄等人压制言论，但依然有许多有识之士直言进谏，理学大家朱熹自不必说，与他交往密切的永嘉学派文人蔡幼学也是如此。

真学伪学还要看有没有人学。

朱 熹

（公元1130年—公元1200年）南宋时期著名理学家，为官清廉正直，注重书院建设，其思想对元、明、清三朝产生了重要影响。

蔡幼学自幼聪慧，跟随永嘉学派大学者陈傅良学习多年，十八岁时便成为当时最年轻的进士。宋孝宗时，他便上疏陈词，称宰相张说权势太重，胡作非为，应该受到惩罚。到了宋宁宗时，又顶着巨大压力上疏直言宋宁宗要任用贤能之人。

在蔡幼学看来，宋宁宗即位之初，有一些心术不正的人掌握着实权，他们害怕品德高尚、才能出众的人才影响自己的前途，所以大肆编造虚假言论，排挤那些可以为朝廷出力的忠臣。

那些想为皇上效力的大臣，都担心惹上祸事，所以即使拥有聪明才智，却一点办法也想不出来，一点计策也施展不出来。因此，皇上要自上而下地广泛选拔人才，这样才能让有心为国尽忠的忠臣感受到鼓舞与振奋。

蔡幼学的进言指出了当时南宋朝堂上的现实问题，为宋宁宗提出了合理建议。但当时韩侂胄掌权，极力压制蔡幼学等人的言论，并将蔡幼学与朱熹等人都列入"伪学"查禁之列，最终蔡幼学被御史刘德秀弹劾，任闲职多年。

在韩侂胄被暗杀之后，蔡幼学重新得到任用。被重新起用后，蔡幼学依然保持着直言敢谏的作风，不遗余力地弹劾韩侂胄的同党，非常令人敬佩。

成语有意思

近义成语

无计可施：没有办法可用。

反义成语

急中生智：紧急的关头，猛然想出办法。

成语造句

　　眼看最后的期限就快到了，可研究团队面对当下的难题，依然是一筹莫展。

成语延伸

大材小用

释义：指将大器物派做小用场。比喻有才能的人屈居低位，也指因人事安排不当造成人才浪费。

讲解：北伐之时，宋宁宗让辛弃疾任浙东安抚使，陆游认为以辛弃疾的才能，做一个安抚使实在是让能人屈就低职。

出处：大材小用古所叹，管仲萧何实流亚。——南宋·陆游《送辛幼安殿撰造朝》

孔老师，一筹莫展和束手无策表达的是同样的意思吗？

这两个成语都有拿不出什么办法的意思，但在表意的语义程度上有所不同。

哦？有什么不同呢？

一筹莫展主要指想不出办法应对，语义较轻；束手无策指的是一点办法也没有，语义较重。

🎤 ＋ [   ] 发送

以人为镜

　　我们要像蔡幼学一样不畏强权，正直敢言，勇敢地坚持自己的立场，为真理与正义发声。正直和勇气尤为可贵，我们应该珍视这种品质，努力成为在困境中依然能坚守正义的人。

以史为镜

　　南宋时期，文人地位依旧非常高，这个时期的一个代表人物就是朱熹。朱熹是南宋时期著名的文人和官僚，一度成为南宋党派斗争的焦点和牺牲品。因为在儒学领域的贡献，南宋灭亡后朱熹的影响力依旧存在，在明清时期他的思想甚至成了社会保守思想的源头。

多故之秋

duō gù zhī qiū

成语释义：变故很多的时期。多形容国家不安定。

来，跟我学这个成语。

今多故之秋，人才难得，朕欲除大罪外，徒刑追配有武艺善掌兵者，量才复用。

——出自《金史·宣宗本纪》

①金宣宗完颜珣（xún），金朝第八位皇帝，金朝在他的统治下内外交困。

②金朝与蒙古议和后，金宣宗急忙南迁至开封府，却因此惹怒了蒙古。

③南迁后，金宣宗发兵攻打南宋，兵败后陷入蒙军、宋军及起义军的多重围困中。

④金宣宗将囚犯和武艺人都派去增强战力，但始终无法改变金朝衰弱的现实。

金宣宗南迁惹蒙古
攻宋不成反陷困境

金宣宗完颜珣即位时，金朝正处于蒙古军的多路围攻之中，只能给予成吉思汗优厚的奉献条件，以请求其不再发起进攻。见蒙古军有所后退，金宣宗赶忙迁都汴京（今河南开封），这一举动不仅让众多将领叛金降蒙，也让成吉思汗看到了金朝的软弱。公元1215年，蒙古军再次南下，攻陷中都。

马蹄所至，皆为我土。

铁木真

（公元1162年—公元1227年）大蒙古国可汗，建立大蒙古国，曾率领蒙古人远征西亚。

金宣宗南迁后，以南宋停输岁币为由，对南宋发起进攻。南宋虽然没有蒙古那般强大，却也不是此时的金朝所能够轻易战胜的。在经过数次交锋后，金军陷入四面楚歌的境地，不仅在北方抵挡不住蒙古军队的进攻，更无法突破南方宋军的防守，同时还要提防统治区域内的各种民众起义。

见金军战斗力不足，且此时正是多战事的时期，金宣宗便下诏将那些没有犯过大罪的囚犯和擅长武艺、能够掌兵之人，都选拔出来，派遣到合适的地方去为国效力。

在病逝前两年，金宣宗还起用了几位抗蒙将领，虽对蒙古军队的进攻产生一定影响，但没能从根本上改变金朝被动挨打的局面。最终，在公元 1234 年，金朝在南宋与蒙古的南北夹击下走向灭亡。

成语有意思

近义成语

兵连祸结：战争接连不断，带来无穷的灾祸。
风雨飘摇：在风雨中飘荡不定。比喻形势动荡不安，很不稳定。

反义成语

太平盛世：比喻社会安定、政治清明、经济繁荣的时代。
风平浪静：没有风浪。比喻平静无事。

成语造句

现在正是多故之秋，我看你最好还是留在家中，不要到处乱跑，免得发生危险。

成语延伸

坐以待毙

释义：意为坐着等待死亡，指在非常困难的情况下，不积极寻找出路。
讲解：金宣宗死后金哀宗即位，金军被蒙古军击败，汴京粮食紧张且瘟疫大起，大臣白华劝金哀宗离开，不要在这里等死。
出处：归德城虽坚，久而食尽，坐以待毙，决不可往。——元·脱脱《金史·白华列传》

孔老师，多故之秋的"故"是故事的意思吗？

不对，这里的"故"并非指故事，而是指事故。

 事故？是哪种事故呢？

确切来说，这里的"故"应该指变故，如百姓造反、干旱洪水、外敌入侵等。

🎤 ＋ [   ] 发送

以人为镜

我们不能像金宣宗一样软弱无谋、缺乏决断。无论是领导者还是普通人，都应勇敢果决，遇到困难不退缩。

以史为镜

在南宋经历王朝政治斗争的同时，占据北方中原地区的金朝也陷入一片混乱之中。金朝政治比南宋更加腐朽，内部斗争更加激烈，再加上内外存在着激烈的民族矛盾，这让其在北方游牧民族蒙古和西夏的共同打击下奄奄一息，中国历史步入了重大的改朝换代转折点。

yì huī ér jiù
一挥而就

成语释义：形容写字、写文章、绘画很快就完成了。

来，跟我学这个成语。

天祥以法天不息为对，其余万言，不为稿，一挥而成。

——出自《宋史·文天祥传》

①文天祥富有才学，二十岁参加科举时被宋理宗钦点为状元。

②宋理宗去世后，宋度宗继位，文天祥便没有再得到重用。

④元军南下后，文天祥自行组织兵马与元对抗，因寡不敌众而被俘。

③文天祥一生坚定抗元，被俘后誓死不屈，是当之无愧的民族英雄。

文天祥科举挥笔得赏识
宋度宗无力回天亡大宋

宋宁宗驾崩后，宋理宗接过皇位，不过，在较长一段时间里，他并未能掌握实权，朝政都把持在权臣史弥远手中。一直到史弥远死后，宋理宗才开始亲政，并大力整顿吏治，使南宋王朝显现出中兴景象。

唇亡齿寒总比牙齿掉光要好。

赵　昀

（公元1205年—公元1264年）宋朝第十四位皇帝，亲政之初进行了一系列改革，后派兵联蒙抗金，晚年沉湎于荒淫生活，使政权旁落。

除了整顿吏治外，宋理宗还对选拔人才格外用心，对科举考试也十分重视，文天祥这个状元便是由他钦点的。

文天祥少年时便有才学，在二十岁参加进士考试时，看到"法天不息"的题目后，他没有过多思考，也没有在纸上打草稿，而是提笔一下子就写成了一万多字的文章。在这篇文章中，他不仅直接指出了当前国家面临的问题，同时还提出了一些具体的改进方法。

宋理宗在看完文天祥的文章后非常高兴，认为文天祥是宋朝的祥瑞，并钦点他为新科状元。

在考中状元后，文天祥前往江西为官，后因多次上书批评宦官董宋臣、权相贾似道等人，而屡遭罢免，在三十七岁时自行辞去官职。在这段时间里，宋理宗早已过世，接替他掌权的宋度宗更是昏庸无道。此时的南宋王朝已经变得腐败不堪，大宋的江山也已经风雨飘摇。

不过，在这种时刻，文天祥自行组织兵马，希望与其他爱国志士一起，挽救大宋危亡。但面对元军的大举进攻，文天祥等人根本无力抵挡。在战败被俘后，即使得知大宋已亡，文天祥依然拒不投降，最终英勇就义。

成语有意思

近义成语

倚马可待：靠着即将出征的战马起草文件，可以立等完稿。形容文思敏捷，很快能写好文章。

反义成语

千锤百炼：指对诗文等反复琢磨、加工。比喻经历多次艰苦斗争的锻炼和考验。

成语造句

他是一位非常有才华的山水画家，他一挥而就，一幅精致的山水画就画好了。

成语延伸

痛定思痛

释义：指悲痛的心情在平复后，再回想当时的痛苦。常含有警惕未来之意。

讲解：文天祥在回忆抗击元军的险境时十分悲痛，并以此激励自己。

出处：死而死矣，而境界危恶，层见错出，非人世所堪。痛定思痛，痛何如哉！——南宋·文天祥《指南录后序》

成语快问快答

孔老师，一挥而就和一气呵成表达的是同样的意思吗？

这两个成语都有不停歇而迅速完成的意思，但两者的使用范围有所不同。

哦？有什么不同呢？

一挥而就专指挥笔，仅可用于写字、作文和画画方面；而一气呵成的使用范围更广，除了写作、画画外，还可以用于其他工作。

🎤 ＋ [   ] 发送

以人为镜

我们要像文天祥一样拥有崇高理想，即使面临生死考验，也不背离自己的理想信念，以一颗不屈之心，为国家和民族荣誉而斗争。在日常生活中，我们要坚守道义，保持初心，始终为理想而奋斗。

以史为镜

蒙古在灭亡金朝之后举兵攻击南宋，南宋末期政治腐败，军队没有战斗力，无力抗衡强大的蒙古军队，只能在重要战略位置如襄阳等地进行防御，在与蒙古对峙了几十年后，南宋最终灭亡。在此过程中，如文天祥、张世杰等文臣武将，坚持抵抗，拒绝投降，体现了高尚的民族气节。

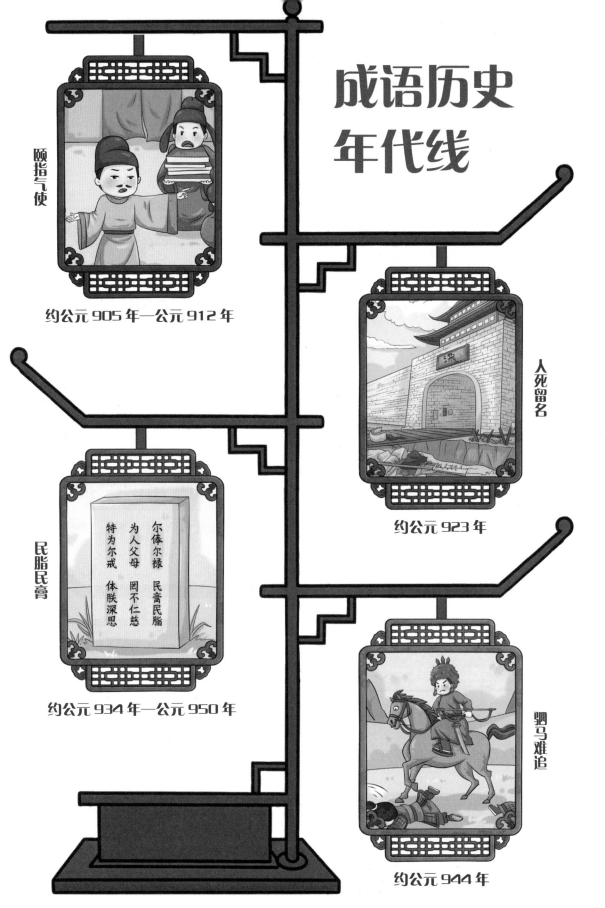

成语历史
年代线

颐指气使

约公元 905 年—公元 912 年

人死留名

约公元 923 年

民脂民膏

特为尔戒　囷不仁慈
为人父母　民膏民脂
尔俸尔禄　体朕深思

约公元 934 年—公元 950 年

驷马难追

约公元 944 年

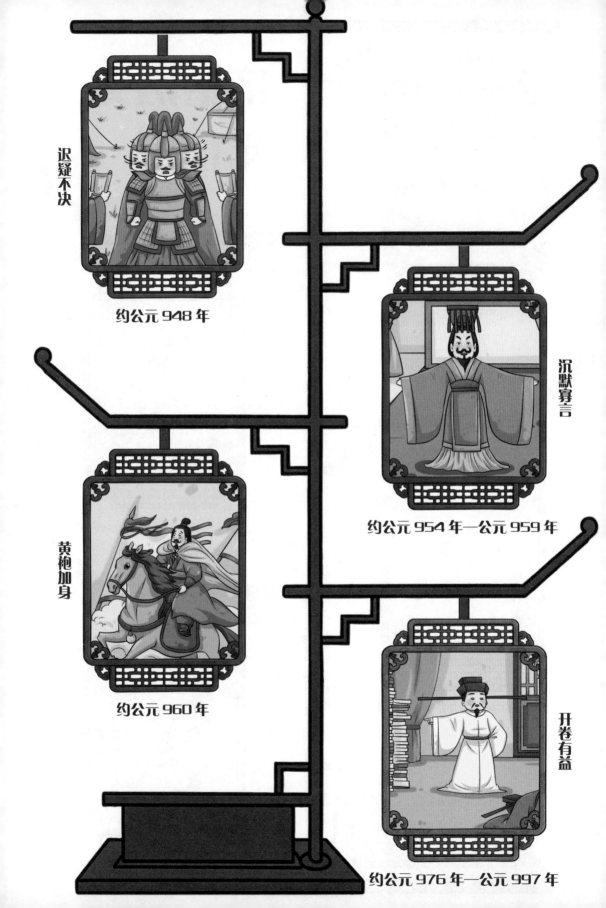

迟疑不决

约公元 948 年

沉默寡言

约公元 954 年—公元 959 年

黄袍加身

约公元 960 年

开卷有益

约公元 976 年—公元 997 年

孤注一掷　　约公元 1005 年

近水楼台　　约公元 1049 年

脚踏实地　　公元 1066 年—公元 1084 年

真知灼见　　约公元 1079 年

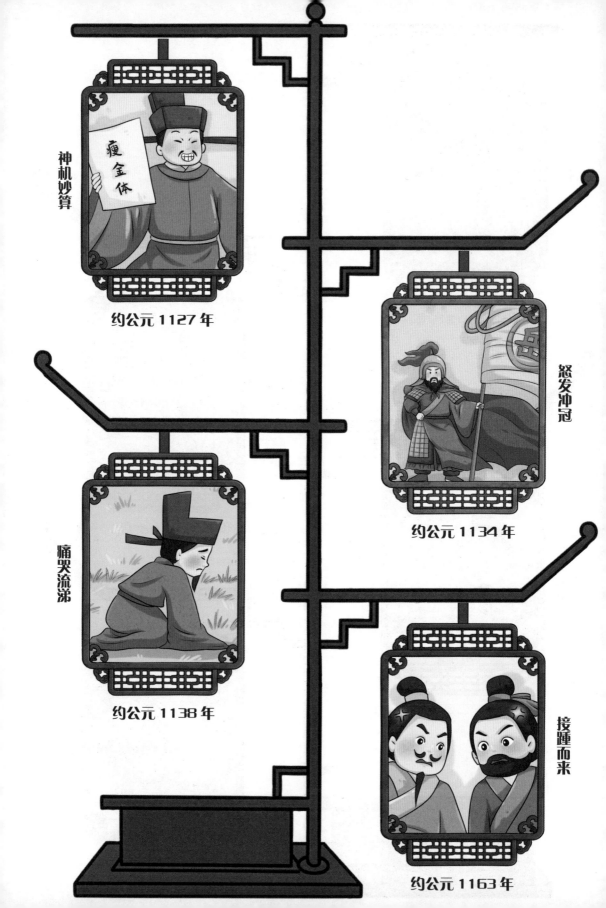

神机妙算

约公元 1127 年

怒发冲冠

约公元 1134 年

痛哭流涕

约公元 1138 年

接踵而来

约公元 1163 年

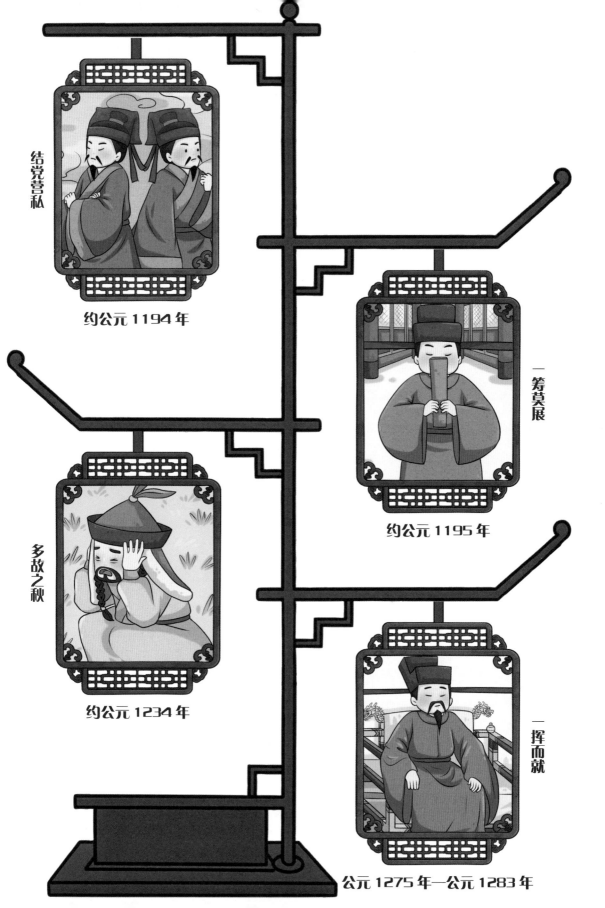

结党营私

约公元 1194 年

一筹莫展

约公元 1195 年

多故之秋

约公元 1234 年

一挥而就

公元 1275 年—公元 1283 年

让成语带孩子疯狂学历史

黄志有◎著　云图小小岛◎绘

（元明清卷）

北京理工大学出版社
BEIJING INSTITUTE OF TECHNOLOGY PRESS

图书在版编目（CIP）数据

让成语带孩子疯狂学历史.元明清卷／黄志有著；
云图小小岛绘. -- 北京：北京理工大学出版社，2025.3.
ISBN 978-7-5763-5100-2

Ⅰ.K209；H136.31-49

中国国家版本馆CIP数据核字第2025KQ5722号

责任编辑：王晓莉　　文案编辑：王晓莉
责任校对：刘亚男　　责任印制：李志强

出版发行 ／ 北京理工大学出版社有限责任公司
社　　址 ／ 北京市丰台区四合庄路 6 号
邮　　编 ／ 100070
电　　话 ／ （010）68944451（大众售后服务热线）
　　　　　　（010）68912824（大众售后服务热线）
网　　址 ／ http://www.bitpress.com.cn

版 印 次 ／ 2025 年 3 月第 1 版第 1 次印刷
印　　刷 ／ 天津睿和印艺科技有限公司
开　　本 ／ 710 mm×1000 mm　1/16
印　　张 ／ 7
字　　数 ／ 76 千字
定　　价 ／ 149.00 元（全6册）

前言

　　读者朋友们，成语是中国历史文化的瑰宝，它以极其简洁的形式，凝聚了中华民族几千年的历史智慧和生活经验。我们日常接触的很多喜闻乐见的成语，都蕴含着一个或多个历史故事，这些故事为我们讲述了历史变迁、文化传承、政权更迭、英雄事迹、百姓生活等诸多方面。

　　例如，在"退避三舍"这一成语背后，是晋文公的言而有信，是争霸之战的上兵伐谋，更是周王室统治权威的衰落；在"望梅止渴"这一成语背后，是分裂动荡的三国时期，是一代枭雄曹操的治军智慧，也是成王败寇的命运抉择。这些成语已经深深地镶嵌在我们的语言和文化中。由此可见，学习和理解这些成语，就是在学习和理解我们祖国伟大的历史和文化。

　　历史并不是一本尘封的旧书，而是活生生的故事，是一堂堂丰富的人生课程。本套图书将以生动、有趣的方式，通过一个个成语将上下五千年的中华历史串联起来。通过这种方式，我们可以更轻松地接触到历史，感受历史的趣味性和魅力。

本套图书共有 6 卷，每卷包括 20 个主线成语，通过阅读这些成语背后的故事，读者朋友将了解特定时期的重要历史。为了让读者朋友更好地了解成语背后的故事，本套图书还针对每一个主线成语绘制了精美的四格漫画，以幽默风趣的语言，对成语故事进行介绍。此外，本套图书还加入了拓展延伸的内容，围绕主线成语拓展了一些其他成语，并以"以史为镜""以人为镜""成语快问快答"等板块，对主线成语进行进一步延伸，最大限度地丰富了图书的内容。

　　我们希望通过这套图书，让读者朋友在学习成语的同时，也能感受到历史的生动性和趣味性。这样，历史便不再是一堆枯燥无味的事实和日期，而是一个个鲜活的故事、一幅幅生动的画面。

　　愿每一个读者朋友在阅读这套图书的过程中，都能感受那些智慧的闪光，从而在学习和生活中都能"疯狂"而又充满热情。最后，愿这套图书能帮助孩子们建立对历史的深刻理解和对成语的真挚热爱。

　　让我们一起，以成语为载体，揭开历史的神秘面纱，开启一场精彩的历史之旅吧！

目 录

juān qū bào guó
捐躯报国

成语释义：为了国家而献出生命。同捐躯殉国。

来，跟我学这个成语。

太祖问曰："汝曷（hé）敢抗我师，独不惧死乎？"对曰："臣以布衣受恩，誓捐躯报国，今既偾（fèn）军，得死为幸！"

——出自《元史·王戢（jí）传》

①孛儿只斤·铁木真，大蒙古国的第一任可汗，元朝政权的奠基人。

②在与金朝的涿鹿之战中，成吉思汗与王戢狭路相逢，激战了三天，成功将其俘获。

③成吉思汗欣赏王戢的气节，不仅下令释放了他，还任命他为大蒙古国的都统。

④在成吉思汗的进攻下，西夏、西辽均已灭亡，金朝的大片领土也被蚕食。

太祖爱才免死罪
王戢感激遂称臣

公元 1206 年，成吉思汗于斡（wò）难河源继任可汗位，建立了大蒙古国，自此开始了蒙古国版图的扩张战争。经过多次扩张战争，成吉思汗占领了金朝的大片领土。在扩张的过程中，他还招降了不少能人志士，王戢就是其中之一。

识时务者为俊杰！

王 戢

（生卒年不详）本是金章宗时期将领，后来因成吉思汗的赏识，归降了蒙古。

金章宗时期，在元帅高琪的推荐下，王戢被任命为副统军，奉命镇守金国北关涿鹿隘口。公元 1211 年，元太祖率军攻打金国，在涿鹿一带与王戢激战三天，最终成功俘获王戢。

被五花大绑的王戢由士兵押解到成吉思汗面前，成吉思汗问他：

"你怎么敢抵抗我的大军，难道你不怕死吗？"王戢面不改色地回答道："我以百姓的身份受皇上的恩惠，立誓要为国捐躯、报效国家，如今我既然已战败，能为国而死也是我的荣幸。"

成吉思汗听了王戢一席话后，认为他气节非凡，对其极为欣赏。于是爱才好士的成吉思汗亲手给王戢松了绑，还任命他为蒙古的都统。王戢意识到蒙古统一是必然的结局，在认清现实后，为感谢成吉思汗的知遇之恩，他选择追随成吉思汗南征北战，成为蒙古国扩张的得力干将。

公元 1227 年，成吉思汗病逝，终年 66 岁。而此时的蒙古帝国，不仅蚕食了金朝的大片领土，还灭亡了西夏、西辽以及中亚的花剌子模等国家，成吉思汗的军事扩张为元朝的建立打下了坚实的基础。元朝建立后，元世祖忽必烈追封铁木真庙号为元太祖，并追赠谥号为法天启运圣武皇帝。

成语有意思

近义成语

尽忠报国：赤诚无私，竭诚尽力，报效国家。

反义成语

卖国求荣：指出卖国家利益，以谋取个人荣华富贵。

成语造句

那些捐躯报国的革命烈士，为新中国的诞生作出了重要贡献，我们要向他们致敬！

成语延伸

天无二日，民无二主

释义： 天上没有两个太阳，一国也不可有两个君主。比喻国家政权应统一，不能两大并存。

讲解： 蛮部首领声称"天无二日，民无二主"，想取代成吉思汗的地位，寻求白达达部首领阿剌忽思的帮助。

出处： 吾闻东方有称帝者，天无二日，民岂有二主耶？——明·宋濂等《元史·太祖本纪》

成语快问快答

 孔老师，捐躯报国和尽忠报国表达的是同样的意思吗？

这两个成语都有报效国家的意思，但在表意的侧重点上有所不同。

 哦？有什么不同呢？

捐躯报国强调"捐躯"，即舍弃生命去报国；而尽忠报国注重"尽忠"，即用全部忠诚去报国。

🎤 ＋ ⬚ 发送

以人为镜

我们要像王戢一样，有一颗捐躯报国之心。当国家陷于战乱、处于存亡之际时，我们要挺身而出，即使自己的力量弱小，也要为保卫国家而全力以赴。

以史为镜

蒙古族是中国北方一个古老的民族，民族分散在草原各地，最终在公元1206年铁木真完成了蒙古族各部的统一，他被尊称为成吉思汗。成吉思汗在蒙古族建立了军事、行政和生产相结合的制度，在对外攻伐中取得了重大的成功，为后续发展出强大的蒙古帝国奠定了基础。

kuān hóng dà liàng
宽宏大量

成语释义：形容待人宽厚，度量很大。

来，跟我学这个成语。

帝有宽弘之量，忠恕之心，量时度力，举无过事。

——出自《元史·太宗本纪》

①孛儿只斤·窝阔台，成吉思汗第三子，大蒙古国第二任大汗，史称元太宗。

②元太宗继承父亲遗志继续扩张领土，灭金伐宋，进一步扩大了蒙古版图。

③元太宗在武力扩张的同时，还以科举来选拔人才，他待人宽厚，爱惜人才。

④元太宗晚年酗酒成性，还沉迷美色。常常纵情畅饮至深夜，最终中风而死。

元太宗承父遗志
治国家文武兼用

　　成吉思汗去世后，其第三子孛儿只斤·窝阔台即位，史称"窝阔台汗"，是为元太宗。元太宗是一位对元朝的建立有着重大贡献的皇帝。对外方面，窝阔台继承父亲遗志，继续通过战争对外扩张；对内方面，他任用契丹人耶律楚材为中书令，重视汉法。

制器者必用良工，守成者必用儒臣。

耶律楚材

　　（公元1190年—公元1244年）蒙古帝国时期政治家，先后辅佐元太祖和元太宗，提出以汉法治国的各种施政方略。

　　公元1229年，窝阔台按照父亲成吉思汗的灭金战略，联合南宋朝廷，对金朝发起了战争。最终金朝寡不敌众，走向覆灭。吞并金朝为日后元世祖忽必烈灭亡南宋打下了坚实的基础。

　　除了对外武力扩张领土外，元太宗还是大蒙古国中少数重视文治的统治者之一，他懂得"天下可马上得之，不可马上治之"的道理。元太宗在位期间，在耶律楚材的建议下，重视汉法，重用汉人，兴办国学，沿用中原科举制选拔任用优秀的儒生参政。窝阔台的种种做法，对中原传统文化的保存和传承起到了很大的作用。最为重要的是，窝阔台"以儒治国"的政治举措，在一定程度上延长了元朝的寿命。

窝阔台为人宽厚，让文臣武将都倾心为他卖力，在几十年的从政生涯中，他以独到的眼光提拔人才，重用蒙汉大臣，还能够审时度势，根据形势的不同采取不同的策略，无论对内还是对外，政绩都是极为斐然的。可以说如果没有成吉思汗和窝阔台打下的基础，忽必烈的统一必然会困难重重。窝阔台对于元朝的建立，发挥了重要的推动作用。

成语有意思

近义成语

豁达大度：形容人胸襟开阔，度量大，能容人。

反义成语

小肚鸡肠：比喻人气量小，心胸狭窄。

成语造句

作为班干部要宽宏大量，这样才能团结同学，才能获得同学们的真心拥戴。

成语延伸

罔上虐下

释义：欺骗，蒙蔽。欺骗上级，虐待下属，指以职弄权，虚伪奸诈。

讲解：耶律楚材认为那些包办国家课税的人都是欺上瞒下的贪利小人。

出处：此贪利之徒，罔上虐下，为害甚大。——明·宋濂《元史·耶律楚材传》

成语快问快答

成语宽宏大量，古文中将宏写成弘，那么宽弘大量是正确的吗？

从熟悉程度上看，我们现在一般都只使用宽宏大量，宽弘大量则属于错别字。

那么宽宏和宽弘有区别吗？

它们并没有区别，宏与弘在意思上是相近的，都有大的意思，但在用法上，宏的用途是比较广泛的。

🎤 ＋ _____ 发送

以人为镜

　　我们要学习元太宗的知人善任、待人宽厚，懂得发现别人身上的长处，借用他人的智与力，成就一番事业。没有谁是十全十美的，只有善于听取他人建议，懂得借用他人之力，才能更好地做人、做事。

以史为镜

　　成吉思汗时期，蒙古开启灭亡西夏的战争，在窝阔台继位后，蒙古军队灭亡了西夏和金朝，并向南进攻南宋，双方很快进入对峙状态中。虽然南宋仍然能够一时抵挡住蒙古的军队，但从历史发展来看，天下的统一大势已经不可阻挡。

dǐ lì fēng jié
砥砺风节

成语释义：指磨炼节操而使品行端正。同"砥砺廉隅"。

来，跟我学这个成语。

况风纪之职与常员异，请自监察御史、按察司官，在任一岁，各举一人自代。所举不当，有罚。不惟砥砺风节，亦可为国得人。

——出自《元史·魏初传》

①魏初，金末翰林修撰魏璠的从孙，从小喜欢读书，尤其擅长朗诵《春秋》。

②魏初受人举荐来应招侍读之士，元世祖因他是魏璠之孙，便委以重任。

③魏初上任后不久，就因国家法度问题直谏元世祖，推动元朝律法的建立。

④魏初做了监察官后，又向元世祖提出选官建议，以遏制元朝官僚的腐败风气。

魏初选官献策
肃正腐败风气

　　元太宗去世后，又历经元定宗西征欧洲、元宪宗招降吐蕃，蒙古国一统天下之势已成定局。元朝终于在孛儿只斤·忽必烈这一代建国了。

　　至元八年（公元 1271 年），忽必烈改国号为大元，次年定都大都（今北京），元朝正式建立。至元十六年（公元 1279 年），忽必烈与南宋残余势力在崖山开战，彻底灭亡了南宋的流亡政权，完成了天下的统一。

用汉人，行汉法，治汉地。

忽必烈

（公元1215年—公元1294年）元朝开国皇帝，重视汉文化，推崇儒学，开创行省制度。

　　与元太宗一样，元世祖忽必烈是少数能够重视重用汉臣的蒙元统治者之一，魏初就是协助忽必烈安邦定国的汉臣。

　　魏初能被忽必烈重用，与他的爷爷魏璠是分不开的，魏璠曾是金国的修编官，忽必烈听闻他的才华后，便将其请到蒙古国来做"和林问策"，也就是我们今天所说的顾问专家。魏璠感谢元世祖知遇之恩，任职期间为忽必烈举荐了六十多个人才。

魏初因魏璠的声名被元世祖委以重任，曾担任监察御史一职。魏初认为律法是君主治理天下的有力工具，一个国家不能没有律法，于是便向元世祖提出了立法的倡议。正是因为有了律法，元朝才有了治国之本。

此外，魏初在任监察官时，还就监察官员举荐一事向元世祖提出建议。魏初进言："监察御史、按察司官员在上任一年后，应各自推荐一人取代他的原职，如果推荐的人员有贪赃枉法等恶行，要对推荐者予以处分。如此一来，不仅能够砥砺风节，还可以为国家选拔真正有才能的人。"元世祖欣然采纳了魏初的建议。

魏初的这项建议确实有利于选拔具有真才实学的人才，在一定程度上遏制了元朝官僚的腐败风气。在魏初的努力下，元朝的统治逐渐稳定下来。

成语有意思

近义成语

砥节砺行：不断磨炼自己的节操，保持自己的品行。

反义成语

骄奢淫逸：形容人骄横奢侈、荒淫无度的生活。

成语造句

　　想要受到别人的尊敬，就要砥砺风节，端正品行，不做那些错误的事。

成语延伸

讹言惑众

释义：讹言，谣言。指用谣言来欺骗群众。

讲解：为了稳定政局，元世祖忽必烈在西京（今陕西西安）诛杀了一些散布谣言的人。

出处：癸丑，初建东宫，甲寅，诛西京讹言惑众者。——明·宋濂《元史·世祖本纪》

成语快问快答

孔老师，砥砺风节和高风亮节是一个意思吧？

并不是，高风亮节是形容一个人的品行节操高尚。砥砺风节则是指磨砺自己的品行与节操。

我明白了！高风亮节是已经拥有高尚的品行，而砥砺风节是对自己的要求！

你真聪明。

发送

以人为镜

我们要像魏初一样砥砺风节，以身作则。在日常生活中，只有以高标准、严要求来规范自己的行为，才能成为一个合格的人、标准的人，才能为他人树立榜样。

以史为镜

忽必烈在位期间施行"治国安民"的方略，整顿吏治，依照中原王朝的统治方式设立各种机构。元朝最终在公元1279年统一了天下，为统一多民族国家进一步发展奠定了基础。

guò hé chāi qiáo
过河拆桥

成语释义：比喻达到目的以后，就把帮助自己的人一脚踢开。

来，跟我学这个成语。

治书侍御史普化诮有壬曰："参政可谓过河拆桥者矣。"有壬以为大耻，遂移疾不出。

——出自《元史·彻里帖木耳传》

①许有壬，元代文学家，因科举考试得以入朝为官。

②许有壬为官期间，深受元顺帝重用，一路擢（zhuó）升。

③至元年间，中书平章政事彻里帖木耳奏罢科举，许有壬极力反对，但无果。

④后来许有壬托病不再上朝。他辞官归乡，告别官场，开始南游湘汉。

元顺帝罢废科举制
许有壬反对被群嘲

元世祖忽必烈去世后，元朝又历经了元成宗、元武宗、元仁宗等九位帝王。末代皇帝元顺帝的登基，也代表着属于元朝的时代即将终结。

元顺帝确实不算什么圣明的君主，他在任期间做过的唯一好事就是听从大臣彻里帖木耳的建议，废除了元朝时期的科举制度。

科举无用，
科举误国！

元顺帝

（公元1320年—公元1370年）元朝统一政权下的末代皇帝，有革新之志，但无救国之能。

彻里帖木耳在浙江任职期间，正好赶上省城举办科举考试。他发现每举办一次科举考试，不仅官府和考生要花费许多钱财，还不可避免地会发生徇私舞弊的情况。于是彻里帖木耳暗暗下定决心，如果有朝一日得到擢升，必定废除这种制度。后来他升任中书平章政事，相当于副宰相一职，便上书元顺帝，请求废除科举制度。

元顺帝虽然有些昏庸，但对废除科举制一事却同意得很痛快，不久就命人起草了诏书，准备颁发实行。自隋朝以来，已经实行七百余年的科举制度就要被废除，有人赞同，也有人反对。为此，权臣伯颜还和参政许有壬展开了争论。

许有壬对伯颜说："如果贸然废除科举，这世上有才能的人会怨恨的。"伯颜也不甘示弱："如果继续实行科举，贪赃枉法的人会更多。"二人的争辩如此激烈，也未能改变元顺帝的决定。

次日，文武百官在朝堂上听读废除科举的诏书，许有壬作为反对者还被召到最前排听读。他的心中虽然不愿意，但又怕触怒龙颜，只能老实跪在前排。

下朝后，一位名叫普化的官员对他冷嘲热讽："许参政，你这下可成了过河拆桥的人了。"言外之意是你许参政是靠科举当官的，现在皇帝宣读诏书你却跪在最前面，看似就是废除科举的领头人。指他过了桥后，便将桥拆掉，断了所有人的后路。许有壬听后觉得极为羞愧，便快步离开了。之后他一直借口有病，不再上朝。

成语有意思

近义成语

卸磨杀驴：磨完东西就把拉磨的驴子卸下来杀掉，比喻事成之后就把曾为之出过力的人除掉或抛弃。

忘恩负义：忘记别人对自己的好，甚至做出对不起别人的事。

反义成语

结草衔环：比喻感恩图报，至死不忘。

饮水思源：喝水的时候想起水是从哪儿来的。比喻不忘本。

成语造句

　　面对帮助过我们的人，我们要懂得感恩，千万不能做过河拆桥的事情。

成语延伸

畏之如虎

释义：像惧怕老虎那样惧怕他。

讲解：许有壬秉公执法，将仗官府势力的豪强绳之以法，从而整顿了官场。

出处：凡势官豪民，人畏之如虎狼者，有壬悉擒治以法，部内肃然。——明·宋濂《元史·许有壬传》

成语快问快答

 孔老师，过河拆桥不是指一种兵法吗？它能用在日常生活中吗？

当然可以，比如"以退为进""出其不意"，这些都可以用在日常生活中。

 我明白了，过河拆桥在生活中，就是指那些忘恩负义的人。

对，你理解得没错。

🎤 ➕ [   ] 发送

以人为镜

　　我们不能像许有壬一般，因为害怕触怒皇帝而妥协。在日常生活中，如果某个观点是科学的、正确的，那我们就应该坚定不移地坚持，站在正确的一方不动摇。

以史为镜

　　元朝中期政治混乱，统治阶级内斗严重，加上元朝不重视科举制度，使得知识分子始终没有办法大规模参与统治。到了元朝末年，政治腐败，社会动荡，民不聊生。在这种情况下，农民起义在黄河流域爆发并很快蔓延，民间知识分子参与到农民起义中，更是敲响了元朝的丧钟。

发生年代：约公元1352年

历史事件：元末农民起义

相关人物：李黼、徐寿辉

元
朝

jìn tuì wú cuò
进退无措

成语释义：进退都没有出路，形容处于困境，无地容身。一般写作"退失无路""进退无门"。

来，跟我学这个成语。

会西南风急，贼舟数千，果扬帆顺流鼓噪而至，舟遇桩不得动，进退无措，黼（fǔ）帅将士奋击，发火翎箭射之，焚溺死者无算，余舟散走。

——出自《元史·忠义列传》

①李黼，明经科状元，元顺帝时期臣子，为人忠勇。

②元末，农民起义爆发。李黼在江州任职时，与徐寿辉带领的红巾军交战。

③在一次水战中，李黼使用计谋，将红巾军的战船困于水上，令对方损失惨重。

④红巾军卷土重来，李黼不敌，只能挥剑高呼："杀我，毋杀百姓。"

李黼水战巧设伏
红巾军损失惨重

元朝末期，政治腐朽，贪污剥削日益严重，百姓苦不堪言。面对腐败的朝廷、贵族的压榨、连年的灾荒，走投无路的贫苦农民纷纷揭竿而起，试图推翻元王朝的统治。

千防万防，家贼难防！

徐寿辉

（公元1320年—公元1360年）元末红巾军起义头领，最终为部将陈友谅所杀。

徐寿辉是元末泱泱起义大军中的一员。至正年间，徐寿辉带领江南红巾军在湖北蕲（qí）春起兵反元，并迅速攻下了武昌等长江中游地区，直逼江州（今江西省九江市）。此时元朝驻守江州的官员是李黼，他与起义军在这一带展开了多次决战。

李黼运筹帷幄，料定敌军从水上进攻，便派人提前在水中布置好陷阱，装上了木桩与铁锥。数日后，农民起义军果真乘船从水路而来，结果战船撞到木桩，被铁锥刺入，最终动弹不得。李黼趁机命将士向敌船发射火箭，敌船瞬间被点燃，起义军只能弃船跳入江中逃生，溺死了不少人。李黼因此受到朝廷的嘉奖，被擢升为江西行省参政。

没过多久，起义军卷土重来，再次攻城。江州城内的一些官员见状，匆匆开城逃走，这让本就兵将不足的江州城雪上加霜。李黼带领士兵登城迎战，誓死不降。

李黼自知不敌起义军，只能挥剑怒斥："杀我，毋杀百姓！"最终死于乱箭之下，时年五十五岁。在李黼死后一个多月，元顺帝追封其为陇西郡公，谥号忠文。

江州的失守代表着元朝离灭亡又近了一步。公元1368年，也就是江州之战后的第十六年，朱元璋建立明朝政权，元朝自此终结。

成语有意思

近义成语

进退维谷：无论是进还是退，都处在困境之中。形容处境艰难，进退两难。

反义成语

进退自如：比喻做事得心应手，非常顺利。也讽刺为人圆滑，善于投机。

成语造句

　　他先投降了康熙皇帝，后又投降了吴三桂叛军，眼看吴三桂节节败退，他感到进退无措，无处容身了。

成语延伸

尾大不掉

释义：旧时比喻部下实力强大，不听从调动指挥。现形容机构庞大，指挥不灵。

讲解：元朝末期，天下大乱，奸臣权相飞扬跋扈，不听从中央的全盘指挥，李黼这样的忠臣只能各自为战，最终纷纷战死。

出处：博啰特穆尔跋扈不臣，已非一日，皆由顺帝姑息养奸，遂致尾大不掉……——清·弘历《御批纲鉴》

孔老师，进退无措可以用进退无路取代吗？

 是可以的，这两个成语表达的意思是相似的。

 那么为什么进退无路比较常见而进退无措比较少见呢？

 进退无路的意思浅显易懂，而进退无措中的措，有退路和措施的意思，相对复杂，所以用得比较少。

🎤 ＋ [　　　　　　　　　　　　　　　] 发送

以人为镜

　　我们要学习李黼的英勇品质和大无畏精神。在日常生活中，面对各种各样的困难时，我们不能自暴自弃，而应该开动脑筋，以智取胜。

以史为镜

　　元朝末年，天下大乱，各地都出现了强大的割据势力。朝廷一方面要应对此起彼伏的农民起义，一方面还要面临统治集团内部的混战。元顺帝时期，几股朝廷军队各自为战，为了抢地盘而互相攻击，甚至出现一股朝廷军和农民起义军联合对抗另一股朝廷军的"奇观"，这也给了农民起义军趁势做大的机会。

zhěn gē dài dàn

枕戈待旦

成语释义：枕着兵器等待天亮，形容时刻警惕敌人，准备作战。

来，跟我学这个成语。

夜宿城楼，枕戈达旦。训将练兵，常如寇至。

——出自《明史·吴良传》

①吴良，明初名将，是早年随朱元璋起兵的帐前先锋，驻守在江阴一带。

②张士诚军队大举进攻江阴，但在吴良镇守下，只能铩（shā）羽而归。

③此时朱元璋正与陈友谅在交战，吴良让朱元璋毫无后顾之忧。

④吴良镇守江阴十年，不仅训练士兵，还兴建学校、派兵屯田，深受朱元璋赏识。

名将吴良夜枕刀
保家卫国开盛世

元朝末年，中原大地乱成了一锅粥，各地纷纷起义讨伐暴元，朱元璋投奔了郭子兴领导的红巾军，并逐渐成为起义军的领袖人物。

当时，有不少人都愿意跟随作战勇猛、德行出众的朱元璋。其中，有一位为人忠诚、勇敢机智的将领深受朱元璋的喜爱，那就是吴良。

治天下要用狠手段。

朱元璋

（公元1328年—公元1398年）明朝开国皇帝，幼时贫穷，曾为地主放牛，后云游四方。二十五岁起抗元，最终统一全国。

与朱元璋争夺天下的主要有两个人，一个名叫张士诚，另一个名叫陈友谅。彼时，张士诚占据了钱粮丰足的吴地，朱元璋便让吴良据守江阴地区。朱元璋对吴良说道："江阴地区是咱们的屏障，你据守此地时，不要外交，不要接纳流民，不要贪小便宜，不要争强好胜，一定要约束士兵，只要能保境安民就可以了。"

吴良严格执行了朱元璋的命令，他修筑了防御设施，并且妥善布兵。等张士诚的军队发动进攻时，准备妥当的吴良将其打得落荒而逃。当时，朱元璋正与陈友谅在楚地交战，他之所以能后顾无忧，就是因为吴良稳稳地守住了江阴地区。

吴良平时十分节俭，不喜欢声色歌舞，也不喜欢权力钱财。他经常在城楼上睡觉，睡觉的时候还枕着刀戈兵器。在训练部队之余，他还经常宴请儒生讲授经史，同时，他还进行屯田并减少赋税。

朱元璋经常称赞吴良是能保障一方的大功臣。依靠这样的良臣名将，朱元璋终于顺利打下了江山，建立了明朝。

成语有意思

近义成语

严阵以待：摆好严整的阵势，等待来犯的敌人。泛指做好了充分的准备。

枕戈汗马：枕着武器躺着，随时准备杀敌立功。

反义成语

高枕无忧：垫高枕头，放心睡觉。比喻身心安逸，无所忧虑；也用来形容思想麻痹，放松警惕。

解甲归田：脱去军装，回家种地。指将士退伍回乡，也指辞官归乡。

成语造句

这位将军麾下有五十万大军枕戈待旦，时刻防范着敌人的突然袭击。

成语延伸

攀龙附凤

释义：为追求名利而投靠有权势的人以提高自己的地位。

讲解：吴良跟从朱元璋平定天下，虽然属于攀龙附凤，但也为朱元璋立下了汗马功劳。

出处：古今豪杰之士，际风云之会，攀龙附凤，竭忠勤、树勋烈以名世者多矣。——明·徐竑、王道端《明名臣琬炎录》

成语快问快答

孔老师，枕戈待旦和严阵以待表达的是同样的意思吗？

这两个成语都有提高警惕等待敌人的意思，但在表意的侧重点上有所不同。

哦？有什么不同呢？

枕戈待旦指睡觉时仍不放松戒备，偏重于表现杀敌心切；而严阵以待指以严整的阵势等待来犯之敌，偏重于表现做好了充分准备。

🎤 ＋ ［　　　　　　　　　　　　　　］ 发送

以人为镜

我们要像吴良一样勤奋勇猛，毫不懈怠，勇于承担责任。在日常生活中，一个人是否可靠，并不看他说得如何，而要看他是否能够做好自己该做的事。因此，我们既要勇于承担责任，又要认真做好自己承诺之事。

以史为镜

在元末农民起义军中，具有较强实力的主要有朱元璋、陈友谅和张士诚三方势力，最终朱元璋势力逐步强大，先后消灭了另外两个势力，而后向北进军攻击元朝。公元 1368 年，朱元璋称帝，建立明朝，定都应天府，就是今天的江苏南京，朱元璋就是明太祖。随后，明军攻占元大都，结束了元朝在中原的统治，统一了中原。

不可胜数

bù kě shèng shǔ

成语释义：数也数不过来，形容数量很多。

来，跟我学这个成语。

四方躁进之徒及功臣武夫失职者，争走其（胡惟庸）门，馈遗金帛、名马、玩好，不可胜数。

——《明史·胡惟庸传》

①胡惟庸，明朝开国功臣，也是我国历史上最后一位丞相（宰相）。

②胡惟庸能谋善断，深受朱元璋的宠信，成为百官之首。

③然而胡惟庸恃宠而骄，很多趋炎附势之徒都来攀附他，朱元璋因忌惮其手中的权势，迟迟未动手处置。

④胡惟庸意图谋反，朱元璋以"谋不轨"的罪名将胡惟庸处死，丞相一职也随之消失。

百官之首恃宠而骄
文武大臣惨遭株连

早年跟随朱元璋起义的人，除了名将吴良之外还有一位叫作胡惟庸的臣子。明太祖朱元璋登基后，胡惟庸的官越做越大，最后做到了左丞相，成了百官之首。

君要臣死，
臣不得不死。

胡惟庸

（？—公元1380年）早年随朱元璋起兵，深受其宠信，后骄横跋扈，意图谋反，被人告发，最终论罪处死。

随着权势的不断增大，胡惟庸逐渐变得骄横跋扈起来。他不仅擅自决定官员的官职升降，还凭自己的喜恶擅自生杀官员和百姓。当时，不少人为了活命或升职，都争先恐后地攀附胡惟庸，趋炎附势之徒送给他的金帛、古玩数都数不过来。在众人的追捧下，胡惟庸变得更加骄横了。

很快，胡惟庸的所作所为传到朱元璋耳中。朱元璋对此震怒不已。不久，胡惟庸的儿子在市集上纵马奔驰，不小心坠落死于车下。胡惟庸为了泄愤，擅自杀掉了挽车的车夫。朱元璋以此为由，决定让胡惟庸以死抵罪，并且不准胡家的人以金帛为胡惟庸赎罪。有了朱元璋的授意，官员们纷纷上书，历数胡惟庸的种种罪状。

　　洪武十三年（公元 1380 年）正月，朱元璋以"谋不轨"的罪名处死了胡惟庸，并株连了他的九族。然而，胡惟庸虽然被处死，胡惟庸案却远远没有结束。

　　为肃清"逆党"，朱元璋杀掉了与"胡党"有关的三万余人。胡惟庸被杀后，朱元璋严格规定不再设置丞相一职。同时，臣子们不得上奏请求复立丞相，否则从重治罪。废除丞相（宰相）后，朱元璋手中的皇权也得到了进一步加强。

成语有意思

近义成语

多如牛毛：像牛身上的毛那样多。形容非常多。

反义成语

寥若晨星：稀少得好像早晨的星星。形容为数极少。

成语造句

雷锋同志一心为公，像自己节衣缩食捐款灾区这样的故事简直是不可胜数。

成语延伸

包藏祸心

释义：内心藏着害人的主意。

讲解：胡惟庸内心不善，在朱元璋这样聪明的皇帝面前，没有不暴露的。

出处：当太祖开国之初，胡惟庸凶狡自肆……荼毒善类。此其所值，皆英武明断之君，而包藏祸心，久之方败。——清·张廷玉《明史·奸臣传》

成语快问快答

孔老师，不可胜数中的胜字是胜任的意思吗？

不是的，这里的胜字是穷尽的意思，也就是数也数不尽。

那么，胜发什么音呢？

这里的胜应该发四声。

🎤 ＋ [　　　　　　　　　　　　　　　　　] 发送

以人为镜

我们不能如胡惟庸一般恃宠而骄，胡作非为。法律面前人人平等，作恶之人即使一时逃过了法律的制裁，最终也会落入法网之中，受到应有的惩罚。

以史为镜

朱元璋出身贫寒，痛恨腐败的官僚主义。在登上帝位后，朱元璋采取了一系列措施，从地方到中央全面改革官制，强化了皇权，其中最著名的就是借胡惟庸案废除了宰相制度，将权力分散。为了监视官民，朱元璋更设立了由皇帝直接指挥的锦衣卫，这也开启了明朝特务制度的先河。

zhí yán wù huì
直言勿讳

成语释义：有话直说，无所忌讳。一般写作"直言不讳"。

来，跟我学这个成语。

尔群臣勿以前事为戒，于国家利弊、政令未当者，直言勿讳。

——《明史·弋（yì）谦传》

①朱高炽，明朝的第四位皇帝，史称明仁宗。

②朱高炽即位后的第一件事，就是提拔弋谦。

③明仁宗采纳了弋谦就时政、官吏问题上奏的谏言，但弋谦后因言辞过于激烈而被禁止上朝。

④诸位大臣见弋谦被这样对待也都不敢进言。明仁宗只能承认过失，并要求臣子直言进谏。

直言不讳贤臣进谏
孰能无过明主认错

明太祖过世后并没有把皇位传给儿子，而是传给了自己的长孙朱允炆。可惜，朱允炆年龄太小，也不太精通治国之道。没过多久，朱允炆的皇帝之位就被朱元璋的第四子朱棣夺取了。朱棣，史称明成祖，他即位后，便将都城从南京移到北京。公元1424年，明成祖的长子登基，是为明仁宗。

有话就说，有事就奏。

弋　谦

（生卒年不详）明永乐九年进士，历任监察御史、大理寺少卿等。性直敢言，明仁宗曾嘉其清直。

明仁宗朱高炽还是太子的时候，就注意到了脾气刚正的弋谦。明仁宗即位后，便提拔弋谦做了大理少卿。

没过多久，弋谦便直言不讳地给皇帝提意见了。开始时，明仁宗采纳了弋谦的意见，可后来弋谦的言辞过于激烈，触怒了明仁宗，明仁宗便将弋谦赶出了朝廷。

看到明仁宗如此对待弋谦，不少大臣都开始逢迎拍马。他们不但不再给皇帝进言，反而罗列了弋谦许多罪状，希望明仁宗处罚弋谦出气。后来，明仁宗见大臣们都不敢再向自己进言，只好下了一道诏书，承认自己的过失，并且要求众位大臣像弋谦一样直言勿讳。

明仁宗虽然想广开言路，让大臣们直言进谏，可他在位仅十个月便猝死在钦安殿了。明仁宗去世后，他的儿子朱瞻基即位，史称明宣宗。

明宣宗还是皇太孙时，就跟随明成祖朱棣东征西讨。他延续了明仁宗时期的开明统治，使明朝呈现出了为期十年的仁宣盛世。公元1435 年，三十六岁的明宣宗去世，仁宣之治也就此完结。

成语有意思

近义成语

正言不讳：说话直爽，毫无忌讳。

直言无隐：直率地说话，无所隐讳。

反义成语

闪烁其词：形容说话稍微透露出一点想法，却不肯明确说出。

吞吞吐吐：想说但又不痛痛快快地说，形容说话有顾虑。

成语造句

　　大家要勇敢地为朋友提建议，最好能做到直言不讳，这样才能帮助朋友进步。

成语延伸

不识大体

释义：不懂得关系到大局的重要道理。

讲解：杨士奇认为，弋谦虽然不懂得大道理，却有忠诚报国之心。

出处：（杨）士奇对曰：谦不谙大体，然心感超擢恩，欲图报耳。
　　　　　　——清·张廷玉《明史·弋谦传》

孔老师，直言勿讳和直抒己见表达的是同样的意思吗？

这两个成语都可以用来表示直率地讲话，但在具体表意上有所不同。

哦？有什么不同呢？

直言勿讳有毫不隐瞒的意思，而直抒己见并没有这一层意思。

🎤 ＋ [　　　　　　　　　　　　　　　　] 发送

以人为镜

　　我们要同弋谦一样，敢于直言不讳地表达自己的观点。在与人交往的过程中，我们要保持真心、展现真诚、表达真意，而想要做到这一点，最好的方法就是直言不讳地表达自己的观点，与他人密切沟通。

以史为镜

　　明朝初年，虽然政治气氛凝重，但百姓得到了休养。经过明太祖和明成祖两代北伐，明朝更是在对外关系中处于绝对优势。后续继位的皇帝明仁宗和明宣宗，都是比较开明的君主，他们励精图治，厚待百姓，让经济得以发展，从而开创了历史上著名的"仁宣之治"。

博闻强记
bó wén qiáng jì

成语释义：见闻学识广博，记忆力强。又作博闻强识（zhì）。

来，跟我学这个成语。

郭登，字元登，武定侯英孙也。幼英敏。及长，博闻强记，善议论，好谈兵。

——《明史·郭登传》

①郭登，是个文武双全的将军，他博闻强记，有统兵的能力，参与过许多战役。

②明英宗被瓦剌俘虏，其弟朱祁钰继位。不久后，瓦剌围攻北京，郭登率兵增援。

③郭登以八百骑迎战瓦剌数千骑，勇猛异常。瓦剌屡战屡败，只能将明英宗送回，以便求和。

④天顺元年（公元1457年）明英宗复辟，杀害忠臣。郭登虽幸免于难，但明朝的局势开始由盛转衰了。

郭登大胜振士气
二皇相争乱政局

公元1435年，明宣宗去世，年仅九岁的皇太子朱祁镇登基，是为明英宗。明英宗登基的时候因为年纪太小，所以朝政一直被太皇太后张氏握在手中。随着明英宗逐渐成年，他开始培养自己的亲信（太监王振）来削弱内阁与外戚的权力，同时拔高武将地位，试图重新夺回皇权。

一山不容二虎，一朝难容二帝。

朱祁钰

（公元1428年—公元1457年）明朝第七位皇帝，在位时选贤任能，是一位明君。后明英宗复辟，将其软禁于西苑。

可惜，公元1449年瓦剌入侵，明英宗做了一个错误的决定，那便是带着王振御驾亲征。这一战明军大败，王振自杀，随从的文武官员全军覆没，明英宗本人也被瓦剌人俘虏。

为了不让大明军队束手束脚，孙太后决定让郕（chéng）王朱祁钰登基称帝，史称明代宗。而被瓦剌人俘虏的明英宗则被尊为太上皇。

明代宗即位后，任用了于谦、王文、石亨、郭登等人。当时，郭登作为明军统帅之一，他见多识广、战场经验丰富，在得知敌方有数千骑兵侵入后，立刻率兵跟踪，大败敌军。这一仗，郭登不仅斩首了二百多敌人，还夺回了八百多人畜，使得明朝军队士气大振。

皇帝被俘是重大变故，自从明英宗被俘后，明朝军队便畏首畏尾，一直没有跟瓦剌人作战的勇气。明代宗听说郭登让军队士气大振，十分高兴，便封郭登做了定襄伯。在郭登等人的奋勇杀敌下，明英宗终于获释回朝。

不过，明代宗为了让自己的儿子继位，便软禁了刚回朝的明英宗，还打压明英宗一脉。后来，明代宗突发疾病，众人便拥戴明英宗复辟，让他重新做回皇帝。让人没想到的是，明英宗竟然杀掉了于谦、王文等人，又将明代宗废掉并软禁起来，明朝政局也从明代宗时期的清明重新变得混乱起来。

成语有意思

近义成语

博学多才：学识广博，有多方面的才能。

反义成语

孤陋寡闻：形容学识浅陋，见闻不广。

成语造句

　　李老师已经出版了三本教材，年纪轻轻能有如此大的成就，完全在于他的博闻强记、刻苦学习。

成语延伸

声如洪钟

释义：形容说话、唱歌底气足，声音洪亮。

讲解：郭登相貌非凡、声如洪钟，更有一往无前的勇气和对兵法的研究，堪称是古代良将的楷模。

出处：登仪观魁伟，髯垂过腹，声若洪钟，其为将，料敌制胜，智勇过人……——明《明实录》

孔老师，博闻强记中的强字，应该发什么读音呢？

这个成语中的"强"字应该发二声，意思是强大、好的意思。

 我经常听见有人把强字念成三声的qiǎng，这可不可以呢？

这是不行的，强的意思是勉强、勉力，那么字面意思就变成了勉强记住，违背了成语本身的意思。

🎤 ＋ [   ] 发送

以人为镜

我们要像郭登一样博闻强记，善于学习和总结，在握有经验和知识的基础上还要做到心思缜密、英勇无畏，也能冷静分析情况，及时作出决断，以缜密谋划、雷霆手段，将对手击败，将困难化解。

以史为镜

明英宗时期，宦官王振受皇帝宠爱至可以影响朝局，加上年幼的明英宗无知愚昧，终于导致土木之变，明朝军队在土木堡被蒙古民族瓦剌军队击败，从此明朝对草原民族的优势地位开始逆转，双方形成了以长城为分界的长期拉锯对峙局面，边患成为困扰明朝的重要问题，明朝的国力也受到了严重的影响。

fāng zhèng bù ē
方正不阿

成语释义：指为人品行正直，不逢迎谄媚。一般写作"刚正不阿"。

来，跟我学这个成语。

有方正不阿者，即以为不肖，而朝夕谗谤之，日加浸润，来免改疑。

——《明史·王徽传》

①王徽，明朝中期大臣。他在明宪宗即位后，时常上书直谏，极为刚正不阿。

②王徽曾就宦官一事上书谏言，直言应该严惩犯罪的宦官，否则必然天下大乱。

③对于王徽的谏言，明宪宗不仅没有听，反而认为他沽名钓誉，还将其贬至贵州普安做官。

④王徽并未因贬官而有所怨言，他将普安治理得井井有条，深受当地百姓的爱戴。

宪宗不重人才乱贬官
王徽方正不阿受爱戴

公元 1464 年，明英宗去世，他的儿子朱见深继位，是为明宪宗。与其昏聩的父亲不同，明宪宗很有治国之才。

登基之后，明宪宗为于谦等臣子洗冤平反，并且恢复了叔叔明代宗的皇帝之位。与此同时，明宪宗任用贤才，提拔了一批有真才实学的臣子，在他的治理下，明朝社会经济渐渐复苏。

朱见深

（公元1447年—公元1487年）明朝第八位皇帝，曾两为太子，即位后平反了于谦冤狱，保持了明朝政局的稳定。

明宪宗有一个宠妃万贵妃。这一年冬天，明宪宗听信万贵妃谗言，废了吴皇后，并且将擅自更换皇后人选的宦官牛玉贬到南京。当时有一个为人方正忠诚的臣子名叫王徽，他得知此事后立刻进言道："陛下，牛玉犯了大罪，处死都不为过，您却只是把他贬到南京，未免处罚太轻了。而且，宦官是日夜都陪伴在皇帝身边的人，朝廷中有些大臣不知廉耻，为了攀附皇恩纷纷跟宦官结交，给他们送去奇珍异宝。朝廷中方正不阿的大臣，不屑做这种不知廉耻的事，却被宦官和奸臣勾结陷害。长此以往，您的天下就会大乱，祖宗的基业也会受到影响啊。"

　　王徽言辞恳切，但他的话并没有点醒明宪宗。明宪宗认为王徽是在沽名钓誉，便将他贬到了贵州普安。

　　来到普安后，王徽仍旧十分忠诚，将普安治理得井井有条。他还兴办学校，教化士民。正是因为有王徽这样方正不阿的忠臣，明宪宗一朝才没有出现大规模的混乱局面。

成语有意思

近义成语

铁面无私：形容公正严明，不怕权势，不讲情面。
守正不阿：处理事情公平正直，不讲情面。

反义成语

摧眉折腰：低眉弯腰。形容没有骨气，巴结奉承。
曲意逢迎：形容违反自己的本意去迎合讨好别人。

成语造句

　　警察叔叔方正不阿，秉公执法，为百姓们构筑了一道安全的防火墙。

成语延伸

不动声色

释义：指态度镇静，也形容轻而易举，不费力气。
讲解：明朝的史官认为，明宪宗虽然没有花大力气治理国家，但他的无为而治也确实让国家比较平稳。
出处：上以守成之君，值重熙之运，垂衣拱手，不动声色，而天下大治。——明《明实录》

孔老师，方正不阿和阿谀奉承都有"阿"字，这个字是什么意思呢？

这个"阿"字有偏袒、迎合的意思。

 我明白了，方正不阿的意思，就是不偏袒任何一方。

没错，你说得很对。

发送

以人为镜

我们要像王徽一样方正不阿，不曲意奉承。对就是对，错就是错，是非曲直自有其判断标准，我们不能将白的说成黑的，更不能将黑的说成白的，只有坚持真理、坚守本心，才能成为一个正直的人。

以史为镜

明英宗之后，明朝相继经历明代宗、明宪宗、明孝宗、明武宗等皇帝统治，社会发展趋于稳定。明朝重视科举，朝廷官员多出自科举，因而形成了庞大的文官集团，并开始反过来影响皇权。但由于朝廷对科举考试的文体格式进行严格的规定，读书人的思想被禁锢，呆板的"八股文"应试成为文化教育的主流。

发生年代：约公元1519年

历史事件：南巡之争

相关人物：何遵、明武宗

jiān kǒu bù yán

缄口不言

成语释义：闭上嘴巴，不愿讲话或不敢讲话。同缄口无言。

来，跟我学这个成语。

正德间，给事、御史挟势凌人，趋权择便，凡朝廷大阙失，群臣大奸恶，缄口不言。

——出自《明史·何遵传》

①何遵，明武宗时期大臣，官至工部主事，为人直言敢谏。

②公元1505年，明武宗朱厚照即位。他听信宦官谗言，整日沉迷于吃喝玩乐，不理政事，还一心想要南巡。

③大臣何遵强烈反对明武宗南巡，结果被赐四十廷杖，没过多久便去世了。

④其他劝明武宗不要南巡的大臣，不是被流放，就是被处死，众人便不敢再多言。

正直大臣劝谏遭刑
短命皇帝回天乏术

公元1487年，明宪宗去世，他的儿子朱祐樘登基称帝，是为明孝宗。明孝宗在位期间躬行节俭，勤于政事，让明朝实现了"弘治中兴"。不过，明孝宗晚年宠信宦官，也为大明朝留下了不小的祸患。公元1505年，明孝宗在乾清宫驾崩，他的儿子朱厚照继位，是为明武宗。

及时行乐才是人生！

朱厚照

（公元1491年—公元1521年）明朝第十位皇帝，他终日醉心于淫乐以致王朝反叛四起。

明武宗非常聪颖，按理说，他能成为一个很好的皇帝。可是，明武宗当太子的时候身边有八个宦官，这些宦官仗着主子的宠信作威作福。为了讨好主子，他们每天都进献鸡鹅、鹰犬，还经常安排角斗和歌舞等娱乐活动。在这些宦官的引导下，身为太子的明武宗耽于奢侈享乐。当了皇帝后，明武宗变得更加荒诞，他根本不理朝政，整日沉迷于吃喝玩乐，一些正直的大臣都很担心明朝的未来。

当时有一位名叫何遵的大臣，直言劝谏想要南巡的明武宗，可明武宗不但没有采纳他的意见，反而对他用了刑。何遵被打了四十廷杖，没过两日便去世了。

不只是何遵，不少正直廉洁的大臣也都给明武宗进言，请求明武宗取消南巡。结果，这些大臣或者被处死，或者被流放，朝中其他的大臣只能缄口不言，不再对明武宗的荒唐举动提出一点儿质疑。

公元1521年正月，三十一岁的明武宗忽然口吐鲜血，没过多久便去世了。之后，明朝又经历了世宗、穆宗、神宗、光宗、熹宗五朝。这几任皇帝中，虽然明穆宗和明神宗为大明朝开辟了短暂的中兴时期，但在宦官的弄权下，大明王朝还是不可避免地走到了末路。

成语有意思

近义成语

只字不提：一个字也不提起，比喻有意不说。

三缄其口：在嘴上贴了三张封条。形容言语非常谨慎或不敢开口。

反义成语

滔滔不绝：像水流一样不间断，比喻话多而又流畅。

口若悬河：说话滔滔不绝，像瀑布倾泻一样。形容能说善辩，话语不断。

成语造句

　　大家询问他事情发生的经过，可是他有难言之隐，最后只好缄口不言。

成语延伸

循规蹈矩

释义：守规矩，不敢违反。也指墨守旧的规则，不敢稍做变动。

讲解：明武宗朱厚照不是昏君，但要他循规蹈矩，老老实实做一个好
　　　　皇帝，他也是做不到的。

出处：武宗其毕刚决，是夫有为之君，使其循规蹈矩、申出朴丘，以
　　　　之绳文皇帝之武不郢也。——明·张岱《石匮书》

孔老师，缄口不言的"缄"是封闭、闭上的意思吗？

 没错，这里的"缄口"就是在说闭上嘴。

 那三缄其口的"缄"也是同样的意思吧！

 没错，你说得很对！

发送

以人为镜

我们不能像明武宗朱厚照那样不辨忠奸，整日沉迷于吃喝玩乐。忧劳可以兴国，逸豫可以亡身，无论学问多高、家底多厚，沉迷于享乐、骄奢淫逸早晚会坐吃山空，一无所有。

以史为镜

明武宗之后，明朝又经历明世宗、明穆宗、明神宗的统治，这一时期朝廷政治斗争激烈，东南沿海出现了严重的倭寇问题，社会出现一定程度的动荡。但与此同时，农业、手工业和商业也得到了较大的发展，城市经济活跃，甚至出现了早期的资本主义萌芽。

发生年代：约公元1631年

历史事件：明末农民起义

相关人物：艾万年、崇祯

明末

坚壁清野
jiān bì qīng yě

成语释义：加强防御工事，转移人口财物，收割成熟了的庄稼，以抗击敌人的入侵。

来，跟我学这个成语。

次则行坚壁清野之法，困贼于死地，然后可言抚。

——出自《明史·艾万年传》

①艾万年，少有才干，武艺高超，渴望为国尽忠。

②崇祯皇帝登基后开始选拔人才，艾万年就是在这时通过武举考试入朝为官的。

③艾万年有着卓越的军事才能，非常擅长剿匪，深得崇祯帝的信任。

④艾万年死后不久，李自成攻入北京，随着崇祯皇帝的自缢，明朝宣告灭亡。

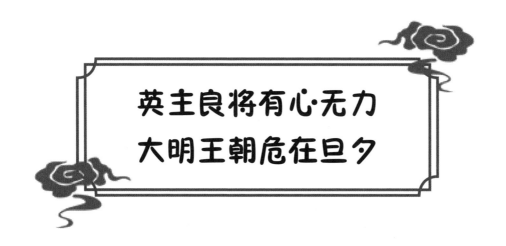

英主良将有心无力
大明王朝危在旦夕

公元 1627 年，明熹宗朱由校崩逝，由于明熹宗没有子嗣，他的兄弟朱由检便继承了皇位，史称明思宗。明思宗是明朝最后一位皇帝，由于他的年号为"崇祯"，所以后人又将他称作崇祯帝。

崇祯帝登基后，便立刻着手清除宦党，提拔人才。当时，有一位武学生考中武举人从军，名叫艾万年。艾万年很擅长剿贼，他根据多年的剿贼心得，给崇祯帝提了两点建议。

朕非亡国之君！

朱由检

（公元1611年—公元1644年）即位后励精图治，试图重现明朝当年的辉煌景象，但他最终也无法挽救溃败的大明王朝。

艾万年认为，剿贼可以采用剿灭和安抚两个策略。

如果要剿灭贼人，则不怕贼人多，就怕贼人逃往深山之中。贼人如果逃入了深山，就只能在审查好地形地势后，用奇兵埋伏，这样才可以剿灭他们。

如果要招抚贼人，就要采用坚壁清野的策略，把贼人困在绝境中，让他们吃不饱、穿不暖，当他们存活不下去时，就会像受惊的鸟儿和老鼠一样到处乱窜。这时，朝廷再派人招抚肯定能成功，而且这个方法还不会损害朝廷的威严。

崇祯帝对艾万年的方法非常嘉许，可是，此时的明朝已经是强弩之末，风雨飘摇，艾万年的想法根本无法实现。

崇祯虽然是一位很有才干的皇帝，但他遇上了小冰河时期这样的天灾，又赶上了农民起义这样的人祸。此时，就算他再有才学，再有能力，面对千疮百孔的大明也是无力回天。

公元1644年，起义军李自成军攻破北京，崇祯皇帝无奈在煤山自缢身亡。

成语有意思

近义成语

十室九空：十家有九家空虚，形容因灾祸、战乱或横征暴敛而使得百姓大量死亡或流亡的惨状。

反义成语

丢盔弃甲：作战失败后狼狈逃窜。

成语造句

面对强大的侵略者，我们只能被迫采取坚壁清野的策略，尽最大可能消耗他们的补给。

成语延伸

大势已去

释义：有利局势已经丧失，形容局势无法挽回。

讲解：明朝末年，崇祯不是不想挽救国家，艾万年等将军不是不勇敢，但明朝的局势实在是无法挽回，只能一步步走向灭亡了。

出处：帝承神、熹之后，慨然有为。即位之初，沈机独断，刬除奸逆，天下想望治平。惜乎大势已倾，积习难挽。——清·张廷玉《明史·艾万年传》

成语快问快答

孔老师，坚壁清野中的清野很好理解，但坚壁是什么意思呢？

在成语里，壁指的是军营的围墙，代指我方的防御，坚壁也就是让防御更坚固的意思。

所以，坚壁清野的主语必须是防守一方，进攻的一方则不能用这个成语对吗？

是这样的。

🎤 ＋ [   ] 发送

以人为镜

我们要像艾万年一样磨砺自己，为国家作出贡献。想要成就一番事业，就要为此付出相应的努力，否则空等机会降临、贵人相助，只会白白浪费光阴，只有在日积月累中不断提升才干，才能成为对国家有用的人才。

以史为镜

明光宗统治时期较短，继位的明熹宗昏庸无能，朝政日益混乱，大臣结党营私，中央对社会的控制力不断下降，各级官吏盘剥百姓，土地兼并严重，大量农民流离失所，农民起义爆发。明思宗崇祯时期，以李自成为首的起义军攻占北方大部分地区并攻进北京，崇祯皇帝自杀，明朝对中原的统治结束了。

学贯古今
xué guàn gǔ jīn

成语释义：形容读书很多，学问深广博大。

来，跟我学这个成语。

道周学贯古今，所至学者云集。

——出自《明史·黄道周传》

①黄道周，南明隆武帝时期的官员，通天文，识理数，力主抗清。

②明朝灭亡后，其残余势力在南京建立南明政权，黄道周便在南明朝廷为官。

③黄道周任兵部尚书，兵权却掌握在郑芝龙手中。

④公元1645年，隆武帝和黄道周抗清失败被俘，南明政权宣告终结。

学贯古今良臣被架空
抗清失败忠臣勇赴死

崇祯帝在煤山自缢后，明神宗朱翊钧的孙子朱由崧（sōng）在南京建立了南明政权，企图把明朝延续下去。可是，他仅仅在位八个月便兵败身死了。

天命如此，回天无力。

朱聿（yù）键

（公元1602年—公元1646年）南明第二任君主，在位期间励精图治，任用贤臣，多次出兵北伐，但较少取得成功。

朱由崧死后，南明第二位皇帝朱聿键在郑芝龙和黄道周的辅佐下登基，是为明绍宗。因为他的年号为隆武，所以后人又将他称作隆武帝。

辅佐隆武帝的黄道周是明末清初时期著名的大才子。十四岁时，他的才子之名就被世人所知。当时，世人都称赞黄道周学贯古今，有不少学生都慕名投到黄道周门下，渴望获得他的指点。

黄道周在崇祯帝一朝，因为出言顶撞皇帝而没有受到重用；但在隆武帝一朝，黄道周被任命为武英殿大学士、吏部尚书兼兵部尚书。

隆武帝为人英明，擅长采纳臣子建议，所以便重用了才华横溢、学贯古今的黄道周。可是，黄道周虽被委任为兵部尚书，但军权一直被郑芝龙牢牢抓在手里。此时，郑芝龙已经有了投降清廷的心思，所以他根本不听隆武帝与黄道周的调派，一心保存实力，准备在恰当时候与清廷谈判投降。在郑芝龙的架空下，隆武帝和黄道周毫无权力，只能被迫等待末日的降临。

公元 1645 年，黄道周被清廷俘虏，并在第二年英勇赴死。同年，隆武帝也在福建汀州被俘，绝食身亡。至此，南明政权彻底宣告结束。

成语有意思

近义成语

学富五车：形容读书很多，学识渊博。

满腹经纶：经纶是整理过的蚕丝，用来比喻人的才学和本领。成语用来形容人很有学问、才能。

反义成语

胸无点墨：肚子里没有一点墨水，形容人读书少，文化水平低。

目不识丁：眼睛不认识"丁"字，形容一个字也不认识。

成语造句

　　我国高等学府里有很多学贯古今的老教授，每次听他们的课，我都感到受益匪浅。

成语延伸

百无一失

释义：没有百分之一的差错，形容有绝对把握，绝对不会出差错，也做万无一失。

讲解：黄道周认为，治理国家应该用天道、行仁政，他也是这样劝导明朝皇帝的。

出处：臣自幼学《易》，以天道为准。上下载籍二千四百年，考其治乱，百不失一。——清·张廷玉《明史·黄道周传》

孔老师，学贯中西与学贯古今这两个词语有什么分别呢?

前者强调的是西方学术和中华国学的对比，后者强调的是古代和现代的对比。

 贯字是什么意思呢?

贯有贯通的意思，就是形容人将古往今来的知识全都贯通了，这样的人自然就是很博学的。

🎤 ➕ [   ] 发送

以人为镜

我们要像黄道周一样将自身命运与国家兴亡紧密联结在一起。只有国家这个"大家"富强安定，每个人的"小家"才能幸福安定；如果国家变得动荡不安，那生活于其中的个人也很难幸免。

以史为镜

崇祯皇帝自杀后，明朝各残余势力退到江南地区，苟延残喘了十八年，史称"南明"。南明由几个明朝宗室建立的政权组成，它们之间互不统属，为了争夺谁是明朝正统而内斗不止，加上明朝固有的党争问题，导致它们很快就在北方清朝势力的攻击下崩溃。公元 1662 年，随着南明最后一个政权灭亡，明朝彻底成为历史。

liú yí shī suǒ
流移失所

成语释义：形容到处流浪，无处安身。一般写作"流离失所"。

来，跟我学这个成语。

自后有流移失所甘心投诚者，有司礼送京师，加恩畜养。

——出自《清史稿·世祖本纪》

①爱新觉罗·福临，史称顺治帝，是清朝的第三位帝王，也是清朝定都北京后的第一位皇帝。

②顺治帝是一位圣明的君主，登基后采用与民休息、减免赋税的怀柔之策，安抚百姓。

③顺治帝让清朝政权稳定，他的一系列政策也为之后的康乾盛世打下了基础。

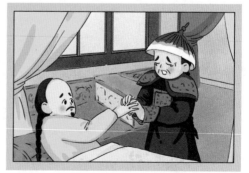

④顺治帝在其二十四岁那年驾崩，共在位十八年。

顺治妙用怀柔政策
百姓免于流离失所

明朝覆灭后，中国迎来了历史上最后一个封建王朝——清朝。

清太祖努尔哈赤统一关外后兵败身死，他的儿子皇太极继承皇位，在盛京（今沈阳）称帝，开创了清朝。后来清军入关，皇太极突然在清宁宫猝死，他的儿子爱新觉罗·福临即位，史称顺治帝。

我叫皇太极，但我从不"打太极"。

皇太极

（公元1592年—公元1643年）努尔哈赤第八子，曾两次出兵朝鲜，统一蒙古和黑龙江流域。并于天聪十年（公元1636年）五月称帝，定国号"大清"。

顺治帝足智多谋，且很有治国之才。当时，满人、蒙古人与汉人之间的矛盾比较尖锐。为了巩固统治，顺治帝决定采用与民休息、减免赋税的方法来缓和民族矛盾。顺治帝在位十八年间，先后下达了一百五十余次政令来免除各个受灾地区的赋税。

　　同时，他还颁布了不少政策，以争取汉族百姓的支持。清朝入关之初，统治者对汉族百姓采取了高压政策，那时候的百姓衣不蔽体、食不果腹，又遭遇贪官酷吏横征暴敛，日子过得十分艰难。顺治帝特意下达御令，表达自己对百姓的同情。他还严令，各地官府需要善待难民，不许把难民当成流寇予以驱赶、剿灭。

　　对待明朝宗室和藩王，顺治帝也本着宽容怀柔的态度。他规定，明朝宗室和藩王凡是愿意归顺的，一律礼送到京城，并给予优待。顺治帝的怀柔政策让清朝逐渐站稳了脚跟，也为后面的"康乾盛世"打下了坚实的基础。

成语有意思

近义成语

背井离乡：指远离家乡，到外地谋生。

无家可归：没有家可以回。指人因遭受灾难等问题失去家庭，无处投靠。

反义成语

安土乐业：安居本土，愉快地从事自己的职业。

落叶归根：比喻事物总有一定的归宿。多指客居异乡的人最终还是要回归本乡本土。

成语造句

　　都城沦陷后，城里的百姓们流移失所，颠沛流离，日子过得十分艰难。

成语延伸

如日中天

释义：像太阳升到了正午，比喻事物正处于最兴盛的阶段。

讲解：顺治帝在统治上推崇孔孟之道，认为孔孟之道培养出来的科举人才，是帮助清王朝管理中原的重要帮手。

出处：圣人之道，如日中天，上之赖以致治，下之资以事君。学官诸生当共勉之。——清·赵尔巽（xùn）《清史稿·世祖本纪》

成语快问快答

孔老师，流移失所和颠沛流离表达的是同样的意思吗？

这两个成语都可以形容无处安身、到处流浪，但在表意上的侧重点有所不同。

哦？有什么不同呢？

流移失所偏重于"失所"，即失去了安身之处；而颠沛流离偏重于"颠沛"，即辗转奔波、饱尝苦难。

🎤 ＋ [　　　　　　　　　　　　　　] 发送

以人为镜

我们要像顺治帝一样体恤他人，心怀悲悯。在日常生活中，我们要关心那些遭受苦难的弱势群体，当他们需要帮助时，我们要尽自己所能，伸出援助之手。

以史为镜

清朝统一天下之后，在政治制度方面基本沿袭中原历代王朝的做法。在清朝早期，统治者注意让人民休养生息，明末被破坏的社会秩序和经济得到了一定程度的恢复。然而清朝进一步加强中央集权，钳制人民思想，也让中国文化教育遭到了更严重的禁锢。

mí liú zhī jì
弥留之际

成语释义：病重快要去世的时候。

来，跟我学这个成语。

至于弥留之际，省躬自责，布告臣民。禹、汤罪己，不啻过之。

——出自《清史稿·世祖本纪》

①康熙皇帝玄烨是清朝入关之后第二个皇帝，他也是中国历史上有名的圣君。

②他是奉顺治帝遗诏继承的皇位，当时鳌拜、索尼等人是他的辅政大臣。

③顺治帝去世之前写下遗诏，不仅确立了康熙的皇位，还反思了自己在位期间的过失，其中列举了自己的十四条不足。

④康熙即位后，擒鳌拜，平三藩，轻徭薄赋，发展经济。清朝即将迎来其唯一的盛世——康乾盛世。

英明皇帝突患病
徒留遗诏数不足

公元 1661 年，顺治帝突然患病，没过多久便离世了。离世之前，处于弥留之际的顺治帝没有公开立太子，而是留下了一封遗诏。在这封遗诏中，顺治帝将儿子爱新觉罗·玄烨定为皇位继承人，还指定了鳌拜、索尼、苏克萨哈、遏必隆为辅政大臣。除此之外，他在这份遗诏中还用了很大篇幅来反思自己的过失。

理得好国事，管不好家事啊！

爱新觉罗·玄烨

（公元1654年—公元1722年）清朝第四位皇帝，是统一的多民族国家的捍卫者，开创出康乾盛世。

在遗诏中，顺治帝罗列了自己十四条不足之处。第一条说自己能力不够，无法造福百姓。第二、三、四条则说自己不能为父母尽孝，不能照顾满洲亲贵，非常自责。第五、六、七条说自己在举贤任才方面做得不够好，在平衡满蒙臣子方面做得也不够好。在第八、九、十条中，顺治帝说自己花费过多，官员俸禄却较少，如此益上损下，让他非常不安。第十一条到第十四条，则是顺治帝说自己自以为是，知错不改，十分愧疚。

顺治帝即位初期，国家可谓危机四伏、百废待兴。顺治帝主持朝政的十年里，清朝的军事、政治、经济等都获得了很大提升。他在遗诏中检讨了十四条过失，其实他已经比很多皇帝做得都要出色了。

顺治帝去世后，年仅八岁的玄烨即位，史称康熙帝。在康熙帝的统治下，清朝变得越发强盛起来。

成语有意思

近义成语

奄奄一息：只剩下微弱的一口气，形容临近死亡。比喻事物即将消亡、湮灭或毁灭。

反义成语

朝气蓬勃：充满了生气和活力的样子。

成语造句

　　伟大的科学家为祖国建设事业奉献了一生，直到弥留之际还在为国家献言献策。

成语延伸

博览群书

释义：广泛阅读各种书籍。

讲解：顺治帝年纪很小就登上了皇位，此后他广泛阅读各种书籍，这对于他日后的统治很有帮助。

出处：章皇帝冲龄践祚，博览书史，无不贯通，其于禅语，尤为阐悟。
　　　　——清·昭梿《啸亭杂记》

孔老师，弥留之际和生死关头是近义词吗？

不是的，弥留之际强调的是即将死去、无法挽回的状态，而生死关头强调的是未来或生或死的抉择。

 那么弥留之际的弥留该怎么理解呢？

弥在这里是远的意思，表示人即将要去很远的地方，也就是死去，而留表示停留。就是在即将死去之前，最后停留在人间的片刻。

🎤 ＋ [　　　　　　　　　　　　　　　] 发送

以人为镜

　　我们要像顺治帝一样擅于反思自己。人无完人，谁都有犯错的时候，只有主动反思过错、改正错误，我们才能不断接近完美，逐渐成为更好的自己。

以史为镜

　　公元 1661 年，清朝入关后的第二位皇帝康熙继位。康熙皇帝是清朝乃至中国历史上统治时间最长的皇帝，他八岁登基，十四岁亲政，在统治期间他标榜仁政，笼络汉族士人，注意休养生息发展经济，使得清朝国力蒸蒸日上，为中国封建王朝最后一个盛世——康乾盛世打下了基础。

清朝

发生年代：约公元1675年

历史事件：三藩之乱

相关人物：尚可喜、康熙

biàn yí cóng shì
便宜从事

成语释义：根据实际情况，自己决定适当的处理办法，不必请示。也写作"便宜行事"。

来，跟我学这个成语。

上命广东督、抚、提、镇俱听可喜节制，遴补将吏，调遣兵马，均得便宜从事。

——出自《清史稿·尚可喜传》

①尚可喜，清初官员，因建立清朝有功，被封为平南王，为清朝初期的三藩之一。

②平西王吴三桂不满康熙撤藩，想联合平南王尚可喜和镇南王耿精忠起兵造反。

③尚可喜忠于朝廷，不愿反叛，被康熙帝命令留守广东，让他自己便宜行事。

④尚可喜表明自己忠于大清，愿矢志捐躯，而他最终也被叛军软禁而死。

尚可喜便宜行事
康熙帝平定三藩

康熙帝登基后，他的皇权被牢牢控制在太皇太后孝庄及四位辅政大臣手中。十六岁时，康熙帝除掉权臣鳌拜，将皇权收回手中。为了进一步巩固皇权，他决定裁撤"三藩"。

识时务者为俊杰。

吴三桂

（公元1612年—公元1678年）明末将领，清初藩王，后叛清自立，遭到镇压。

三藩指的是平西王吴三桂、平南王尚可喜和镇南王耿精忠。这三位异性王爷都是跟随清朝打天下的汉人，他们位高权重，手下兵精将广，让康熙帝非常忌惮。

后来，平西王吴三桂不满康熙帝撤藩举动，决定起兵造反。他联络耿精忠等人共同起兵，尚可喜却按兵不动，并没有理会吴三桂。公元 1674 年，与吴三桂、耿精忠一同造反的孙延龄发布檄文，声称"三藩并变"，试图将尚可喜拉到造反者一边。

尚可喜听闻此事后，立刻给康熙帝写了一篇奏疏。在奏疏中，尚可喜陈述了孙延龄伪檄的事实，并且向康熙帝表达自己的决心。尚可喜写道："我已经七十多岁了，虽然愚笨，但决不肯向逆贼低头。我只懂得矢志捐躯，保卫疆土，以此表达自己的忠诚。"随后，尚可喜主动下令，让军队参与到平叛之中。

康熙帝看到尚可喜的奏疏后十分欣慰，下诏嘉许了尚可喜的行为，并命令广东的各级武官都听尚可喜的调遣，并允许尚可喜根据战况自行决定采取何种策略。然而，尚可喜的儿子尚之信挟持了父亲，逼他反清。尚可喜想要自杀明志，却被救了下来，之后就一直被儿子软禁了起来。没过半年，年事已高的尚可喜便在广东去世了。

后来，康熙帝平定三藩，清朝的政局也重新稳定起来。

成语有意思

近义成语

见机行事：形容看情况办事情。

反义成语

唯命是从：绝对服从命令，让怎么做就怎么做。形容十分顺从听话。

成语造句

虽然老师给这次活动规定了整体的方针，但在具体的问题上还是允许我们便宜行事的。

成语延伸

矢志不渝

释义：表示永远不变心。

讲解：三藩之乱时，尚可喜虽然同为汉族藩王，却对清王朝忠心耿耿，没有参与吴三桂等人的叛乱。

出处：臣叨忝王爵，年已七十余，虽至愚岂肯向逆贼求富贵乎？惟知矢志捐躯（矢志不渝），保固岭南，以表臣始终之诚。"——清·赵尔巽《清史稿·尚可喜传》

成语快问快答

 孔老师，便宜行事和东西便宜的发音不同，这里便字是多音字吗？

 是的，便宜行事中的便发biàn的音，东西便宜中的便发pián的音。

 那么，便宜为什么会有价格低廉的涵义呢？

 便宜的词义是个人的利益，我们发现商品的价格比较低，这当然对我们有利，所以我们说它便宜。

🎤 ＋ [   ] 发送

以人为镜

　　我们要像尚可喜那样善于观察时局、懂得随机应变。过刚易折，过柔则靡，在面对困难与挑战时，鲁莽进攻和一味退守都不可取，判断具体形势，选择合理策略，才能克服困难、应对挑战。

以史为镜

　　康熙皇帝对中华民族的一个伟大贡献是维护祖国统一。他平定三藩、收复台湾、三征噶尔丹、创立"多伦会盟"，都在客观上保障了中华民族的领土完整。他与沙俄签订的《尼布楚条约》，不仅仅是中国历史上第一个重要的对外条约，更确保了中国对于黑龙江流域的主权。

tiào liáng xiǎo chǒu
跳梁小丑

成语释义：指上蹿下跳、兴风作浪的卑劣小人。

来，跟我学这个成语。

举忠愤激发，甘死如饴，而朕以小丑跳梁，用良臣于危地，思之深恻。

——出自《清史稿·任举传》

①任举，清朝将领，雍正年间考中武进士，入朝为官，身经百战，深受乾隆信任。

②任举曾单枪匹马平叛了固原兵变，乾隆皇帝擢其为中军参将。

③四川金川一带发生叛乱，乾隆皇帝认为那不过是一群跳梁小丑，任命任举率军平叛。

④任举虽然平定了叛乱，却也在昔岭一战中为国捐躯。乾隆皇帝伤心不已，惋惜任举居然为这群跳梁小丑所害。

跳梁小丑金川叛乱
甘死如饴任举捐躯

　　康熙帝在位时间六十一年，是中国历史上在位时间最长的皇帝。康熙帝去世后，他的第四个儿子爱新觉罗·胤禛继位，史称雍正帝。雍正帝在位期间整顿吏治、重整机构，对"康雍乾盛世"的延续起到了重要作用。

勤俭治国，国家必兴！

爱新觉罗·胤禛

　　（公元1678年—公元1735年）清朝第五位皇帝，内能稳固社会生产，外能平定各处叛乱。

　　公元1735年，雍正帝去世，他的第四个儿子爱新觉罗·弘历继位，这便是历史上著名的乾隆皇帝。乾隆皇帝一朝中不仅有和珅这样的奸臣，也有很多出名的忠臣良将，如刘墉、朱珪、刘统勋等。在众多忠臣良将中，有一位名叫任举的将军，他生前受到了乾隆帝的多次嘉奖，去世后也被乾隆帝赐予祭文、碑文，以表追思。

任举曾单枪匹马平叛过固原兵变。朝廷为了表示嘉许，将任举提拔为中军参将。公元 1747 年，四川金川土司叛乱，乾隆皇帝认为那不过是一群乌合之众，就像小丑在屋顶上跳来跳去一样令人讨厌又容易处置，他命任举前去征讨。任举到达金川后，巧设伏兵，击败了叛军。乾隆帝十分高兴，下令嘉奖任举，并破格将他提拔为重庆镇总兵。

后来，任举奉命攻打昔岭。他接连攻克了二百余座城卡、碉楼，虽然被枪炮射伤，仍然奋勇杀敌，身先士卒。可惜，任举在带军冲锋时，不幸被鸟枪射中胸口。临死前，他仍然大呼报国，随后气绝身亡。

得知任举战死，乾隆帝十分伤心。他说道："任举忠诚勇敢，甘死如饴。可是，朕却因为这群跳梁小丑，把国家栋梁放在了危险之地，这是我的过失。"随后，乾隆皇帝追加对任举家属的抚恤，并赐勇烈二字为任举的谥号。乾隆帝对任举如此抚恤，也让朝中清廉的忠臣勇士们深觉安慰。

成语有意思

近义成语

么么小丑：指微不足道的小人物或坏人。

反义成语

中流砥柱：如同砥柱山一样屹立在河水的急流之中，比喻能承担重
任、支撑危局的超群人物。

成语造句

　　某人为了个人利益出卖集体利益，不惜像跳梁小丑一样造谣生
事、污蔑他人，这样的人实在是应该被唾弃的。

成语延伸

甘死如饴

释义：比喻甘愿承受艰难困苦。也做甘之如饴。

讲解：忠臣任举一心为国，即便为国捐躯也在所不惜。

出处：举忠愤激发，甘死如饴，而朕以小丑跳梁，用良臣于危地，思
之深恻。——清·赵尔巽《清史稿·任举传》

孔老师，小丑不是现代词汇吗？为什么会出现在成语里呢？

小丑这个词很早就出现在古汉语中了，《国语》中就出现过"况尔小丑"的句子。

那么古汉语中的小丑是什么意思呢？

在古汉语里，小丑是对人轻贱的称谓。所以在"跳梁小丑"成语里，乾隆的意思是金川的反叛者不值一提。

🎤 ＋ [   ] 发送

以人为镜

我们要像任举一样为了国家富强而英勇无畏、奋力拼搏。在国泰民安的当下，我们虽不能在战场上为国拼杀，却可以在生活中，依靠自己的能力，做一些力所能及的事情，为国家的繁荣富强添砖加瓦。

以史为镜

西北问题困扰了康、雍、乾三个皇帝。雍正年间，因为要处理西北军务，朝廷临时设立军机房，不久改名军机处，随后成为常设机构，并成为辅助皇帝处理政务的最重要的中枢机构。军机处的设立，代表着封建王朝皇权达到了顶峰。

清朝

发生年代：约公元1756年

历史事件：清统一准噶尔

相关人物：色布腾巴勒珠尔
乾隆帝

yí wù jūn jī
贻误军机

成语释义：指耽误了关于军事的大事、错失了战机。同贻误战机。

来，跟我学这个成语。

二十一年春正月庚本，以额附科尔沁亲王色布腾巴勒珠尔贻误军机，褫（chǐ）爵禁锢。

——出自《清史稿·高宗本纪》

①色布腾巴勒珠尔，蒙古族，清军将领，娶固伦和敬公主为妻，成了大清的驸马。

②色布腾巴勒珠尔自小在宫中长大，乾隆对其寄予厚望，曾带他出征准噶尔。

③色布腾巴勒珠尔暗地却和准噶尔贵族阿睦尔撒纳勾结，因此贻误了军机。

④乾隆帝知晓此事后，夺去了色布腾巴勒珠尔的爵位。

驸马反水贻误军机
乾隆气愤褫夺爵位

乾隆帝不但重用了一部分贤臣，而且很擅长维系各个民族部族之间的关系。公元1747年，乾隆帝将固伦和敬公主嫁给了蒙古科尔沁部博尔济吉特氏的辅国公——色布腾巴勒珠尔。

打江山容易，守江山不难。

爱新觉罗·弘历

（公元1711年—公元1799年）清朝第六位皇帝，他是我国历史上最为长寿的皇帝，也是执掌国家政权时间最久的皇帝。

色布腾巴勒珠尔从小被召到宫中教养，乾隆帝对他寄予厚望。当时，乾隆帝决定御驾亲征，发誓要攻克康熙帝、雍正帝都未拿下的准噶尔地区。色布腾巴勒珠尔作为一员大将，也跟随乾隆帝一起出征了。

一开始，色布腾巴勒珠尔的表现非常出众，乾隆帝也对这位驸马很是信任。因此，乾隆帝渐渐将一些重要任务交给他处理。

可是，色布腾巴勒珠尔立场很不坚定，他明知乾隆帝出征准噶尔的目的就是为了收复失地，背地里却跟准噶尔汗王的外孙阿睦尔撒纳交往甚密。后来，色布腾巴勒珠尔还在背后反水，纵容阿睦尔撒纳叛乱。乾隆帝得知此事后十分生气，决定惩罚这位驸马。

按照大清律例，色布腾巴勒珠尔罪当处死。乾隆帝看在固伦和敬公主的面子上，破例饶恕了色布腾巴勒珠尔。

公元 1756 年正月，乾隆帝发布谕令，以色布腾巴勒珠尔贻误军机为由，褫夺了他的爵位，并把他禁锢起来。后来，因为色布腾巴勒珠尔平定金川之战有功，乾隆帝恢复了他的爵位。

公元 1795 年，乾隆帝将皇位让给了第十五子爱新觉罗·颙（yóng）琰（嘉庆帝），公元 1799 年，乾隆帝在养心殿去世。随着乾隆帝的去世，清朝的江山也变得风雨飘摇起来。

成语有意思

近义成语

举棋不定：拿着棋子，不知如何放下是好。比喻（做事）犹豫不决。

反义成语

当机立断：在紧要时刻果断作出决断。

成语造句

　　皇帝下令，将那位贻误军机的将军押入大牢，等审清缘由后再发落。

成语延伸

开疆拓土

释义：开拓、扩展国土，也泛指拓展某项事业。

讲解：乾隆皇帝开疆拓土，对中华版图的行程有很大的贡献。

出处：高宗运际郅隆，励精图治，开疆拓宇，四征不庭，揆文奋武，於斯为盛。——清·赵尔巽《清史稿·高宗本纪》

孔老师，我记得《诗经》里说，"贻"是赠送的意思，那贻误军机又怎么解释呢？

"贻"的确有赠送的意思，但它也有"贻害"的意思。

我懂了，在不同的语境中，"贻"字的意思也有所不同。

是的，你说得没错。

以人为镜

　　我们不能像色布腾巴勒珠尔一样依靠着祖辈的恩荫，不思进取。祖辈的恩荫是一种财富，但若挥霍无度，早晚都有用完的一天，只有依靠自己的真才实学，不断奋斗，才能成就非凡人生。

以史为镜

　　乾隆时期，西北先后出现蒙古和回部叛乱问题，乾隆皇帝下令调兵征讨，最终成功平息了各种叛乱。清朝在伊犁设将军，管理新疆地区，加强了对西北地区的管辖。公元1771年，蒙古土尔扈（hù）特部万里归国，也为多民族国家的巩固和发展谱写了光辉篇章。

良莠不分

liáng yǒu bù fēn

成语释义：比喻好的和坏的混杂在一起，不整齐。同良莠不齐。

来，跟我学这个成语。

驭夷长策，当先剿后抚。未剿遽（jù）抚，良莠不分。兵至，相率归诚；兵退，复出焚掠。

——出自《清史稿·吴杰传》

①吴杰，清道光时期将领，曾在左宗棠部下当兵，屡立军功。

②道光皇帝重用吴杰，面对列强的侵略，吴杰提出了"先剿灭，再安抚"的政策。

③政策的主旨是面对侵略者，要先与其打仗，再进行安抚，否则就是良莠不分。

④但不管道光皇帝与吴杰如何努力，终究没能改变清王朝落后挨打的命运。

重臣献良言驱列强
皇帝心·有余力不足

乾隆帝之后，清朝就不可避免地走上了下坡路。乾隆帝好大喜功，身边除了忠臣良将之外，也存在着一批贪官污吏。嘉庆帝登基后，他干的第一件事便是肃清吏治，严惩了贪官和珅等人。可是，他在外交上采取闭关锁国的排外政策，清朝开始落后于世界的发展。

嘉庆帝去世后，他的第二子爱新觉罗·旻（mín）宁继位，史称道光帝。

守江山是真的难!

爱新觉罗·旻宁

（公元1782年—公元1850年）清朝第八位皇帝，在位期间整顿吏治，克勤克俭，平定叛乱，严禁鸦片，还重用了一批治国之臣。

随着英国发动鸦片战争，西方列强用枪炮打开了清朝国门，不断侵扰清朝领土。为了将西方列强赶出中国，道光帝重用了一位名叫吴杰的臣子。吴杰给道光帝提了一个建议：对西方列强先剿灭、再安抚。

在吴杰看来，如果没有打仗，而是直接招抚列强，那清军就是良莠不分，无法知道对方是真心投降还是假意投降。清军攻杀过去，列强立刻投降不战；等清军走后，他们可能又开始烧杀抢掠。所以，清朝要想招抚列强，就必须先把他们打败。

道光帝非常赞许，决定采纳吴杰的建议。可是，此时的清朝已经是强弩之末，兵弱将寡，道光帝和吴杰的努力并没有让清朝获得多少喘息时间。

公元 1842 年，道光帝被迫签订了丧权辱国的《南京条约》。从此，道光帝便拒绝变革，开始过起了苟且偷安的生活。

成语有意思

近义成语

鱼目混珠：用鱼的眼睛掺杂在珍珠里面。比喻以假乱真。

反义成语

泾渭分明：指甘肃、陕西境内的两条河一清一浊，分得很清楚。比喻界线清楚，容易区分。

成语造句

皇帝看了奏章后，认为这个县令办案糊涂，良莠不分，应当革职查办。

成语延伸

除恶务尽

释义：清除坏人、坏事、恶势力一定要干净、彻底。

讲解：吴杰认为对抗侵略者，一定要积蓄足够的力量，然后痛下决心与侵略者对抗到底，彻底震慑侵略者的气焰。

出处：国家既厚集兵力，自当扫穴犁庭，除恶务尽，使诸夷望风震慑，一劳永逸。——清·赵尔巽《清史稿·吴杰传》

成语快问快答

孔老师，良莠不分中的莠是指什么？

莠指的是一种类似谷子的野草，因为它和谷子类似，所以人们很难分辨出来。

哦，那么良莠不分是否和鱼目混珠是一个意思呢？

是的，良莠不分和鱼目混珠是近义词，其他近义词还有泥沙俱下、鱼龙混杂等。

🎤 ＋ ［　　　　　　　　　　　　　　　　　　　　　　　　　　　　　　］ 发送

以人为镜

　　我们要学习道光帝乐于接受他人建议的优秀品质，但不能像他一样遇到挫折就一蹶不振，不去承担本来应该由他承担的责任。既然要做一番事业，就要努力做到底，一定不能半途而废。

以史为镜

　　乾隆帝后期政务荒废，各级官吏趁机弄权贪腐，寻找一切机会盘剥百姓，致使社会出现了严重的问题，嘉庆帝继位后出现了白莲教起义，起义虽然被镇压了下去，但清王朝内部已经腐朽不堪，而此时另一个敌人也出现了，那就是西方列强。

jiù xū bì shí
就虚避实

成语释义：在军事上指避开敌人的主力，攻击其薄弱环节。现也指躲开实质性问题，尽说空话。一般写作"避实就虚"。

尤喜用间谍，混入敌营，又能取远势，声东击西，就虚避实。

——出自《清史稿·洪秀全传》

①洪秀全是清末农民起义领袖，他领导了轰轰烈烈的太平天国运动。

②当时，腐朽的清王朝内有农民起义活动，外有帝国主义列强虎视眈眈。

③太平天国运动对清政府和帝国主义侵略者都给予了一定的打击。

④然而，太平天国运动最终还是在清政府和帝国主义的双重镇压下走向了失败。

奋力挣扎天国起义失败
苟且偷生清廷走向灭亡

公元 1850 年，道光帝第四子爱新觉罗·奕詝（zhǔ）即位，史称咸丰帝。此时的清朝内忧外患不断，咸丰帝面对这样的时局也是无可奈何。

当时，一些信奉西方宗教的百姓不满朝廷实行的闭关锁国政策，纷纷起义造反，其中最有名的起义军首领便是洪秀全。

有心图强，无力回天，呜呼哀哉！

爱新觉罗·奕詝

（公元1831年—公元1861年）咸丰帝是位很有才干的皇帝，他勤于政事、举贤任能，但未能挽救清王朝的命运。

咸丰帝统治初期，洪秀全便在金田创建了太平天国。洪秀全是位很懂兵法，且很有智慧的将领。他喜欢用间谍混入敌营，采用声东击西、就虚避实的方法对敌人发起进攻。在洪秀全的领导下，太平天国很快壮大起来。

当时，西方列强攻入北京，咸丰帝匆匆逃走，留下恭亲王与西方列强谈判签订了一系列不平等条约。对于清朝签订的不平等条约，洪秀全领导的太平天国一概不认。他一边反抗清朝统治者，一边抗击西方列强，可是收效甚微。

公元 1864 年，洪秀全病逝，太平天国也因为农民阶级的局限性和战略上的失误，最终以失败告终。

咸丰帝去世后，他的儿子爱新觉罗·载淳登基（同治帝）。同治帝和他的母亲慈禧太后都是喜好奢靡且不懂治国的人。在他们的统治下，西方列强更加肆无忌惮，百姓的日子过得越来越困苦了。

公元 1875 年，没有儿女的同治帝去世了。众人经过商议，决定迎醇亲王奕譞（xuān）的儿子爱新觉罗·载湉（tián）（光绪帝）继位。光绪帝虽然积极支持变法图强，但后期被慈禧太后囚禁在中南海瀛台，无奈成了一个傀儡皇帝。在慈禧太后的纸醉金迷与祸国弄权下，中国历史上的最后一个封建王朝终于走向了覆灭。

成语有意思

近义成语

乘虚而入： 趁敌方力量虚弱或疏于防备时侵入。

反义成语

无机可乘： 没有机会可以利用，形容十分严密。

成语造句

　　粟裕将军用兵如神，常使用声东击西、避实就虚等方法，打得敌人溃不成军。

成语延伸

垂帘听政

释义： 垂帘：太后或皇后临朝听政，殿上用帘子遮隔。成语意思是指皇后或太后临朝处理国家政事。

讲解： 咸丰和同治两位皇帝先后病逝之后，同治皇帝的母亲慈禧太后掌握了大权，她立光绪帝为皇帝，自己垂帘听政，控制了内外朝局。

出处： 穆宗崩，太后定策立德宗，两太后复垂帘听政。——清·赵尔巽《清史稿·后妃列传》

成语快问快答

孔老师，就虚避实和避重就轻是一个意思吗？

当然不是，就虚避实是兵法，避重就轻更接近于趋利避害。

就虚避实可以用在逃避惩罚上吗？

如果用在逃避惩罚上，我建议你用避重就轻更合适。

🎤 ＋ [　　　　　　　　　　　　　　　　　]　发送

以人为镜

我们要学习洪秀全在困难中善用智谋的优点，但不要像他那样在取得一些成绩后就沾沾自喜、不思进取。面对强大的敌人，要有斗争到底的勇气和毅力，在把敌人彻底消灭之前，就不能放松警惕。

以史为镜

嘉庆之后，清朝进入道光时期，这时发生了列强入侵中国的鸦片战争，中国社会更加动荡，百姓生活更加困苦，社会矛盾更加尖锐，终于演变成了浩浩荡荡的太平天国起义。这场起义声势之大，甚至有取清王朝而代之的势头。起义虽然最终被镇压了下去，但清王朝也在内忧外患之下，走到了中国封建历史的尽头。

成语历史
年代线

捐躯报国

约公元 1211 年

宽宏大量

约公元 1229 年

砥砺风节

约公元 1260 年

过河拆桥

公元 1340 年

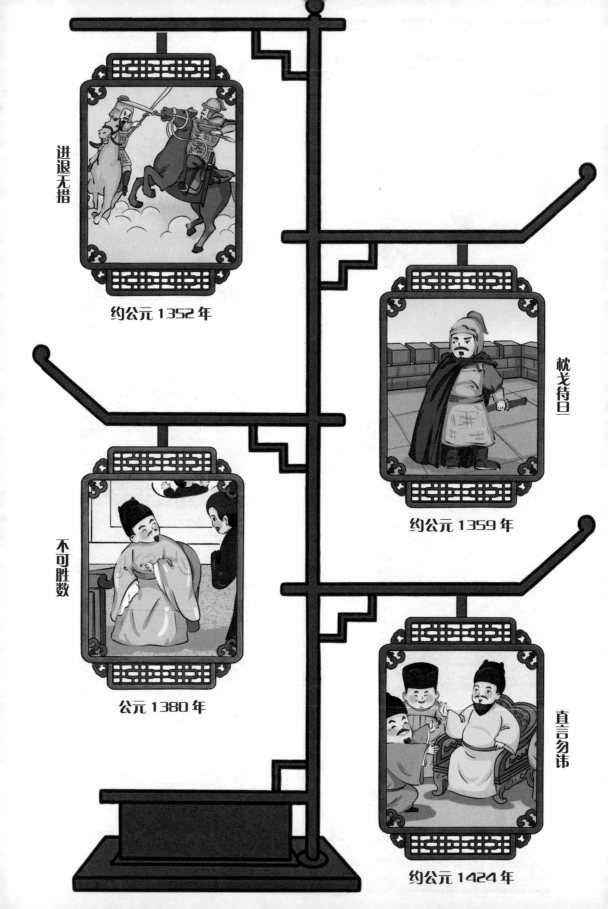

进退无措

约公元 1352 年

枕戈待旦

约公元 1359 年

不可胜数

公元 1380 年

直言勿讳

约公元 1424 年

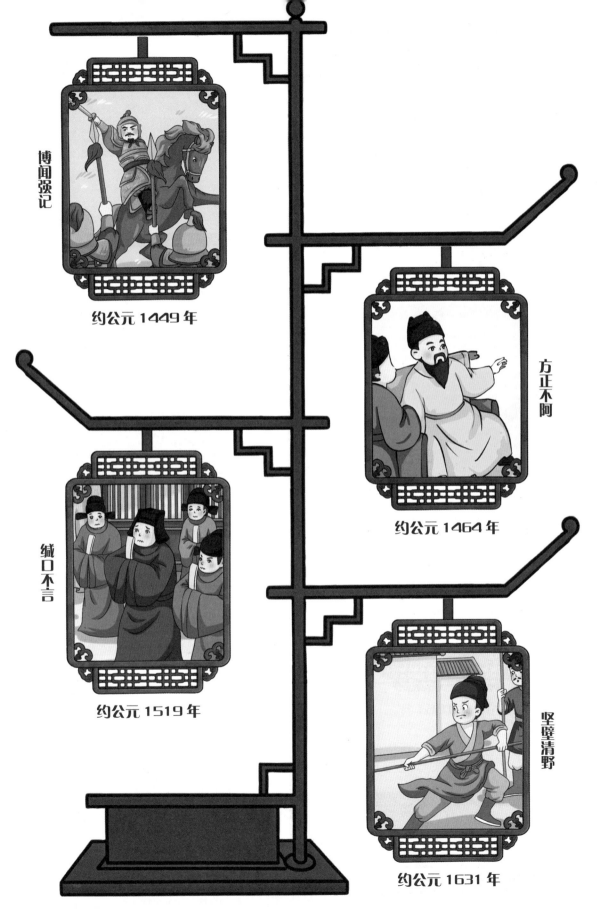

博闻强记

约公元 1449 年

方正不阿

约公元 1464 年

缄口不言

约公元 1519 年

坚壁清野

约公元 1631 年

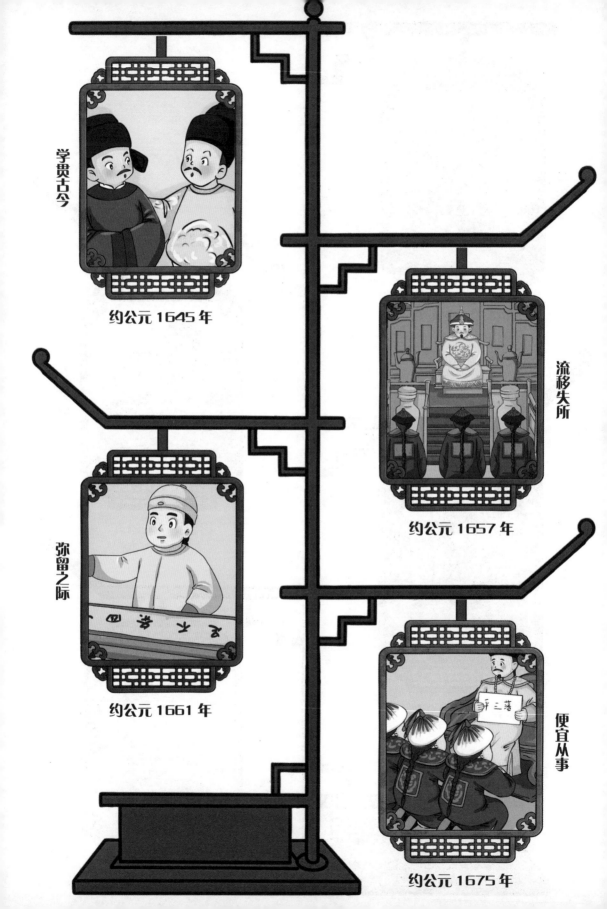

学贯古今

约公元 1645 年

流移失所

约公元 1657 年

弥留之际

约公元 1661 年

便宜从事

约公元 1675 年

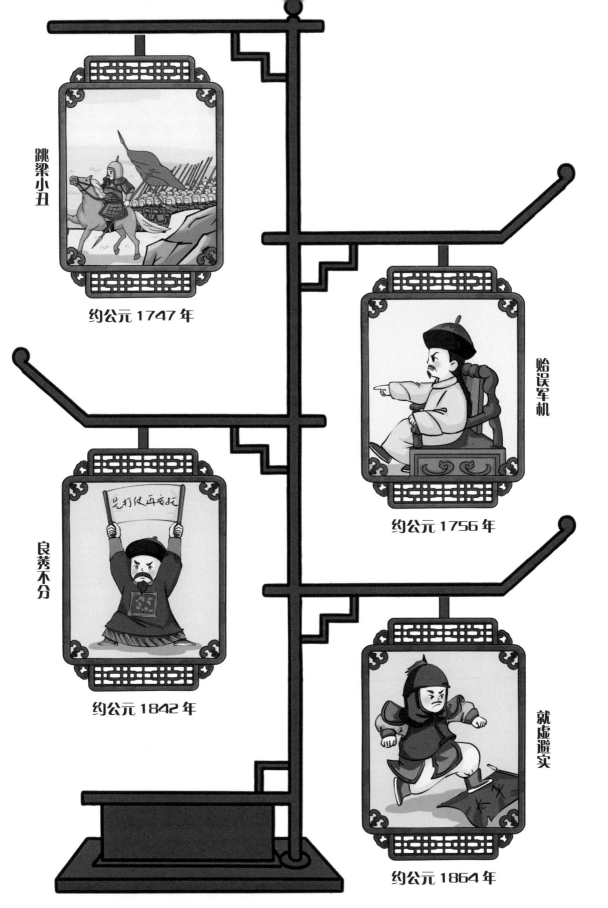

跳梁小丑

约公元 1747 年

贻误军机

约公元 1756 年

良莠不分

约公元 1842 年

就虚避实

约公元 1864 年